高等法律职业教育系列教材
审定委员会

高等法律职业教育系列教材

劳动法原理与实务

LAODONGFA YUANLI YU SHIWU

主　编○谢素珺　陆俊松

副主编○曹　佳　孙永光

撰稿人○（以撰写章节先后为序）

　　　　曹　佳　陆俊松　雷绍玲　欧　滔

　　　　孙永光　徐　松　谢素珺　张敏发

中国政法大学出版社

2014·北京

图书在版编目（ＣＩＰ）数据

劳动法原理与实务 / 谢素珺，陆俊松主编.—北京：中国政法大学出版社，2014.7
ISBN 978-7-5620-5469-6

Ⅰ．①劳… Ⅱ．①谢… ②陆… Ⅲ．①劳动法—基本知识—中国 Ⅳ．①D922.5

中国版本图书馆CIP数据核字(2014)第147865号

出 版 者	中国政法大学出版社
地　　址	北京市海淀区西土城路 25 号
邮　　箱	fadapress@163.com
网　　址	http://www.cuplpress.com（网络实名：中国政法大学出版社）
电　　话	010-58908435(第一编辑部) 58908334(邮购部)
承　　印	固安华明印业有限公司
开　　本	787mm×1092mm　1/16
印　　张	14.75
字　　数	297 千字
版　　次	2014 年 7 月第 1 版
印　　次	2018 年 1 月第 3 次印刷
印　　数	6001~9000 册
定　　价	32.00 元

总　序

Preface

　　高等法律职业化教育已成为社会的广泛共识。2008 年，由中央政法委等 15 部委联合启动的全国政法干警招录体制改革试点工作，更成为中国法律职业化教育发展的里程碑。这也必将带来高等法律职业教育人才培养机制的深层次变革。顺应时代法治发展需要，培养高素质、技能型的法律职业人才，是高等法律职业教育亟待破解的重大实践课题。

　　目前，受高等职业教育大趋势的牵引、拉动，我国高等法律职业教育开始了教育观念和人才培养模式的重塑。改革传统的理论灌输型学科教学模式，吸收、内化"校企合作、工学结合"的高等职业教育办学理念，从办学"基因"——专业建设、课程设置上"颠覆"教学模式："校警合作"办专业，以"工作过程导向"为基点，设计开发课程，探索出了富有成效的法律职业化教学之路。为积累教学经验、深化教学改革、凝塑教育成果，我们着手推出"基于工作过程导向系统化"的法律职业系列教材。

　　《国家（2010～2020 年）中长期教育改革和发展规划纲要》明确指出，高等教育要注重知行统一，坚持教育教学与生产劳动、社会实践相结合。该系列教材的一个重要出发点就是尝试为高等法律职业教育在"知"与"行"之间搭建平台，努力对法律教育如何职业化这一教育课题进行研究、破解。在编排形式上，打破了传统篇、章、节的体例，以司法行政工作的法律应用过程为学习单元设计体例，以职业岗位的真实任务为基础，突出职业核心技能的培养；在内容设计上，改变传统历史、原则、概念的理论型解读，采取"教、学、练、训"一体化的编写模式。以案例等导出问题，根据内容设计相应的情境训练，将相关原理与实操训练有机地结合，围绕关键知识点引入相关实例，归纳总结理论，分析判断解决问题的途径，充分展现法律职业活动的演进过程和应用法律的流程。

法律的生命不在于逻辑，而在于实践。法律职业化教育之舟只有驶入法律实践的海洋当中，才能激发出勃勃生机。在以高等职业教育实践性教学改革为平台进行法律职业化教育改革的路径探索过程中，有一个不容忽视的现实问题：高等职业教育人才培养模式主要适用于机械工程制造等以"物"作为工作对象的职业领域，而法律职业教育主要针对的是司法机关、行政机关等以"人"作为工作对象的职业领域，这就要求在法律职业教育中对高等职业教育人才培养模式进行"辩证"地吸纳与深化，而不是简单、盲目地照搬照抄。我们所培养的人才不应是"无生命"的执法机器，而是有法律智慧、正义良知、训练有素的有生命的法律职业人员。但愿这套系列教材能为我国高等法律职业化教育改革作出有益的探索，为法律职业人才的培养提供宝贵的经验、借鉴。

2010 年 11 月 15 日

前言
Foreword

　　劳动法是高职高专法律教育的一门主干课程。随着高职教育的快速发展，为了适应高职高专类法律院校及高职高专院校法律专业培养应用型法律人才的需要，我们组织了部分具有深厚的劳动法理论基础与较强实践经验的劳动法学骨干教师以及司法实践的一线法律工作者们，共同编写了此高职高专类教材——《劳动法原理与实务》。

　　本教材重点针对高职院校学生的特点编写，突出以培养实用技能为主导的"高职特点"。具体来说，本教材具有以下特点：

　　1. "理论够用性"。针对高职高专院校的学生注重应用而非理论研究的特点，本教材坚持理论能用、够用，围绕《劳动法》及相关法律和司法解释展开理论阐述，侧重对学生实际技能的培养。在教材中，理论知识只要"够用"即可，不强调理论的深度。同时精选典型的、有代表性的案例加以分析、讨论，增加实操性。本教材打破了传统的学科知识体系，将劳动法的内容按照技能培养的需要进行重新整合与规划，划分为三个模块，每一模块的任务明确，注重培养学生处理实际问题的技能。

　　2. 突出"工作过程导向"的特点。劳动法的学习是以解决劳动纠纷为目的展开的。教材编写过程中，突出对学生技能的培养。本教材的体例基本上是按照导入案例、基本原理认知、思考与练习、实训这样的模式编排的，体现的是先通过学生的思考引起其兴趣，再引导学生进行基本理论的探讨，最后由学生对法律现象予以分析的基本思路。这样，就保证了学生学习的主动性以及将学习融入行动中的基本要求，体现了"做、学结合"的高职教育特点。

本教材的编写分工如下：

曹佳：项目一、项目二、项目四、项目十二；

陆俊松：项目七；

雷绍玲：项目八；

欧滔：项目十三、项目十五；

孙永光：项目十四；

徐松：项目九；

谢素珺：项目三、项目十、项目十一、项目十四；

张敏发：项目五、项目六。

本教材在编写过程中，吸收和借鉴了相关教材的优秀成果，参阅了科研机构的大量科研成果与文献资料，得到了有关部门和专家的大力支持。在此，编者一并表示诚挚的谢忱！

由于编者水平有限，加之时间紧促，本教材难免有不足和缺陷，真诚希望读者批评指正，以便进一步提高教材质量和水平，更好地为广大读者服务！

编　者

2014 年 4 月

目录 *Contents*

单 元 一

劳动法基础理论

项目一 劳动法的产生和发展

✏️ **知识目标**

1. 了解外国劳动法的产生和发展情况；
2. 掌握新中国成立前后的劳动立法状况；
3. 了解国际劳工立法的基本情况以及国际劳工组织的基本情况。

▪️ **能力目标**

了解国内外劳动法的发展历史以及国际劳工立法。

📖 **内容结构图**

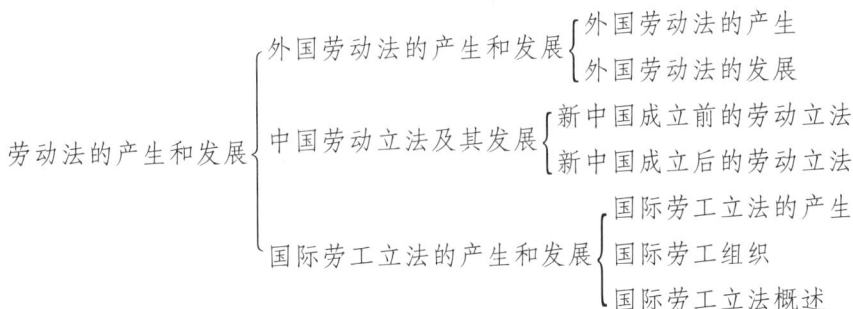

劳动法的产生和发展
- 外国劳动法的产生和发展
  - 外国劳动法的产生
  - 外国劳动法的发展
- 中国劳动立法及其发展
  - 新中国成立前的劳动立法
  - 新中国成立后的劳动立法
- 国际劳工立法的产生和发展
  - 国际劳工立法的产生
  - 国际劳工组织
  - 国际劳工立法概述

🏷️ **案例导入**

1886 年 5 月 1 日，芝加哥的 21 万 6 千余名工人举行大罢工，经过艰苦的流血斗争，终于获得了胜利。为纪念这次伟大的工人运动，1889 年 7 月第二国际宣布将每年的 5 月 1 日定为国际劳动节，这一决定立即得到世界各国工人的积极响应。1890 年 5 月 1 日，欧美各国的工人率先走上街头，举行盛大的示威游行与集会，争取合法权益。

从此，每逢这一天世界各国的劳动人民都要举行集会、游行，以示庆祝。

问题：芝加哥工人大罢工争取的是什么权利？

◉ 基本原理

任务一 外国劳动法的产生和发展

一、外国劳动法的产生

（一）劳动法产生的前提

劳动法作为调整劳动关系的法律规范，是当资本主义发展到一定阶段时从民法中分离出来的。因此，作为一个独立的法律部门，劳动法绝非从来就有，它的产生必须具备一定的前提条件。

根据劳动法学理论，劳动法是以劳动关系的普遍存在为其产生前提的。劳动关系作为劳动力与生产资料相结合以实现劳动过程的社会关系，是与人类社会同时出现的。但是，只有当人类社会发展到一定阶段，劳动力和生产资料分别归属于不同主体时，即劳动力的所有者和生产资料的所有者或占有者不是同一主体，双方主体为实现劳动过程才会形成能够为劳动法所调整的劳动关系。也就是说，劳动力和生产资料分属于不同主体是劳动法产生的前提条件。

因此，劳动法产生的这一前提条件决定了在资本主义社会产生以前，劳动法是不可能产生的。原始社会中实行生产资料氏族所有制，氏族成员既是劳动力所有者又是生产资料所有者。奴隶社会中，不仅生产资料为奴隶主所有，而且寄于奴隶本身的劳动力也归奴隶主所有，因为当时的奴隶不是作为人而仅是作为会说话的工具。欧洲封建社会中，农奴与封建主有人身依附关系，其为封建主劳动，劳动力归封建主所有；而在中国封建社会，小农则以自己的劳动力运用自己的少量生产资料进行生产。当然，在奴隶社会和封建社会，也有奴隶、农奴之外的少量自由人以自己的劳动力为他人劳动，但这种现象在社会中所占分量甚微。所以，在原始社会、奴隶社会和封建社会劳动法是不可能产生的。

在资本主义社会的初期，农民被逐出土地，成为除载于其自身之上的劳动力之外一无所有的无产者，生产资料则被集中于少数人即资本家手中。这样，无产者为谋生存，只得出卖自身的劳动力给资本家使用，以获取劳动报酬即工资，维持生计；资本家为使资本增值，就必须以支付工资的方式购买无产者的劳动力，使之与其生产资料结合，以实现劳动过程。至此，这种特定的劳动关系得以在社会中普及，从而满足了劳动法产生的前提条件，劳动法方得以应运而生。

（二）劳动法的产生过程

随着劳动关系的普及，社会产生了对劳动关系进行法律调整，进而协调劳工雇佣关系，稳定社会经济的需求，这种需求的具体内容在资本主义进入自由竞争阶段前后有所不同。与此相应，国家对劳动关系的法律调整，经历了"劳工法规"调整阶段和"工厂立法"与民法共同调整阶段。

资本主义最早产生于英国。新兴资本家为了扩大国内外市场，开办大量的作坊和手工业工场，因而需要大批有人身自由但丧失一切生产资料的劳动者从事雇佣劳动。他们通过"圈地运动"等暴力手段，迫使农民、破产的手工业者和帮工、学徒等沦为除劳动力外一无所有的雇佣工人。为了适应新兴资产阶级加强对雇佣工人剥削的需求，加速资本主义生产关系的形成和发展，国家颁布了一系列"劳工法规"。第一个劳工法规是由英皇爱德华三世于1349年颁布的，此后，在14世纪至18世纪末四百多年漫长的岁月中，英国等欧洲国家制定了许多"劳工法规"。这些"劳工法规"通常以国家强制手段迫使被剥夺土地的农民到资本家的工厂做工，同时还规定最低工时和最高工资，强化雇佣剥削，如英国在亨利八世时期曾规定，对流浪者给予鞭打；如其再度流浪，则需被捕，除了鞭打，还要割去半只耳朵；三度流浪的就要被当作重罪犯人或社会敌人处死。可见，"劳工法规"充斥着血腥暴力的内容，实际上是反劳工法规，这同后来的以保护劳工为主旨的工厂立法正好相反，因而，不能被认为是劳动法的起源。

18世纪末～19世纪初，随着西方各国无产阶级革命运动的逐步兴起，工人阶级强烈要求废除原有的"劳工法规"，颁布缩短工作日的法律，要求增加工资、禁止使用童工、对女工及未成年工给予特殊保护以及实现社会保险等。资产阶级政府迫于上述情况，不得不逐步废止"劳工法规"，转而制定限制工作时间的法规，即"工厂立法"。最早的"工厂立法"是1802年英国通过的《学徒健康和道德法》，它通过规定工时上限以及限制学徒工的年龄，保护了学徒工的权益，限制了资本家的剥削，因此被公认为是现代劳动立法的开端。

同时，民法也对劳动关系进行着调整。1804年，第一部资产阶级民法典《法国民法典》诞生，它将雇佣关系称为"劳动力租赁"，并解释为："劳动力的租赁者，谓当事人约定，一方为他方完成一定的工作，他方按约定支付报酬的契约。"此后资本主义国家的民法典都把雇佣关系作为一种"自由"的契约关系来加以规定。

劳动关系由"工厂立法"和民法共同调整的情形，在1802年以后的百余年间，逐步发生了变化。1864年，英国颁布了适用于一切大工业的工厂法。1901年英国制定的《工厂和作坊法》，对劳动时间、工资给付日期与地点以及建立以生产额多少为比例的工资制等，都作了详细规定。德国于1839年颁布了《普鲁士工厂矿山条例》。法国于1806年制定了《工厂法》，1841年颁布了《童工、未成年工保护法》，1912年制定了《劳工法》。进入20世纪以后，西方主要的国家大都相继颁布了劳动法规，西方国家的劳动立法从民法中分离出来，成为独立的法律部门。

二、外国劳动法的发展

（一）20世纪前半期的劳动立法

20世纪前半期，先后发生了两次世界大战以及一次全球性的经济危机，这种社会现实给劳动立法带来了较大的影响。一方面，第一次世界大战后，由于国际无产阶级斗争的高涨，劳动立法的范围逐步扩大到了绝大多数国家，立法体系也日趋完善，如德国1918年颁布的《工作时间法》，明确规定对产业工人实行8小时工作制，还颁布了《失业救济法》、《工人保护法》、《集体合同法》，都在一定程度上保护了劳动者的利益，对资本家的权益作了适当的限制。俄国则在1918年颁布了第一部《劳动法典》，1922年又重新颁布了更完备的《俄罗斯联邦劳动法典》，它以法典的形式使劳动法彻底脱离了民法的范畴，体现了工人阶级地位的转变和国家对劳动和劳动者的态度。

另一方面，西方国家的劳动立法则出现趋向民主和趋向反动两种情形波动发展的态势：一种是以德、意、日为代表的法西斯国家，不仅把已经颁布实施的改善劳动条件的法令一一废除，而且把劳动立法作为实现法西斯专政、进一步控制工人的工具。另一种是以英、美为代表的一些国家，它们为了摆脱经济危机，对工人采取了一定的让步政策。如英国于1932～1938年间，先后颁布了缩短女工和青工劳动时间，实行保留工资年休假以及改善安全卫生条件的几项法律。美国则在1935年颁布的《国家劳工关系法》（《华格纳法》）中规定工人有组织工会和工会有代表工人同雇主订立集体合同的权利。而在二战结束初期，为了应对资本主义危机的进一步加深，这些国家又进行了现代的反工人立法。如1947年美国国会通过的《塔夫脱-哈特莱法》，把工会变成一种受政府和法院监督的机构，对工会活动及罢工等法定权利作出了限制性规定等。又如法国国民议会1947年通过的《保卫共和国劳动自由法》、德国1952年通过的《关于工人在企业中的地位的法律》等，同样是镇压工人运动的法律，是劳动立法倒退的表现。

（二）20世纪后半期的劳动立法

到20世纪60年代，西方国家的劳动立法出现了新的趋势。在工人运动的压力下，各主要国家相继颁布了一些改善劳动条件和劳动待遇的法律，如法国颁布了关于改善劳动条件、男女同工同酬、限制在劳动方面种族歧视的法律，日本于1976年重新修订了《劳动标准法》，还制定了关于最低工资、劳动安全与卫生、职业训练、女工福利等方面的法律。70年代以后，苏联的劳动立法也有了很大的变化。1970年颁布了《苏联和各加盟共和国劳动立法纲要》，其后，各加盟共和国又根据这一立法纲要颁布了自己的劳动法典。东欧国家在50年代先后颁布了劳动法典，到60～80年代，除有的国家如保加利亚对他们的劳动法典进行了修订和补充外，大部分国家如罗马尼亚、匈牙利、民主德国、捷克斯洛伐克、阿尔巴尼亚、波兰、南斯拉夫等，都再次颁布了劳动法典。

新的劳动法体现了更多的进步性，如工人工作时间普遍缩短，工资水平逐步提高，保险待遇得到改善等。经过近两个世纪的历程，劳动法越来越受到重视，在世界各国的法律体系中已经占有了重要的地位。

任务二　中国的劳动立法及其发展

一、新中国成立前的劳动立法

（一）劳动法的诞生

中国早在西周奴隶制时期便有了手工业管理方面的法律，历朝历代的封建法典中也总少不了调整劳动关系的规定，但如前所述，在漫长的封建时期中，中国不可能发展出独立的劳动法。劳动法是西方工业革命的产物，其传入中国始于1840年鸦片战争，随着我国沦为半殖民地、半封建社会和早期工人阶级的出现，外国关于劳动法的相关概念也开始渗入中国。1923年3月29日，北洋政府农商部公布了《暂行工厂通则》，内容包括最低的受雇年龄、工作时间与休息时间、对童工和女工工作的限制，以及工资福利、补习教育等规定。不过，此时的劳动法徒具形式，并未真正付诸实施，只是一纸空文而已。尽管北洋政府制定此法的目的不在于保护工人利益，但它毕竟是中国政府颁布的第一部调整劳动关系的法律规范，被认为是我国最早的劳动立法，标志着中国劳动法的诞生。

（二）国民政府统治时期的劳动立法

在北洋政府之后的国民政府统治时期，劳动法获得了较大的发展。首先，单行劳动法律法规比北洋政府时期多了数倍；其次，劳动法的内容涵盖了工厂、工会、劳动争议处理、劳动团体等诸多方面，在调整范围上有了很大扩展；最后，这一时期还曾就是否制定劳动法典进行了积极的探讨。但由于国民政府的阶级性决定其制定的法律是为帝国主义、封建主义和官僚资本主义阶层服务的，因此，此时的工人阶级并不能真正受到劳动法字面所规定的有效保护，其合法权益甚至还会为法律所限制和剥夺，如1929年10月颁布的《工会法》，实际上就限制、剥夺了工人阶级的民主自由。

抗日战争发生后，国民政府以"非常时期"、"战时"为借口，颁布了许多更加反动的法规来加强对工人的统治。1941年国民政府颁布的《非常时期工会管制暂行办法》，完全采用意大利法西斯和德国纳粹的办法，妄图将工会变成其反动统治的工具，在其之后的统治期内，国民政府多次修改《工会法》，剥夺工人罢工的权利，加强政府对工会的控制，甚至还颁布《戡乱时期紧急治罪法》，成立特种刑事审判庭，对工人运动实行血腥镇压。

（三）中国共产党领导下的劳动立法

与国民政府的劳动立法呈鲜明对比之势的是中国共产党领导下的劳动立法。为了维护工人利益，中国共产党领导下的中国劳动组合书记部在 1922 年发动了大规模的劳动立法运动，并提出《劳动法大纲》19 条，等等，但这一代表工人利益的《劳动法大纲》未能得到当时政府的确认。

1930 年初，中国共产党建立了以瑞金为中心的革命根据地，并开始了真正代表职工利益的劳动立法。1931 年 11 月 7 日，中华苏维埃第一次全国代表大会通过了《中华苏维埃共和国劳动法》。1933 年 10 月 15 日，中华苏维埃政府根据苏区的实际情况，又公布了新的《劳动法》，对 1931 年的《劳动法》进行了修改和补充。苏区政府时期的劳动立法在团结广大工人方面发挥了积极作用，但由于受"左倾"思想影响，制定了过高劳动条件的法律规定，执行起来较为困难。

抗日战争时期，各边区政府也曾公布过许多劳动法令，如陕甘宁边区曾制定《陕甘宁边区劳动保护条例（草案）》。晋冀鲁豫边区也于 1941 年 11 月 1 日公布《晋冀鲁豫边区劳工保护暂行条例》，条例特别强调禁止封建压迫和额外剥削，如规定绝对禁止打骂、虐待、侮辱工人以及严格取缔资方不依规定而额外剥削工人等。

解放战争时期，劳动立法集中地以纲领和原则的形式反映在一些政策性文件之中。1948 年 8 月第六次全国劳动大会通过了《关于中国职工运动当前任务的决议》，对解放区的劳动立法提出了全面、详尽的建议，并提出了调整劳动关系的基本原则。各个解放区的人民政府，也曾先后颁布过不少劳动法规，如东北行政委员会于 1948 年上半年批准哈尔滨市政府草拟的《战时劳动法》，同年 12 月委员会又颁布了《东北公营：企业战时暂行劳动保险条例》，其他解放区和大城市如华北区、上海市等也颁布过有关民主管理、劳动工资、劳动保险、劳动保护等方面的暂行法令。

中国共产党在土地革命、抗日战争、解放战争时期的劳动立法，虽然由于立法经验少、受思想影响等原因，出现过一些问题，但总的看来，都为新中国成立后的劳动立法积累了丰富的经验。

二、新中国成立后的劳动立法

（一）党的十一届三中全会以前的劳动立法

1949 年 10 月，中华人民共和国成立，揭开了中国历史的新篇章，劳动立法也进入了一个新的历史时期。

1.20 世纪 50 年代的劳动立法。这一时期劳动立法的基本特点是：废除一切不合理的压迫工人的制度，建立新的民主管理制度和吸收职工参加企业管理，以实现管理民主化；从法律上保障职工的政治权利和经济权利；在发展生产的基础上逐步改善职工的物质文化生活水平，提高工资标准和改进劳动条件以及对职工在年老、疾病或丧失劳动能力的情况下给予物质帮助；对旧中国遗留下来的失业职工进行救济，采取措施避免失业现象的扩大并逐步解决失业问题；制定处理劳资关系的办法，调整劳资关系，以达到对私营企业利用、限制和改造的目的。

在这一时期，我国为处理劳资关系、工会立法、劳动就业和劳动保险等方面的问题，颁布了许多劳动法规，其中，比较重要的立法活动有：

1950年6月，中央人民政府颁布《中华人民共和国工会法》，对工会的性质、地位、权利和职责等作了全面的规定。《工会法》的颁布，充分反映了我国工人的政治权利和经济权利，改善了企业行政与当时资方和工人的关系，大大地促进了当时的工会组织及工人运动的开展，实现了我国工人阶级长期争取而未能真正得到的自由组织工会的权利，是我国建国初期的重要法律之一。

1951年2月，政务院颁布了《中华人民共和国劳动保险条例》，对劳动保险的实施范围、劳动保险金的征集和保管、各项劳动保险待遇、劳动保险金的支配、劳动保险事业的执行和监督等作了具体的规定，是建国初期又一项重要的劳动法规。1953年，政务院修正公布了《中华人民共和国劳动保险条例》，扩大了劳动保险的实施范围，提高了若干劳动保险待遇。

1956年，劳动部成立了劳动法起草小组，酝酿草案和收集各国劳动立法资料。但由于历史的原因，到1958年起草工作中途夭折。

2. 20世纪60年代起至党的十一届三中全会前的劳动立法。进入20世纪60年代后，国内出现了极"左"思潮和冒进倾向，极大地影响了劳动立法的发展，劳动立法基本上处于停滞状态，已有的劳动法规也不能贯彻实施。

这一时期，劳动法仅有的几项重要法令是：1971年11月国务院发布的《关于改革临时工、轮换工制度的通知》、《关于调整部分工人和工作人员工资的通知》，1975年4月国务院发布的《关于转发全国生产会议纪要的通知》。这些为数不多的法律规定，但由于当时政治形势起不到应有的作用。

（二）党的十一届三中全会之后的劳动立法

1978年12月，党的十一届三中全会召开，明确地提出把党的工作重点转移到社会主义建设上来，从而拉开了改革开放的序幕，中国进入一个新的历史时期，劳动立法也得到有力的推动和发展。

1.《中华人民共和国劳动法》的颁布施行。改革开放后至1994年以前，我国在劳动制度、工资制度改革和劳动保护、社会保险、劳动纪律等方面颁行了大量法令，有力地推动了改革开放的进程。而一时期，最值得关注的是《劳动法》的起草和颁行。

1978年12月，国家劳动总局邀请各个方面的专家、学者和中华全国总工会的代表组成了起草劳动法研究小组。经过大量的工作以后，起草小组将《劳动法（草案）》呈报了国务院，1983年7月，经国务院常务会议通过这一草案，但由于劳动制度的改革才刚刚起步，有很多问题在认识上难以统一，草案并未提交全国人大常委会审议，又一次半途而废。

1990 年国务院成立了由劳动部、国务院法制局、全国总工会、国家计委、国家体改委、人事部、卫生部、农业部等领导参加的《劳动法》起草小组，开始进行第三次《劳动法》的起草工作。《劳动法（草案）》曾于 1991 年 1 月报送国务院，但是由于当时经济体制改革的市场取向尚不甚明确，《劳动法》的立法原则很难确定，并未提交国务院常务会议审议。

1994 年 7 月 5 日，第八届全国人大常委会第八次会议审议通过《中华人民共和国劳动法》。该法共 13 章 107 条，包括总则；就业促进；劳动合同和集体合同；工作时间和休息时间；工资；劳动安全卫生；女职工和未成年工特殊保护；职业培训；社会保险和福利；劳动争议；监督检查；法律责任；附则。《劳动法》是中国的基本法，为劳动法制建设奠定了基础。《劳动法》的通过和施行，表明我国劳动社会政策的重大调整，在社会主义公有制为主的社会条件下，劳动者和用人单位之间的利益并非完全一致，作为国家主人的劳动者，重新被安放到劳动者的位置上，劳动关系纳入了法律调整范围，因此，《劳动法》的颁布标志中国劳动法制进入一个新的历史阶段，具有里程碑的意义。

为配合《劳动法》的实施，劳动部于 1995 年 8 月发布了《关于贯彻执行〈中华人民共和国劳动法〉若干问题的意见》，对《劳动法》的具体实施作出了明确指示。

2. 新世纪的劳动立法。进入新世纪以来，劳动立法进入了快速发展时期。2001 年 10 月 27 日，第九届全国人大常委会第二十四次会议通过了《关于修改〈中华人民共和国工会法〉的决定》，规定了工会的性质、职责和组织程序，为维护劳动者的合法权益提供了组织保障。2002 年 6 月 29 日，第九届全国人大常委会第二十八会议通过了《中华人民共和国安全生产法》，旨在加强安全生产监督管理，防止和减少安全生产事故，为劳动者获得安全的劳动条件提供了法律依据。2003 年 4 月，国务院颁布《工作保险条例》，保障因工作遭受事故伤害或者患职业病的职工获得医疗救治和经济补偿，促进工伤预防和职业康复，分散用人单位的工作风险。

2007 年 6 月 29 日，第十届全国人民代表大会常务委员会第二十八次会议通过《中华人民共和国劳动合同法》，作为规范劳动关系的基本法律，该法明确了劳动合同当事人双方的权利和义务，旨在构建和发展和谐稳定的劳动关系，保护劳动者的合法权益。同年 9 月，全国人大常委会通过《就业促进法》，该法强调政府提供公共就业服务，提倡公平就业，排除性别、城乡差异。同年 12 月，全国人大常委会审议通过《劳动争议调解仲裁法》，该法于 2008 年 5 月 1 日起正式施行。《劳动争议调解仲裁法》是建立健全劳动争议调处机制体制的重要法律，它的颁布实施有助于完善劳动争议调解仲裁制度，为当事人、特别是劳动者提供高效公正的法律救济，对及时有效地解决劳动争议，维护劳动关系双方的合法权益均具有重要意义。这三部劳动法律的通过，标志着我国的劳动立法取得了重大进展，以《劳动法》为中心的劳动法律制度初步构建完成，劳动立法进入成熟时期。

同时，在全球化背景下，国际劳动法相互交流与促进日益加深，我国劳动立法的重心也逐步转移到完善国内法和与国际立法的衔接上。如第十一届全国人民代表大会常务委员会第三十次会议于 2012 年 12 月 28 日通过的《全国人民代表大会常务委员会关于修改〈中华人民共和国劳动合同法〉的决定》，该决定借鉴了国际上对劳务派遣的管理方法，对劳务派遣重新设立许可，并提高进入门槛，强化劳务派遣用工与本企业用工同工同酬。

任务三　国际劳工立法的产生和发展

一、国际劳工立法的产生

国际劳工立法的出现有着深刻的社会和经济原因。由于产业革命推动了工业的迅速发展，国际经济贸易也得以飞速发展。随着国际经济贸易竞争的加剧，产生了维护平等的国际竞争秩序的需求。同时，由于资本主义社会初期经济危机经常发生，且往往在一国发生后迅速涉及其他国家，成为整个资本主义社会的危机，影响到各国经济的发展，造成劳资冲突加剧、社会动荡。各国纷纷以国内劳动立法的形式来改善劳动条件和保护工人利益，以缓解劳资冲突，应对危机。但劳动条件的改善和劳动标准的提高，势必直接或间接地提高生产成本，削弱本国工业在国际市场上的竞争力，因此，一些资产阶级进步人士，逐步认识到改善劳动条件和维护平等的国际竞争秩序只靠本国的孤立努力是无法解决的，各国经济的紧密联系性已使一个国家不可能独自缩减工时，独自提高工资。如果既要增强工人精神上和物质上的幸福生活，同时又不至于影响各国工业在平等条件下进行竞争，唯一可行的办法就是在国际范围内制订劳动法，使各国共同遵守，以消除国际竞争给工人的劳动状况造成的不良影响。因此提出了采取国际行动改善劳动条件的创议。这种创议得到各国响应，对国际劳动立法产生了很大的推动作用。

最早提出国际劳工立法的是英国空想社会主义者欧文和法国社会活动家大卫·李格兰。1818 年，欧文上书"神圣同盟"会议，提出制定国际劳工法的建议。李格兰在 1840~1855 年多次向欧洲一些主要国家政府呼吁制定国际劳工法，并提出了系统的国际劳工立法设想。空想社会主义者和社会活动家关于国际劳工立法的思想，虽然遭到各国政府的拒绝，并受到一些学者的非议，但进行国际劳工立法的思想却由此开始传播。

19 世纪下半叶，各国工人运动日益高涨，并形成一股国际势力。同时，法国革命所倡导的人道主义思想影响扩大，自由放任主义势力开始衰弱，许多思想家和政治家开始认识到国际劳工立法的必要性，并进行了广泛的宣传。制定国际劳工法的思想开始为一些私人的联合会所接受，特别是在各国工会的国际会议上多次讨论了劳工立法问题。在 1866 年召开的国际工人联合会第一次大会上，通过了由马克思起草的宣言，其中主张用国际公约来改善工人的地位和生活。在这种形势下，各国政府的态度逐渐有所改变。1884年美国和加拿大的8个工人组织决定在1886年5月1日举行示威，并开始实行8小时工作制。1887年国际慈善代表大会在法兰克福召开，大会要求各国对女工和童工的工作时间制定统一的国际标准。这一行动标志着制定国际劳工法集体行动的开始。

1880年瑞士联邦议会责成联邦政府提出倡议，邀请各工业国开会讨论制定国际劳工标准的问题。由于当时欧洲主要工业国对这一倡议存在严重分歧，很多国家反对召开此类会议，会议没能举行。1889年，瑞士政府向各国政府发出通知，邀请次年5月在瑞士伯尔尼开会，讨论国际劳工立法问题。但当临近时，德皇威廉二世为缓和其国内矛盾，突然命首相俾斯麦召集国际会议，讨论保护工人问题。因德国势盛，各国只得同意，于是筹备中的国际大会从伯尔尼移到柏林。1890年3月15日，在柏林召开了有15个国家参加的临时会议。会议没有制定出国际公约，只对一些问题进行了技术讨论，通过了星期日休息、童工最低年龄等7项决议，但内容比较空泛，而且缺乏国际公约的效力，会后也没有一个国家实施这些决议。

柏林会议虽无实际成果，但它是第一次由各国政府正式派出代表讨论国际劳工立法的会议，对促进国际劳工立法运动的发展起了积极的推动作用，在国际劳工立法运动的发展史上具有重要的意义。会后，一些赞成国际劳工立法的社会活动家、经济学家和工会领袖，决定组织一个国际劳动立法协会。1900年国际劳动立法协会在巴黎正式成立。该协会的宗旨是联合一切相信国际劳动法是必要的人；组织国际劳动机关；赞助各国研究劳动立法，传播有关劳动立法的信息；提倡制定关于劳动状况的公约；召开国际大会讨论劳动立法。1905年，国际劳动立法协会通过了《关于禁止工厂女工做夜工的公约》和《关于（在火柴制造中）使用白磷的公约》。这两个公约经参会国批准后即发生效力，标志着国际劳工立法的开端。1913年协会起草了《关于禁止未成年工做夜工公约》和《关于女工和未成年工工作时间公约》的草案，准备提交1914年国际会议通过。因第一次世界大战爆发，这次会议未能举行，国际劳工立法协会的工作也告结束。虽然国际劳工立法的进程因战争而中断，但这为国际劳工组织的成立和发展奠定了基础。

二、国际劳工组织

在国际劳工组织成立和正式运作之前，已有一些国际劳动立法。但国际劳工组织诞生之后，国际劳动立法才步入健康和有序的发展轨道，其在国际上也发挥着日益重要的影响。因此，要真正了解国际劳工立法，必须先了解国际劳工组织。

（一）国际劳工组织的成立和发展

1. 国际劳工组织的成立。国际劳工组织（International Labour Organization，简称ILO）作为联合国的一个专门机构，负责国际劳动与社会政策事务。它的成立是国际劳工法发展的一个里程碑，它所制定的国际劳工公约与建议书是国际劳工法的最重要的法源，它也因此成为当今世界上最具有代表性的国际组织之一。

国际劳工组织是在国际劳动立法运动和国际工人运动的推动下催生的。第一次世界大战结束后，参战国于1919年初在巴黎召开和平会议，决定组织一个委员会，从国际方面考察工人状况，负责起草一个宣言和国际劳工组织章程草案，并建议成立永久性国际机构，以持续进行调查研究。根据这一决议，成立了由来自英国、美国、法国、意大利、日本、比利时、古巴、捷克斯洛伐克和波兰等9个国家的15名委员组成的劳动委员会。该委员会拟定了《国际劳工组织章程草案》和一个包括9项原则的宣言，于1919年4月提交"巴黎和会"讨论通过，编入《凡尔赛和平条约》第13篇，即"国际劳动宪章"，该宪章成为国际劳工立法的重要依据。同年6月，国际劳工组织作为国际联盟的一个自治的附属机构在国际联盟成立之前先行成立，中国也是该组织的创始会员国之一。

2. 国际劳工组织的发展。国际劳工组织在其近一个世纪的发展进程中，经历了三个发展阶段：

（1）作为国际联盟的一个带有自治性的附设机构。这一时期针对一些劳工问题，如关于工作时间、防止失业、社会保障等问题，国际劳工组织制定了67项公约和66项建议书。1920年，国际劳工组织迁到日内瓦。1926年，国际劳工组织设立了国际劳工标准的监督体系。该体系中设立专家委员会，由独立的法学家组成，他们以个人身份接受国际劳工组织的委派，负责审查各国政府的报告，并独立向国际劳工大会提交报告。

（2）作为一个独立的国际组织。第二次世界大战期间，国际联盟解体，但是国际劳工组织作为一个独立的国际组织仍继续存在，总部迁至加拿大的蒙特利尔，并停止召开大会和制定公约与建议书的工作。1944年，国际劳工组织在美国费城召开第二十六届国际劳工大会，41个国家的代表参加了会议。这次大会通过了著名的《费城宣言》（Declaration of Philadelphia），它阐明了国际劳工组织的宗旨与目标，成为国际劳工组织章程的附件，是国际劳工组织发展历史上的一个重要文件。

（3）作为联合国的一个专门机构。第二次世界大战结束后，国际劳工组织于1946年与新成立的联合国签订协议，成为联合国专门负责劳动与社会事务的专门机构继续进行活动，并在同年召开的第二十八届大会上恢复了公约的制定工作。1960年，国际劳工组织在日内瓦总部设立了国际劳工研究所。1965年，在意大利的都灵设立了国际培训中心。1969年国际劳工组织被授予诺贝尔和平奖，以纪念其成立50周年。

国际劳工组织在1919年成立时只有42个会员国，但是到了2012年，成员国已发展为185个。当今的国际劳工组织已经成为一个具有广泛代表性和重要影响力的国际组织，为提高国际劳动标准做出了突出的贡献。

（二）国际劳工组织的组织机构

国际劳工组织的主要机构是国际劳工大会、理事会和国际劳工局。此外，地区会议和产业委员会是重要的辅助机构。

1. 国际劳工大会（The International Labour Conference）。国际劳工大会，又称国际劳工组织大会、会员国代表大会或国际劳工议会，是国际劳工组织的最高权力机关，下设五个常设性委员会，即总务委员会、财政委员会、公约与建议书实施委员会、提案委员会和资格审查委员会。另外，每一个技术性议题各设一个委员会。大会的职责主要是修改国际劳工组织章程；制定和修订国际劳工公约和建议书，并审查这些公约和建议书在各国的执行情况；批准国际劳工组织的工作计划和预算以及关于计划和预算执行情况的工作报告；讨论对全世界具有重大意义的劳工问题，大会的中心议题是听取国际劳工局长的报告；大会通过相关决议，为国际劳工组织的总决策和未来活动提出指导性的方针。

大会每年至少应召开一次，一般每年6月在日内瓦召开。每个会员国的代表团应当包括三方代表团的四名代表，其中政府代表两名，雇主与工人代表各一名。他们都还可以配备技术顾问。每位代表享有同等投票权利。国际劳工大会的这种组织原则，一般被称为"三方原则"，也就是政府、雇主与工人代表共同在国际劳工大会上开展对话，对一切问题都平等地表达自己的观点与投票的制度。"三方原则"是国际劳工组织的一大特色，在联合国及其所有专门机构中都是独一无二的，这使得国际劳工组织和其他组织相比，在处理劳动与社会问题时具有很大的优势。

2. 理事会（The Governing Body）。理事会是国际劳工组织的执行机构，负责决定国际劳工大会一切会议的议程和日期，在大会闭会期间决定该组织的各项重要问题，如选举国际劳工局局长，起草国际劳工大会议案和预算案并提交大会表决，并对国际劳工局的活动进行指示与协调等。

理事会也是按照"三方原则"组成，包括56名成员，其中政府理事28名，工人与雇主理事各14名。政府理事中有10名常任理事，由10个主要工业国家各派1名，我国也是常任理事国之一。另外18个席位在适当考虑地区分布的基础上，由出席大会的会员国政府代表选举产生，任期3年。工人代表与雇主代表各自选举其理事。

3. 国际劳工局（The International Labour Office）。国际劳工局是国际劳工组织的常设工作机构，也是国际劳工大会、理事会的秘书处，对理事会负责，在国际劳工局局长的直接领导下开展工作。主要任务是处理国际劳工组织的日常事务，包括为国际劳工大会准备材料和提供信息，应各国政府请求提供劳动立法与行政等方面的技术帮助，出版刊物，筹措资金，等等。

除了上述三个主要机构以外，国际劳工组织还按照亚洲和太平洋、非洲、美洲、欧洲四个地区，每隔4~6年举行一次地区会议。另外也根据不同的产业，设立了十几个产业委员会。地区会议和产业委员会都在国际劳工组织的总体框架内，对本地区、本产业内部的问题进行研究。

（三）国际劳工组织的宗旨、目标与原则

国际劳工组织的宗旨，是国际劳工组织制定国际劳工标准、开展一切活动的根本依据。根据《费城宣言》，国际劳工组织的宗旨是：促进充分就业和提高生活水平；促进劳资合作；改善劳动条件；扩大社会保障；保证劳动者的职业安全与卫生；获得世界持久和平，建立和维护社会正义。

国际劳工组织的目标，是国际劳工组织根据其宗旨所制定的更为具体的工作重点和努力方向。根据《费城宣言》，国际劳工组织的目标包括：①充分就业和提高生活标准；②使工人受雇于他们得以最充分地发挥技能与成就，并得以为共同福利作出最大贡献的职业；③作为达到上述目的手段，在一切有关者有充分保证的情况下，提供训练和包括易地就业和易地居住在内的迁移和调动劳动力的方便；④关于工资、收入、工时和其他工作条件的政策，其拟订应能保证将进步的成果公平地分配给一切人，将维持最低生活的工资给予一切就业的并需要此种保护的人；⑤切实承认集体谈判的权利，在不断提高生产率的情况下促进劳资双方的合作，以及工人和雇主在制订与实施社会经济措施方面的合作；⑥扩大社会保障措施，以便使所有需要此种保护的人得到基本收入，并提供完备的医疗；⑦充分地保护各行业工人的生命和健康；⑧提供儿童福利和生育保护；⑨提供充分的营养、住宅和文化娱乐设施；⑩保证教育和职业机会均等。

国际劳工组织的原则，是国际劳工组织在各项活动中所必须遵守的主要依据。根据《费城宣言》，国际劳工组织的基本原则包括四项：劳动不是商品；言论自由和结社自由是不断进步的必要条件；任何地方的贫穷对一切地方的繁荣构成威胁；反对贫困的斗争既需要在各国内部坚持不懈地进行，还需要国际进行持续一致的努力。

此外，联合国大会所通过的一些有关劳动和社会问题的重大决议，如关于保卫人权、反对种族歧视、反对歧视妇女、保护儿童与残疾人等的宣言和决定，也是国际劳动组织必须遵守和贯彻的原则。

三、国际劳工立法概述

（一）国际劳工立法的概念和形式

国际劳工立法，又称国际劳动立法、国际劳工标准，是指国际劳工组织制定的与劳动者权益有关的国际最低标准。国际劳工立法以国际劳工标准为主要形式，国际劳工标准包括两种形式：第一种是国际劳工公约（Convention），这是一种正式的国际公约，各成员国一旦批准，就要承担遵守公约的义务。公约对没有批准的国家没有约束力。第二种是建议书（Recommendation），这是一种非正式的文件，不需要成员国批准，只是供成员国在制定相应的国内法律或者政策时参考，不具有约束力。在实践中，往往在制定一个公约的同时另外制定一个同样名称，但内容更为详尽具体的补充建议书。

从1919年第一届到2004年第九十二届国际劳工大会，国际劳工组织共制定了185项国际劳工公约和195项建议书。这些公约和建议书都是采取单行法的形式，每一个公约或建议书只包括某一项劳动问题或问题的某一方面的规定。截至2005年2月16日，现有国际劳工公约185项中，共得到177个成员国的7259次批准。国际劳工标准并不能直接适用于各个成员国，除非成员国批准公约或者将建议书的内容转化为本国国内法。但是成员国代表有义务将国际劳工大会决议提交本国主管机关进行审议，以决定是否采纳大会通过的公约或者建议书。

随着国际政治、经济的不断发展，国际劳工立法的形式也在不断丰富，一些国际性的决议、文件等也成为国际劳工立法的形式之一，如联合国大会所通过的一些有关劳动和社会问题的重大决议、区域性组织通过的有关劳动和社会问题的文件、双边劳工事务条约等。这些不同形式的国际劳工法虽然也具有法律约束力，但其效力范围有限，而且多是保障人权的一般文件，仅有少数条款涉及劳动权利，有些虽然是专门规定劳工问题的，但多是以国际劳工公约为依据。因此，在研究国际劳工立法时，一般是以国际劳工组织的立法作为研究的对象。

（二）国际劳工立法的内容

国际劳工组织制定的国际劳工标准数量庞大，内容丰富，涉及劳动和社会政策的诸多方面，其范围还有持续扩大的趋势。为了便于掌握，国际劳工组织对其制定的国际劳工公约和建议书，按其内容分了十四大类。按照国际劳工组织的监督机制，国际劳工标准可分为核心劳工标准、优先性劳工标准和一般性劳工标准。我国常常将国际劳工标准按其性质分为三大类，即基本人权类、劳动管理类、特殊人群类。

1. 基本人权类。此类公约也被称为基本国际劳工公约，是被国际劳工组织理事会确认的，不论成员国经济发展水平如何，为保护工作中的人权而应遵守的。具体来说主要包括结社自由、集体谈判、禁止强迫劳动、机会和待遇平等以及童工劳动等方面的内容。

2. 劳动管理类。此类公约主要有：就业政策与人力资源开发类、社会政策类、劳动行政管理与劳动监察类、产业关系类、工作条件类和社会保障类等。

3. 特殊人群类。此类公约主要适用于特定人员。主要包括妇女就业类、儿童和未成年人就业类、老年工人类、移民工人类、土著工人与部落居民类和特殊行业劳动者类等。

（三）国际劳工立法的程序

国际劳工立法虽然在效力上有所差别，但它们的制定程序大致上是一样的，都要经过相当复杂的准备和讨论过程。一般地说，制定公约和建议书要经过以下几个程序：

1. 国际劳工局提出制定国际劳工法的设想，提交理事会讨论决定是否列入国际劳工大会的议程。经决定需列入国际劳工大会议程的问题，国际劳工局应提出一个更详细的报告，内容主要包括各成员国有关法律和实际情况以及公约和标准文本的设想。国际劳工局在讨论该议程的大会开会1年前应将立法文本设想分送各成员国征求意见，各成员国必须在大会开会8个月前答复国际劳工局。国际劳工局根据各国的答复拟订出这项公约和建议书文本的最初草案，于大会开会前4个月交各国政府。

2. 在大会进行第一次讨论前，通常任命一个三方性委员会对文本草案进行审议，该委员会讨论后对文本做出必要的修改，再将修改后的文本连同将此问题列入下届大会议程的决议一并提交大会讨论通过。

3. 在大会第一次讨论后，国际劳工局应即草拟该项公约和建议书的临时文本，在大会闭幕后的2个月内送交各成员国。各成员国在3个月内可提出修正案或其他建议。国际劳工局再拟出最后报告，于下届大会开会前送交成员国。

4. 在下届大会上将公约和建议收文本草案再交给一个三方性委员会审议，委员会将其同意的文本提交大会讨论通过。大会表决获得2/3以上的赞成票，公约和建议书才算正式通过。经过大会通过的公约和建议书，应各有两份由大会主席和国际劳工局局长签字，一份存国际劳工局档案室，一份送联合国秘书长备案。国际劳工局局长应将公约和建议书副本送交每一成员国。

经过以上全部程序，国际劳工公约和建议书的制定程序方为完备。公约并非自始生效，其需经各成员国的批准，才能真正产生约束力。

（四）国际劳工立法的评价

1. 国际劳工立法的特点。国际劳工法是国际法的重要组成部分，因此，除具备普通国际法的基本特点外，国际劳工立法还有一些自己的特点：

（1）三方性。三方性始终是国际劳工组织一切活动的重要原则，这是其他国际机构所没有的独特原则。在对国际劳工法的表决中，三方代表可以根据自己的意见独立投票，不要求一致。这一做法充分体现了国际劳工组织的宗旨，即促进政府、雇主和劳工的三方合作，共同改善劳动状况，维护社会正义。

（2）国内性。国际劳工法所规定的条款，绝大多数是调整成员国内部的劳动关系的，只有少数条款涉及国家之间的关系问题，如对外籍工人给予平等待遇等问题。因此，国际劳工法的效力范围主要限于成员国的领土内，既可能适用于整个国民经济，也可能只适用于某一生产部门或某一职业，调整的不是国家间的政治经济文化关系。

（3）灵活性。国际劳工组织在草拟条文时，会考虑某些国家因自然条件、生产发展程度及其他特殊情况而造成的劳动状况的差异，相应提出一些变通办法，以适应各类国家的具体情况。如1919年制定的第1号公约规定，工业工作的时限为每日8小时，每周为 48 小时，但对日本、印度、中国和伊朗等国分别做出例外的规定，允许日本分阶段实施，允许印度暂时 60 小时工作周，允许中国、伊朗等暂不适用该公约。

（4）自愿性。国际劳工法通过后并不直接发生效力，公约必须经过成员国的批准才对该成员国产生约束力，而公约的批准与否完全由成员国自行决定，国际劳工组织不得干涉。建议书只是供成员国进行国内劳工立法时参考，并不需要批准手续。因此，成员国是否批准和采纳国际劳工公约和建议书的内容，都可根据本国的实际情况来做出决定。

2. 国际劳工立法的作用。国际劳工立法是国际化的劳动法，它是在国家之间的大家共同遵守的调整劳动关系以及其他与之相关的社会关系的准则。各国国内劳动法是国际劳工法的基础，国际劳工法对各国国内劳动法又有重大的影响，两者在对立统一中相互协调、共同促进。国际劳工立法的作用主要表现在以下几个方面：

（1）促进成员国劳动立法的发展和完善。国际劳工组织从成立以来，制定了大量的国际劳工公约和建议书，形成了相当完备的国际劳动法体系，对各国制定国内劳动法起着指导作用。国际劳工标准对世界劳动立法具有十分重要的意义，几乎已经成为所有发达国家劳动立法的主要依据，也越来越成为发展中国家制定国内劳动法的重要依据，即使是没有被成员国批准的国际劳工公约和建议书，也同样对成员国的国内劳动立法有着重要的影响。

（2）保障成员国劳动者的基本权利。国际劳工立法在促进各成员国劳动立法完善的同时，必然为成员国国内工人劳动权利提供有力的保障。因为劳动立法的主要目的就是通过法律的形式规定工人的劳动条件和生活待遇标准等，是保障工人权益的重要方式。另外，国际劳工组织还可以受理成员国工人对其政府未能切实遵守国际劳工公约的申诉，为工人维护自己合法的劳动权益提供国际帮助。

（3）推动成员国劳动立法方面的合作。国际劳工立法有效地反映了成员国政府、雇主和劳工在劳动问题上的立场和态度，较好地沟通和表达了国家之间关于劳动问题的观点，整合了政府、雇主和劳工之间的利益矛盾和冲突，从而可以进一步推动各国劳动立法的深入开展。

（五）国际劳工立法与中国

1. 国际劳工立法与中国的关系。1919 年，中国政府作为战胜国参加了"巴黎和会"，签署了最后的巴黎和约，从而成为国际劳工组织的创始成员国。1930 年，国际劳工局在上海设立了分局。自 1944 年起，中国成为国际劳工组织的常任理事国之一。1949 年以后，台湾当局占据了国际劳工组织中的中国席位。1971 年，联合国大会通过决议，恢复我国在联合国的合法席位，并通知我国政府参加国际劳工大会和其他会议。从 1983 年召开的第六十九届国际劳工大会起，新中国才正式恢复参加国际劳工组织的各项活动。

截至 2009 年底，我国共批准了 24 个国际劳工公约。这些已经被批准的国际劳工公约，包括一些我国尚未批准的公约和无须批准的建议书，都成为推动我国的相关劳动立法发展的重要力量，如《中华人民共和国劳动法》就适当借鉴了国际劳工公约和建议书的有关规定：既有我国已批准公约内容的体现，如实行每周两天休息制度、制定最低工资办法、禁止使用妇女从事矿山井下工作、限定最低就业年龄、实行男女工人同工同酬等，也有对尚未批准的公约和建议书的采用，如促进就业政策和措施、反对就业歧视、禁止强迫劳动、规定工作时间和休息休假制度、实行劳动安全卫生措施、改进社会保险制度、实行劳动监督检查制度等。

随着我国社会主义市场经济的不断发展和完善，国际劳工法对我国的影响日益加深。今后我国除积极参加国际劳工组织的活动以外，还应积极研究加入更多的国际劳工公约，特别是基本国际劳工公约，根据我国的实际情况再批准一些国际劳工公约，同时借鉴国际劳工立法的有益经验，提升我国劳动立法的质量，推动劳动立法的发展和完善，实现国内劳动立法与国际接轨，不断改善劳动者的劳动条件和生活待遇，充分保障劳动者的合法权益。

2. WTO 对中国劳动立法的影响。2001 年 12 月，中国加入了 WTO，成为世界贸易组织的一员。在此背景下，从中国的具体国情出发，完善中国劳动立法，是规范劳动关系的需要，也是中国劳动立法的必然趋势。因此，在进行劳动立法时，应当把握好以下两点：

（1）要适应贸易自由化的趋势，减少劳动行政干预，维持适当劳动标准。加入世界贸易组织对于中国的劳动者既是挑战也是机遇。我国劳动者与发达国家的劳动者之间，实际上是一种竞争的关系。我国劳动力的低成本在国际劳动力市场上具有较大的竞争优势，应当充分利用加入世界贸易组织的机会，大力促进我国劳动者的就业。但是，传统的劳动力输出体制，严重压抑了这一优势的发挥。因而，应当尽快改变这种管理体制，在立法上逐步放松对劳动标准的管制。但是，放松管制并不等于降低劳动标准，在进行劳动立法时，应当坚持减少劳动行政干预，维持适当劳动标准的立法原则。

（2）要参照核心劳动标准，完善我国劳动立法。WTO 关心劳动标准问题，并且承认遵守核心劳动标准是一项国际公认的义务。中国作为联合国和国际劳工组织的常任理事国，应及早完善有关的劳动法制，提高劳动保护水平，从而在国际经济竞争和政治斗争中保持主动。由于我国劳动体制有很多方面与国际通行做法不一致，例如自由结社、集体谈判、反对就业歧视等方面，都可能与国际劳动标准发生冲突。因此，我国应该参照有关核心劳动标准，完善我国的劳动立法。

◎【案例分析】

在导入案例中，芝加哥工人大罢工争取的权利是 8 小时工作制。1880 年美国工人游行集会要求 8 小时工作制。1884 年，联邦贸易组织通过了一项解决方案，以立法的形式规定从 1886 年 5 月 1 日开始执行每日 8 小时工作制，但此后，工人们仍然被强迫每天工作 10 小时以上，这使得该项立法名存实亡，而各地的联邦首脑对此却表示出十分冷淡和不友好的态度，于是一场为争取 8 小时工作的罢工开始了。1886 年 5 月 1 日，芝加哥的216 000余名工人举行大罢工，这场斗争虽然被镇压了，但其意义却十分深远，此后由于各国工人阶级的团结和不断斗争，终于赢得了 8 小时工作制和劳动节。1889 年 7 月第二国际宣布将每年的 5 月 1 日定为国际劳动节。1890 年 5 月 1 日，欧美各国的工人阶级率先走向街头，举行盛大的示威游行与集会，争取合法权益。从此，每逢这一天世界各国的劳动人民都要集会、游行，以示庆祝。

法条链接

《中华人民共和国劳动法》（1994）

第 36 条　国家实行劳动者每日工作时间不超过 8 小时、平均每周工作时间不超过 44 小时的工时制度。

❂【思考与练习】

国际劳工立法有哪些特点？

❂【实训】

国际劳工大会的参会人员有哪些？

情景设计

2011 年 6 月 1 日，第 100 届国际劳工大会在日内瓦开幕，来自 183 个国家的 3000 多名政府、劳动者和雇主代表出席大会。在全球失业严重、就业不足以及民众对金融危机后就业状况深感不安的形势下，与会各国政府、劳动者和雇主代表讨论了国际劳动市场的现实问题以及应对挑战的途径。

工作任务

国际劳工大会的参加者除了政府代表外，为什么还有劳动者和雇主代表？

训练方法

1. 学生分组讨论国际劳工大会的组织原则。

2. 理解"三方原则"的含义与作用。

考核标准

能深刻理解"三方原则"是国际劳工组织的一大特色，在联合国及其所有专门机构中都是独一无二的，这使得国际劳工组织和其他组织相比，在处理劳动与社会问题时具有很大的优势。

项目二 劳动法概述

知识目标

1. 掌握劳动法的概念、地位和作用;
2. 掌握劳动法的调整对象和基本原则;
3. 掌握劳动者的权利、义务;
4. 了解用人单位的规章制度;
5. 了解工会及职工民主参与的形式。

能力目标

对劳动法的概念、地位、作用、调整对象、基本原则、劳动者的权利义务、用人单位的规章制度、工会和职工民主参与等内容有基本的把握。

内容结构图

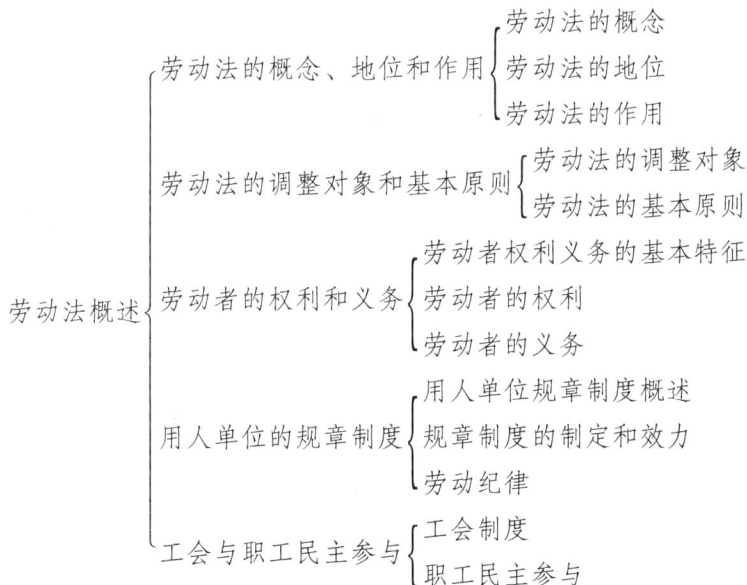

案例导入

2012年4月15日,万某与某投资咨询有限公司签订了劳动合同,成为该公司的员工,同年5月、6月,该公司均向万某发放工资1500元,但到了7月,该公司拒绝向万某发放工资,理由是该单位性质为投资公司,对员工的薪酬制度是进公司前两月无论有无业绩均发放员工固定工资,从第三个月开始工资数额与业绩考核挂钩,无业绩就没有工资，并称"这是行规"。万某遂向当地劳动监察局投诉，要求某投资咨询有限公司向其补发拖欠的一个月工资 1500 元。

问题：某投资咨询有限公司能否以"行规"为由，拒发万某工资？

● 基本原理

任务一　劳动法的概念、地位和作用

一、劳动法的概念

劳动法，又称劳工法，是一个有多重含义的概念，既可以指一个国家的劳动法典，又可指劳动法学或劳动法课程。而我们通常所说的劳动法，则是指调整劳动关系以及与劳动关系有密切联系的其他社会关系的法律规范的总称。

作为维护人权、体现人文关怀的一项基本法律，劳动法在西方甚至被称为第二宪法。我国的劳动法律制度是以 1995 年 1 月 1 日起施行的《中华人民共和国劳动法》为核心建立起来的，其内容主要包括：劳动者的主要权利和义务；劳动就业方针政策及录用职工的规定；劳动合同的订立、变更与解除程序的规定；集体合同的签订与执行办法；工作时间与休息时间制度；劳动报酬制度；劳动卫生和安全技术规程等。

劳动法形式，又称劳动法渊源，是指劳动法律规范的具体表现形式。它表明劳动法律规范以什么形式存在于法律体系中。

1. 宪法。宪法是法律规范体系中具有最高法律效力的根本大法，宪法中有关劳动者利益的规定，是国家制定其他劳动法规范的基本法律依据，也是处理劳动者与劳动力使用者之间关系的基本准则。如《宪法》第 42～45 条就规定了劳动者的基本权利，"中华人民共和国公民有劳动的权利和义务。国家通过各种途径，创造劳动就业条件，加强劳动保护，改善劳动条件，并在发展生产的基础上，提高劳动报酬和福利待遇"。国家对就业前的公民进行必要的劳动就业训练，劳动者有休息的权利，实行退休制度，退休者的生活受到国家和社会保障，国家发展社会保险等。

2. 劳动法律即由全国人民代表大会及其常委会颁布的劳动法律，如《劳动法》、《劳动合同法》、《劳动争议调解仲裁法》、《工会法》、《安全生产法》等。

3. 劳动行政法规即由国务院颁布的劳动行政法规，如《女职工劳动保护规定》、《禁止使用童工规定》、《失业保险条例》、《工伤保险条例》、《企业劳动争议处理条例》等。

4. 劳动规章即由原劳动和社会保障部颁布的配套规章，如《集体合同规定》、《违反和解除劳动合同的经济补偿办法》、《企业最低工资规定》等。

5. 地方性法规和地方政府规章。根据我国现行法律，省、自治区、直辖市以及省、自治区的人民政府所在地的市和经国务院批准的较大的市的人民代表大会及其常委会及人民政府，可以根据当地劳动管理的实际需要，分别制定地方性法规和地方政府规章，加强对劳动关系的调整，如《广东省安全生产条例》、《广东省人才市场管理条例》等。

6. 司法解释。如为了规范劳动争议的处理，最高人民法院于 2001 年、2006 年、2010 年和 2013 年前后 4 次发布《关于审理劳动争议案件适用法律若干问题的解释》。

7. 经我国批准的国际劳工公约。迄今为止，我国已批准了 20 多个国际劳工组织通过的国际劳工公约，这些公约也是我国劳动法律制度的重要组成部分。

8. 准劳动法规范。劳动政策、劳动标准、抽象劳动行政行为、工会规章、规范性劳动法规解释、集体合同等，虽然不是国家以法律的形式制定或认可，不是严格意义上的法律规范，但它们对各种劳动法的主体也能产生类似于法律规范的约束力，因而被称为准劳动法规范，它们也是劳动法的渊源之一。

二、劳动法的地位

劳动法的地位，是指劳动法在法律体系中的地位，即劳动法在法律体系中是否属于一个独立法律部门以及它与其他法律部门有何关系的问题。

（一）劳动法是一个独立的法律部门

劳动法是资本主义发展到一定阶段从民法中分离出来的一个独立的法律部门，而在我国，劳动法也以独立的法律部门的形式存在于整个法律体系之中，究其原因，主要有以下几方面：

1. 劳动法具有特定的调整对象。法律部门的划分是以调整对象为主要标准的，这个特定的调整对象，是指每个法律部门的调整对象，都应在总体上具有不同于其他法律部门的特征。劳动法的调整对象是劳动关系以及与劳动关系有密切联系的其他社会关系，虽然其他法律部门如民法、经济法、行政法均对这个领域的部分社会关系在一定程度上进行了调整，但它们均无法完全包容全部的劳动关系，因此，劳动法的调整对象决定了它应当作为一个独立的法律部门而存在。

2. 劳动法有特定的主体和独立的内容体系。劳动法中的劳动者与劳动力使用者之间的主体关系是劳动法的重要特点，双方均有特定的主体资格。而劳动法的内容则涵盖了劳动就业、劳动合同与集体合同、工资保障、工时休假、职业安全卫生、社会保险、工会、劳动争议处理等内容，而这些内容也是其他法律部门不能包容的。

3. 劳动法的性质也决定了它应当成为一个独立的法律部门。根据"利益说"的理论，法律通常分为公法和私法，保护公共利益的法是公法，保护私人利益的法是私法。而劳动法则是劳动者保护法与劳动管理法的统一，其对劳动者的保护体现出私法性，而对社会劳动的管理则体现出公法性，这种公私法混合的性质决定了其他法律部门如民法、经济法、行政法等无法将劳动法涵盖。

4. 劳动法有着作为独立法律部门的传统。一个法律部门在法律体系中处于何种位置，往往同一个国家的法律传统相关联。自 19 世纪以来，尤其是 20 世纪初期法国、苏联编纂劳动法典以来，劳动法陆续在世界各国的法律体系中取得了独立法律部门的地位，即使在经济法成为一个独立法律部门以后，无论大陆法系国家还是英美法系国家，均未动摇劳动法作为一个独立法律部门而存在的传统地位。我国虽然直到 1994 年才制定《劳动法》，但自新中国成立以来，立法实践中一直把劳动法作为一个独立的法律部门。至于在法学界，劳动法是一个独立法律部门的观点一直为众多学者所接受。

（二）劳动法与相邻法律部门的关系

劳动法作为宪法统率下的一个独立法律部门，其调整的社会关系的性质、范围、内容，决定了它与相邻的民法、经济法和行政法既有联系也有区别。

1. 其联系主要表现在：①它们在调整对象上有一定的交叉，即在劳动法所调整的社会关系中，有的还在一定程度上受到民法、经济法或行政法的调整。如民法中某些反映合同一般特征的规定，可在一定条件下用来规范劳动合同；劳动关系作为一种企业内部经济关系，也是企业法调整对象的一部分；劳动行政关系具有经济管理关系和行政关系的属性，当然要遵循经济法和行政法所规定的经济管理关系和行政关系的一般规则。可以说，在调整对象重叠的劳动法规范与民法规范、经济法规范和行政法规范之间，是特别法与一般法的关系。②它们应遵循某些共同的原则。如公平与效率的协调，国家、企业、职工三者利益的协调，都应为民法、经济法和劳动法所体现。③它们在调整方法上可以有条件地通用。劳动法可以在一定条件下吸收民法、经济法和行政法的某些调整方法，如赔偿损失、罚款、行政处分等可用作追究违反劳动法规、劳动合同、劳动纪律的法律责任的手段。

2. 其区别主要表现在：①调整对象不同。民法调整平等主体之间的财产关系和人身关系，在这里，财产关系与人身关系一般是分别存在的；经济法调整为实现国家对经济的干预而发生的经济关系；行政法调整行政关系；劳动法则调整劳动关系以及与其密切联系的其他社会关系，其中的劳动关系，因兼有财产性和人身性而区别于民法所调整的财产关系和人身关系，因以劳动力的使用和再生产为核心内容而区别于企业法所调整的企业内部经济关系，至于同行政关系的区别更是一目了然。②基本原则不同。每个法律部门都有各自特有的基本原则。例如，契约自由是民法原则，宏观经济与微观经济协调、经济与社会协调、经济与自然协调是经济法原则，依法行政、行政统一是行政法原则，劳动既是公民权利又是公民义务则是劳动法原则。

三、劳动法的作用

法律体系的发展史表明，任何一个法律部门得以从法律总体或既有法律部门中分离出来而形成一个独立体系，都是由于它在历史进程中具备了自己独有的功能和重要性，并且这种功能和重要性达到了其他法律部门不可取代的程度。而劳动法的功能或者说作用则主要表现在以下几个方面：

（一）保护劳动者的合法权益，调动劳动者的生产积极性

劳动法作为以保护劳动者为主的法律，是人权保障立法的重要组成部分。而在现实生活中，随着我国经济体制改革和劳动制度改革的深入，劳动关系呈多样化、复杂化的态势，一些劳动者的合法权益被严重侵犯，加大对这些劳动权益的配套立法并采取有效措施监督劳动法律的执行力度就显得尤其重要。

同时，由于在劳动关系中，劳动者作为自然人，相对于劳动关系的另一方即用人单位来说，总是处于相对弱小的地位，必须通过制定劳动法来调整劳动者与用人单位之间的劳动关系，尤其是通过劳动法对劳动合同某些内容作出强制性规定，以达到保护劳动者利益的目的。如通过最低工资的规定，确保用人单位支付给劳动者的工资不低于法定最低工资；通过劳动保护的规定，保障劳动者享受必要的劳动保护条件，通过社会保险的规定，保障劳动者享受各种社会保险待遇。

劳动法通过保护劳动者的合法权益，在各种各样的劳动关系中，维护劳动者的合法权益和正当要求，确保劳动者在生产领域中的地位和在国家以及社会中的主人翁地位相一致，必将使劳动者真正感受到其社会地位的提高，增强其主人翁责任感，进而有力地调动广大劳动者的生产积极性，最终实现劳动法这个上层建筑为经济基础服务的目的。

（二）调整劳动关系，预防和解决劳动争议，保证社会的安定团结

我国已形成了以公有制为主体、多种所有制经济共同发展的局面，在非公有制劳动关系中，存在雇佣性质的劳动，而在国有企业中，正在加快转换经营机制，在这样的背景下，劳动关系呈现出多样化、复杂化的趋势——作为劳动者和用人单位，两者的根本利益是一致的，但在用人单位内部利益分配上，两者又有所冲突。特别是一些用人单位为了降低成本，采取了压低工人工资、延长工作时间，或者不提供必要的劳动条件和劳动保护的做法，引起了劳动关系双方的矛盾。

如何正确调整和维护劳动关系双方的合法权益，解决用人单位和劳动者之间的矛盾？这就离不开劳动法作用的发挥。首先，通过劳动法调整用人单位与劳动者之间的劳动关系，可以明确双方当事人的权利和义务；其次，通过建立和健全劳动监察制度，可以监督检查劳动法律、法规的执行情况，督促和帮助劳动关系双方履行劳动合同，规范劳动行为，并对违法行为给予必要的处罚；再次，对发生的劳动争议，可以通过劳动争议处理制度进行处理，减少劳动者和用人单位的矛盾和纠纷；最后，劳动法中的集体谈判制度和集体合同制度，亦是预防集体劳动争议的有效机制。

通过这些劳动法律制度作用的发挥，建立健全适应社会主义市场经济要求的劳动

制度，形成国家立法规范劳动关系，劳动者和用人单位自主建立、自行协调劳动关系，工会和企业代表参与协调劳动关系，政府指导协调劳动关系，行政监察维持劳动关系，司法仲裁保障劳动关系的机制，从而维护和发展稳定和谐的劳动关系，保证社会的安定团结。

（三）建立和维护适应社会主义市场经济的劳动制度，促进经济发展和社会进步

生产力中的第一要素是劳动者，只有劳动者的权利受到真正的保护，才能促进劳动生产力的不断提高，进而使劳动力资源的使用达到最佳程度，推动我国经济的健康发展。因此，在建立适应社会主义市场经济的劳动制度时，就要破除劳动制度中同市场经济不相符合、不相适应的内容。我国的《劳动法》正是在这种背景下出台的，它的颁布和实施为新的劳动制度的建立指出了方向，使得我们能够按照社会主义市场经济的原则和方法，建立与之相适应的新型劳动制度，从而确保能在最大程度内解放和发展生产力，推动经济的发展和社会的进步。

任务二　劳动法的调整对象和基本原则

一、劳动法的调整对象

劳动法的调整对象是指劳动法的作用范围，也就是劳动法所调整的社会关系。从劳动法的概念我们不难看出，劳动法主要调整两类社会关系，即劳动关系以及与劳动关系有密切联系的其他社会关系。

（一）劳动关系

劳动关系通常也称为劳资关系，是人们在从事有报酬的劳动过程中发生的社会关系，它包括劳动者在劳动过程中相互之间的关系、劳动者与用人单位之间的关系等。而劳动法并不调整所有的劳动关系，它只调整其中与付酬劳动直接联系的那部分关系，即劳动者与用人单位之间的劳动关系，这种劳动关系又称为狭义的劳动关系。

《劳动法》第2条明确规定："在中华人民共和国境内的企业、个体经济组织（以下统称用人单位）和与之形成劳动关系的劳动者，适用本法。国家机关、事业组织、社会团体和与之建立劳动合同关系的劳动者，依照本法执行。"这表明：

1. 中华人民共和国境内的所有企业、个体经济组织（即个体工商户）的劳动关系都归劳动法调整。其中的"企业"范围，包括各种法律形态、各种所有制形式、各种行业的企业；"个体经济组织"则必须是请帮工，带学徒或者有雇工经营并与劳动者形成劳动关系的，才属于《劳动法》的调整范围；另外，在农村设立的乡镇企业也在《劳动法》的调整范围之内。

2. 国家机关、事业组织、社会团体和与之建立劳动合同关系的劳动者，也依照《劳动法》执行。这里的劳动者的范围，包括国家机关、事业组织、社会团体的工勤人

员，企业化事业组织的非工勤人员以及其他通过劳动合同（含聘用合同）与国家机关、事业组织、社会团体确立劳动关系的劳动者。

同时，根据《公务员法》之规定，公务员的权利义务和管理均纳入了《公务员法》的调整范围，而法律、法规授权的具有公共事务管理职能的事业单位中除工勤人员以外的工作人员，经批准也参照《公务员法》进行管理。此外，农村农业劳动者、现役军人、家庭保姆等也不适用《劳动法》。

（二）与劳动关系密切联系的其他社会关系

与劳动关系密切联系的其他社会关系本身并不属于劳动关系，但是与劳动关系有着密切的联系，因此，劳动法将这些关系也纳入其调整范围之内。具体说来，主要包括以下几方面的关系：

1. 劳动管理方面的关系。劳动法将劳动行政部门即人力资源和社会保障部门与用人单位和职工之间因招收、调配、职业教育和培训等问题而发生的关系列入调整范围之内，其目的在于加强对劳动工作的管理，保障劳动者的合法权益。

2. 工会组织与用人单位行政之间的关系。劳动法之所以将工会组织与用人单位行政之间的关系纳入自己的调整范围，是为了发挥工会组织在维护职工合法权益方面的积极作用，对保证劳动法的贯彻实施起到监督保障作用。

3. 劳动争议处理关系，即劳动争议处理机构与劳动争议当事人（或其他人）之间因调解、仲裁劳动争议而发生的社会关系。劳动法将这些劳动争议关系纳入调整范围，是为了及时解决劳动争议，保障劳动争议双方当事人的合法权益。

4. 社会保障方面的关系。社会保障关系依附于劳动关系而生，与劳动关系联系密切，因而也由劳动法进行调整。

5. 监督劳动法执行方面的关系，即国家有关机关因监督、检查劳动法的执行情况而与用人单位之间发生的关系。劳动法对监督劳动法执行方面的关系进行调整，是为了维护劳动关系的合法性，保证劳动法在每个用人单位得以贯彻执行。

二、劳动法的基本原则

劳动法的基本原则，是指集中体现劳动法的本质和基本精神、主导整个劳动法体系、为劳动法调整劳动关系以及与劳动关系密切联系的其他一些社会关系时必须遵循的基本准则。劳动法的基本原则是劳动法的核心和灵魂，它直接决定了各项劳动法律制度的性质，体现了国家对劳动关系的本质的认识。具体说来，劳动法的基本原则主要有：

（一）劳动既是权利又是义务的原则

《宪法》第42条规定，"中华人民共和国公民有劳动的权利和义务"。这一规定明确了我国公民对待劳动的根本态度，为劳动法调整劳动关系以及与其密切联系的其他社会关系，确立了出发点。

1. 劳动是公民的权利，每一个有劳动能力的公民都有从事劳动的同等的权利。对公民来说，意味着其有包含就业权和择业权在内的劳动权，即公民不论性别、民族和财产状况等因素的不同，都有权实现就业，通过劳动获取生活主要来源；有权依法选择适合自己特点的职业和用人单位，参与这种选择过程中的竞争；有权利用国家和社会所提供的各种就业服务和保障条件，以提高就业能力和增加就业机会。对企业来说意味着平等地录用符合条件的职工，加强提供失业保险、就业服务、职业培训等方面的职责。对国家来说，应当为公民实现劳动权提供必要的保障。

2. 劳动是公民的义务，即劳动应是一切有劳动能力的公民对社会应履行的职责，劳动是光荣的事情，而不是卑贱的行为，整个社会应当崇尚劳动。对公民来说，意味着一方面作为国家和公有生产资料的主人，应当具有参加劳动的高度自觉性和光荣感；另一方面，必须以劳动作为谋生手段，在积极争取国家和社会提供的就业机会的同时，努力通过自谋职业、自愿组织就业等方式为自己创造就业机会，并在劳动岗位上踏实履行各项义务。对用人单位来说，意味着有权组织和安排职工参加劳动，并要求职工遵守劳动纪律和完成劳动任务。对国家来说，意味着应当提倡和组织劳动竞赛，奖励劳动模范和先进工作者；促使公民以劳动作为其获取生活主要来源的基本手段；禁止或制裁非法的不劳而获行为。

（二）保护劳动者合法权益的原则

保护劳动者，历来是各国劳动法所奉行的主旨。在我国宪法中，对公民作为劳动者所应享有的基本权利作了许多原则性规定，内容相当广泛，包括劳动权、劳动报酬权、劳动保护权、休息权、职业培训权、物质帮助权、企业民主管理权等。《劳动法》第1条也开宗明义地指出，"为了保护劳动者的合法权益"而"制定本法"。劳动法保护劳动者的合法权益，应当体现以下几点精神：

1. 全面保护，即劳动者的合法权益，无论是财产权益还是人身权益，无论是法定权益还是约定权益，无论其内容涉及经济、政治、文化等哪个方面，无论它存在于劳动关系的缔结前、缔结后或是终结后，都应纳入保护范围之内。

2. 平等保护，即全体劳动者的合法权益都平等地受到劳动法的保护。这一精神又包含了两个层次：一是对于民族、种族、性别、职业、职务、劳动关系的所有制性质或用工形式等不同的各种劳动者来说，在劳动法上的法律地位一律平等，劳动法所直接规定或要求达到的劳动基准都一律适用，禁止对任何劳动者在劳动方面的歧视；二是对特殊劳动者群体的特殊保护。特殊劳动者群体是指某些由于特定原因而具有某种特殊利益的群体，如妇女劳动者、未成年劳动者、残疾劳动者、少数民族劳动者、军队退役劳动者等。对这一群体给予特殊保护是对一般保护的必要补充，旨在使特殊劳动者群体的特殊利益与一般劳动者的共有利益一样受到平等保护，因而并不违背平等保护的精神。

3. 偏重保护和优先保护，即劳动法在对劳动关系双方都给予保护的同时，偏重于保护处于弱者的地位的劳动者，当对劳动者利益的保护与对用人单位利益的保护发生冲突时，劳动法应适当体现劳动者的权利本位和用人单位的义务本位，优先保护劳动者利益。

4. 基本保护，即对劳动者基本利益的保护，也就是对劳动者的最低限度的保护。在劳动者的利益结构中，维持劳动力再生产所必要的人身安全健康、基本生活需要等利益属于基本利益，是劳动者的切身利益，因此，保护劳动者首先就是要保护劳动者的基本利益。为此，在劳动立法中，国家对劳动者的基本利益规定最低标准，要求用人单位向劳动者支付的利益不得低于这种标准，从而使劳动者的基本利益获得绝对性保护。

（三）劳动力资源合理配置原则

劳动关系作为劳动力与生产资料相结合的社会关系，亦即劳动力资源配置的社会形式。因此，劳动法实质上也是劳动力资源配置法，当然要以实现劳动力资源配置合理化为己任，具体说来，应从以下几方面进行把握：

1. 双重价值取向，即配置是否合理的标准是能否兼顾效率和公平的双重价值取向。社会主义市场经济在本质上需要同时追求劳动力资源的高效率配置和公平配置。我国宪法所规定的劳动者各尽所能，即各个劳动者的劳动能力都得到充分的使用和发挥，理应成为劳动力资源配置的总目标。这是因为，劳动者各尽所能，既直接表现劳动力资源被高效率使用，又意味着劳动平等的实现。所以，劳动法应当以此为目标，对劳动力资源的宏观配置和微观配置进行规范。

2. 劳动力资源宏观配置，即社会劳动力在全社会范围内各个用人单位之间的配置。实践表明，计划经济条件下国家以行政分配的方式对劳动力资源进行宏观配置，并不能实现劳动力资源宏观配置的合理化。在社会主义市场经济条件下，为了使劳动者各尽所能在宏观上成为现实，必须通过劳动力市场对劳动力资源进行宏观配置。劳动法对此所负的任务，就是要促成和发展劳动力市场，确立和完善以市场配置机制为主、以行政配置机制为辅的劳动力资源配置体制，维护劳动力市场的运行秩序。

3. 劳动力资源的微观配置，即在用人单位内部对劳动者的劳动岗位、劳动时间和劳动任务的安排，也就是用人单位组织其劳动者在劳动过程中的分工和协作，使各个劳动者的劳动在时间和空间上组合成一个有机整体。为了确保在微观上实现劳动者各尽所能，在劳动法中，应当摆正劳动者利益和劳动效率的位置，并使二者形成相互依存、彼此促进的关系。也就是说，一方面，劳动法通过保护劳动者利益，来调动劳动者的积极性，增强劳动者的素质，改善劳动者的劳动条件，从而提高劳动效率；另一方面，劳动法通过提高劳动效率，并使劳动效率与劳动者利益挂钩，从而为增进劳动者利益创造有利条件。

（四）三方协调劳动关系原则

我国于 1990 年批准了国际劳工组织的《三方协商以促使实施国际劳工标准公约》，根据该公约，政府、工会组织、企业组织代表三方应共同参与劳动关系的协调，以三方协商的形式解决劳动关系中存在的各种问题。

1. 在立法活动中应体现三方原则，即政府、工会和企业组织代表应共同参与制定重要的劳动法律、法规。其中，政府在立法活动中居于主导地位，其必须听取工会和企业组织的意见和建议，采纳其合理建议；工会和企业组织代表参与立法，以便及时反映劳动关系参与者的意愿，使立法更切合实际，更具可执行性，同时，也使政府的劳动政策和重大决策对工会和企业组织的活动产生更为直接的影响，便于劳动法律、法规的执行。三方对劳动关系的协调正是通过制定劳动法律、法规、劳动政策，规定劳动条件和劳动标准来实现的。

2. 在签订集体合同、进行集体协商谈判时也要体现三方原则。其中，政府必须处于宏观指导和调控的地位，在劳动行政部门的指导下，集体合同双方当事人自行协商签订集体合同，劳动行政部门依法审查集体合同。集体协商谈判由政府进行指导、协调，能够及时化解集体合同双方当事人的纠纷，避免集体争议的出现。

3. 在劳动法的执行上，坚持三方共同监督的原则。政府通过劳动行政部门监督劳动执法，依法进行劳动监察和劳动仲裁，正是其国家权力的体现；工会和企业通过三方协调机制，也可监督劳动法律、法规的具体执行情况。

任务三　劳动者的权利和义务

劳动者的权利和义务，是我国劳动法中的核心内容，具有重要的作用和地位。劳动法的立法宗旨和目的最终都通过劳动者的权利义务来实现。因此，劳动者的权利和义务贯穿整个劳动法律规范体系中，各项具体的劳动法律规范都是劳动者的权利和义务在不同情形中的反映。

一、劳动者权利义务的基本特征

（一）劳动者权利与义务既具有对应性，又具有单向性

法律的一般原理是没有无权利的义务，也没有无义务的权利，不能一方只享受权利而不承担义务，或另一方只承担义务而不享受权利。这一原理在劳动法中体现为劳动者权利与义务的相对性，即劳动者既享有法律规定的广泛的权利，同时又承担着法律规定的必须履行的义务。如劳动者享有劳动的权利，同时就必须承担提高职业技能的义务；劳动者享有获取劳动报酬的权利，同时就负有完成劳动任务的义务；劳动者享有劳动保护的权利，同时就必须承担保守用人单位商业秘密的义务等。

（二）劳动者的权利范围广泛，是由多层次构成的综合权利

劳动权是人权的重要组成部分，劳动者的权利范围十分广泛，涉及多个层次：在劳动者的人身权利方面，有劳动安全权、自由择业权、休息权；在劳动者的财产和经济方面的权利，有劳动报酬权、福利权和社会保障权；在劳动者的政治、文化方面的权利，有结社权、职业教育权、民主管理权等。

（三）劳动者权利与义务具有人身属性

劳动者的权利与义务原则上只能由本人享有或履行，第三人不能行使权利和履行义务。即使劳动者因病或因工死亡而产生的抚恤或供养人员的生活救济问题，也是劳动者权利的一种延伸。劳动者权利义务的这一特征，是由劳动关系本身具有人的身份属性这一性质决定的。

二、劳动者的权利

（一）劳动权

劳动权，又称就业权，是劳动者以获取劳动报酬为目的依法享有的平等就业和选择职业的权利。

劳动权包括职业获得权、自由择业权和平等就业权。职业获得权是要求政府提供工作机会的权利和拒绝用人单位非法解雇的权利；自由择业权是劳动者有权按照自己的意愿选择职业，包括是否从事职业劳动，从事何种职业劳动，何时从事职业劳动，在哪一类或者哪一个用人单位从事职业劳动等；平等就业权是劳动者平等地获得就业机会的权利，这是公民在法律上的平等在就业方面的体现。

（二）劳动报酬权

劳动报酬是指劳动者基于劳动关系，向用人单位提供一定劳动量而获得的相应的货币收入。而劳动报酬权则是劳动者依照劳动法律关系，履行劳动义务，获得由用人单位根据按劳分配的原则及劳动力价值支付报酬的权利。

劳动报酬权包括报酬的协商权、报酬的请求权和报酬的支配权。报酬协商权，是劳动者与用人单位通过谈判和协商来确定劳动报酬的形式和标准的权利，其核心是依法确定劳动者自己劳动的价格；报酬请求权，是劳动者在建立劳动关系后，请求用人单位按时、足额支付劳动报酬的权利；报酬支配权，又称为报酬自由处分权，是劳动者独立支配自己劳动报酬的权利。

（三）休息权

休息权，是指劳动者在劳动中经过一定的体力和脑力的消耗以后，依法享有的恢复体力、脑力以及用于娱乐和自己支配的必要时间的权利。劳动者享受休息权，是为了保证劳动者解除身体和精神上的疲劳，恢复体力和精力，从而更加充沛地投入劳动。

劳动者的休息权及其水平，反映着一个国家的经济发展水平和社会进步的程度。

（四）劳动保护权

劳动保护权是劳动者享有的保护其劳动过程中生命安全和身体健康的权利。劳动保护的概念有广义和狭义之分：前者是把有关保护劳动的内容都包括在内，在这个意义上，劳动保险、工资、培训、参加企业民主管理等都具有劳动保护的性质，都可以归入劳动保护之列；而后者仅指为了改善劳动条件，保护劳动者在生产过程中的安全和健康所采取的措施和设立的制度。不论是广义还是狭义的劳动保护，其实质都是对劳动者的保护。

（五）职业培训权

职业培训权就是劳动者所享有的接受各种职业培训的权利。劳动权的实现要求劳动者自身应当拥有一定的职业技能，在职业技能的获得越来越多地依赖职业培训的今天，公民没有职业培训权利，其劳动就业权利就无法充分实现。

（六）社会保险和福利权

社会保险权，是劳动者因暂时或永久丧失劳动能力以至于失业时，依法享有的物质帮助权。社会福利权，是指劳动者依据国家制定的社会福利制度所享有的权利。劳动者的社会保险和福利权是国家为劳动者建立的保障制度，是宪法赋予公民物质帮助权的一个方面，从性质上讲，这是劳动者劳动价值的另一种体现。

（七）提请劳动争议处理权

提请劳动争议处理权，是指劳动者在劳动过程中因权益问题与用人单位发生争议时，享有的请求有关部门对争议进行处理的权利。从本质上看，提请劳动争议处理权就是劳动者享有的请求保护的权利。

（八）法律规定的其他劳动权利

劳动者除享有前述各种基本劳动权利外，还享有法律规定的其他一些劳动权利，包括民主管理企业、与用人单位进行平等协商、签订集体合同和依法参加工会组织的权利。此外，劳动者还依法享有参加社会义务劳动的权利，从事科学研究、技术革新、发明创造的权利，依法解除劳动合同的权利，对危害生命安全和身体健康的行为有权提出批评、举报和控告的权利，对违反劳动法的行为进行监督的权利等。

三、劳动者的义务

（一）劳动义务

劳动义务是指劳动者依据合同或法律规定，提供劳动力，从事实际劳动并完成规定工作任务的义务。劳动义务与劳动者享有的劳动报酬的基本权利相对应，是劳动者承担的一项核心的义务。

劳动义务的内容，主要包括两个方面：一方面要求劳动者都必须依约定或规定从事实际劳动，即对劳动义务在形式上的一种要求；另一方面要求劳动者必须完成工作任务，即对劳动义务在内容上的一种要求。这种劳动义务从形式到内容上的统一，是我国《劳动法》在劳动义务规定方面的一大特点。劳动者只有完成劳动义务，才能使整个劳动过程得以延续，生产得到发展。同时，这也是劳动者获得劳动报酬的基本前提，劳动者只有完成其劳动义务，才能获得相应的劳动报酬。

（二）提高职业技能义务

提高职业技能义务，是指劳动者负有的不断提高劳动能力、业务知识水平，以促进劳动者职业技能不断提高的义务。这项义务要求劳动者在学习和实践中不断接受新的业务知识，努力提高业务能力和操作技能，改进生产工艺、提高产品质量。提高职业技能义务是与劳动者的职业培训权利相对应的。强调职业培训是劳动者享有的权利，目的是为劳动者的职业技能提高创造一定的外部条件，而劳动者自身则有义务自觉地学习业务知识，努力提高业务能力和操作技能，适应生产或工作岗位的要求。

（三）执行安全卫生规程的义务

劳动安全技术规程是国家为了防止和消除在生产过程中的伤亡事故、防止生产设备遭到破坏、保障劳动者安全和减轻繁重体力劳动而规定的有关组织和技术措施方面的各种法律规范。劳动卫生规程是国家为了防止、消除生产过程中的职业危害，保障劳动者的健康而制定的各种法律规范。劳动者在劳动过程中，必须遵守国家安全技术规章、生产卫生规程。要求劳动者履行该项义务，既是保护劳动者的生命安全和身体健康的需要，也是保证生产安全、维护生产秩序的基本要求。

（四）遵守劳动纪律和职业道德的义务

劳动纪律是组织社会劳动的基础，是社会化大生产的必要条件，它要求劳动者在共同劳动过程中遵守一定的规则和秩序，听从用人单位的指挥和调度。遵守劳动纪律是劳动者必须履行的义务，它既是劳动者履行劳动职责、完成劳动任务的基本保证，也是用人单位加强科学管理、维护正常生产秩序、提高劳动生产率的必然要求。

职业道德是指特定职业范围内"做人的标准"和"做事的规矩"相结合而形成的职业生活所必须遵循的行为规范或准则。职业道德属于对劳动的社会控制范畴，它对劳动者及其行为能发生潜移默化的作用是法律和纪律规范不能替代的。法律将遵守职业道德确立为劳动的基本义务，能够提高全体劳动者的道德意识，树立职业道德观念，不断为社会创造物质财富和精神财富。

劳动纪律和职业道德相互联系、相互补充，劳动纪律中包含了很多职业道德的内容，职业道德则体现了劳动纪律的高层次要求，能够弥补劳动纪律的不足。

（五）法律规定的其他义务

根据《劳动法》的规定，劳动者除了依法履行上述义务之外，还应当履行法律规定的其他义务。

1. 依法履行劳动合同的义务。《劳动法》第 17 条第 2 款规定，"劳动合同依法订立即具有法律约束力，当事人必须履行劳动合同规定的义务"。也就是说，劳动合同一经成立，对双方均具有强制性约束力，劳动者必须严格履行。

2. 保密义务。即劳动者负有不泄露用人单位在生产、制造或营业上的技术秘密、经济秘密和商业秘密等义务。

3. 参加社会保险，缴纳保险费的义务。社会保险具有强制性，劳动者必须按规定缴纳属于个人部分的保险费。

任务四　用人单位的规章制度

一、用人单位规章制度概述

（一）用人单位规章制度的概念与内涵

1. 用人单位规章制度的概念。用人单位规章制度（以下简称为规章制度），又称为厂规厂纪，也有学者称之为用人单位的劳动规章制度，在有的国家和地区还被称为雇佣规则、工作规则等，是指用人单位依法制定的旨在保证劳动者履行劳动义务和享有劳动权利的规则和制度的总和。制定规章制度，既是用人单位的权利，又是其义务。

2. 规章制度的内涵。规章制度是劳动者充分享有权利和履行义务的保障，要理解其内涵，需明确以下几点：①规章制度以用人单位为制定主体，以公开和正式的用人单位行政文件为表现形式，只在本单位范围内适用。②规章制度是职工和用人单位在劳动过程中的行为规则，它的调整对象是在劳动过程中用人单位与职工之间以及职工相互间的关系，因而，它在本单位范围内，既约束全体职工，又约束单位行政的各个组成部分。③规章制度是用工自主权和职工民主管理权相结合的产物。制定和实施规章制度，是用人单位在其自主权限内用规范化、制度化的方法对劳动过程进行组织和管理的行为，是行使用工自主权的一种形式和手段。职工作为劳动过程的要素和主体，既有权参与规章制度的制定，又有权对用人单位遵守规章制度的状况实行监督，这是职工民主管理权的重要内容。因而，规章制度又具有协调劳动关系的功能。

（二）规章制度与相关概念的区别

规章制度与用人单位内部劳动规则（以下简称劳动规则）不同。在理论界一般将劳动规则理解为由用人单位制定的适用于全体劳动者的劳动管理规则，即劳动规则是劳动者在履行劳动义务时应当遵守的行为规则，而规章制度不仅包括保障劳动者履行劳动义务的工作规则，还包括保障劳动者享有劳动权利的规则和制度。显然，劳动规则的外延小于规章制度的外延，即劳动规则在性质上属于规章制度，但它仅是规章制度的一部分。

规章制度和劳动合同、集体合同都是确定劳动关系当事人双方权利和义务的重要依据，都是协调劳动关系的重要手段。但是，规章制度与劳动合同、集体合同仍有区别。主要表现在：①规章制度的制定是用人单位的单方法律行为，制定程序中虽然有职工参与的环节，但还是由单位行政最后决定和公布，职工并非制定主体；而劳动合同和集体合同的订立，都是劳动关系当事人或其团体的双方法律行为。②规章制度所规定的是全体职工的共同权利和义务；而劳动合同所规定的只是单个职工的权利和义务。③规章制度与集体合同在内容上虽然有交叉，但各有侧重。前者侧重于规定在劳动过程的组织和管理中职工和单位行政双方的职责，也即劳动行为规则和用工行为规则；后者则侧重于规定本单位范围内的最低劳动标准。

规章制度与劳动纪律也并非同一个概念，劳动纪律只是规章制度诸多内容中的一个组成部分。

二、规章制度的制定和效力

（一）制定规章制度是用人单位的权利和义务

规章制度的制定，一方面是用人单位对职工的权利，即用人单位的经营权和用人权中必然含有规章制度制定权；另一方面是用人单位对国家的义务，即用人单位必须以制定规章制度作为其行使经营权和用人权的一种主要方式。

立法之所以把制定规章制度规定为用人单位的义务，是因为：

1. 劳动者在劳动过程中处于从属地位，其权利和义务的实现受用人单位支配，制定规章制度既可以使劳动者的权利和义务明确、具体，又可以使用人单位的劳动管理行为规范化，从而排除用人单位对劳动者实现其权利和义务的任意支配，尤其是防止用人单位滥施处罚权。

2. 在同一用人单位内部，任一劳动者的权利和义务都同其他劳动者的权利和义务相互关联，其实现过程中难免发生冲突，制定规章制度就有利于协调不同劳动者之间因实现各自权利和义务所产生的矛盾，有利于营造全体劳动者实现各自权利和义务的良好秩序。

（二）规章制度的基本内容

《劳动合同法》第 4 条第 2 款明确规定了规章制度应包含的主要内容，即"劳动报酬、工作时间、休息休假、劳动安全卫生、保险福利、职工培训、劳动纪律以及劳动定额管理等直接涉及劳动者切身利益的"事项。此外，我国的劳动立法对规章制度不止于列举规定其应含事项，还进一步对某些重要事项直接规定其内容或者规定了确定内容的规则，其中，较多的是关于劳动组织、劳动纪律和工资分配等方面的规定。如《劳动法》第 46 条第 1 款规定，"工资分配应当遵循按劳分配原则，实行同工同酬"。这就明确了工资分配的规则。

（三）规章制度的制定程序

立法中对规章制度的制定程序，一般不作完整的规定，而只择要规定其中应含的某些环节。即是说，规章制度的制定程序中，既有法定环节，也有非法定环节，后者即用人单位自行规定的环节或者有关国家机关没有指定必备的环节。

制定规章制度的法定环节是：

1. 职工参与。规章制度虽然是单位行政制定的，但只有在吸收和体现了职工方意志，或者得到职工方认同的情况下，才能确保其实施。因此，立法中要求规章制度制定程序中应当有职工参与的环节。

2. 报送审查或备案。规章制度涉及劳动法规政策的实施，同职工利益密切相关，为了保证规章制度内容合法和保护全体职工利益，立法要求将规章制度的制定置于国家的监督之下：用人单位应将其制定或修订的规章制度报送劳动行政部门审查；劳动行政部门应当在法定期限内作出书面的审查意见，对不合法的内容有权在审查意见书中责令用人单位修改。

3. 正式公布（又称公示）。规章制度既然以全体职工和单位行政各个部分为约束对象，就应当为全体职工和单位行政各个部分所了解。因此，《劳动合同法》明确规定，用人单位应当将直接涉及劳动者切身利益的规章制度和重大事项决定公示，或者告知劳动者。

（四）规章制度的法律效力

规章制度的法律效力是指规章制度被他人遵守或对他人具有的约束力。依法制定的规章制度，在本单位范围内对全体职工和单位行政各个部分都具有法律约束力，主要表现为：

1. 规章制度必须在本单位范围内全面实施，劳动过程中的各种劳动行为和用工行为都必须受规章制度约束；

2. 遵守规章制度是全体职工和用人单位的法定义务和约定义务；

3. 职工与用人单位因执行规章制度发生争议，应当依法定的劳动争议处理程序予以处理。

三、劳动纪律

（一）劳动纪律的概念

劳动纪律，又称职业纪律，是指用人单位依法制定的，全体职工在劳动过程中必须遵守的行为规则。劳动纪律的目的是保证生产、工作的正常运行；劳动纪律的本质是全体员工共同遵守的规则；劳动纪律的作用是实施于集体生产、工作、生活的过程之中。凡是在集体劳动的场合，都必须有劳动纪律；没有劳动纪律，便没有社会化大生产。

（二）劳动纪律的内容

劳动纪律的内容，一般应当包括：

1. 时间纪律，即职工在作息时间、考勤、请假方面的规则；

2. 组织纪律，即职工在服从人事调配、听从指挥、保守秘密、接受监督方面的规则；

3. 岗位纪律，即职工在完成劳动任务、履行岗位职责、遵循操作规程、遵守职业道德方面的规则；

4. 协作纪律，即职工在工种之间、工序之间、岗位之间、上下层次之间的连接和配合方面的规则；

5. 安全卫生纪律，即职工在劳动安全卫生、环境保护方面的规则；

6. 品行纪律，即职工在廉洁奉公、爱护财产、厉行节约、遵守秩序、关心集体方面的规则；

7. 其他纪律。

用人单位制定劳动纪律时，应当按照合法、全面、宽严一致、结构完整、表述清楚、实用的要求来确定其内容。此外，在制定劳动纪律时，还应当注意保证劳动纪律的合理性。

任务五　工会与职工民主参与

一、工会制度

工会，又称劳工总会、工人联合会，原意是指基于共同利益而自发组织的社会团体。从我国现行相关法律规定来看，工会的概念应定义为劳动者自愿结合的群众组织，是职工利益的代表者、维护者。

（一）工会的性质和法律地位

1. 工会的性质。工会的性质，就是工会区别于其他任何社会组织的特殊本质属性，它是工会运行的理论前提和出发点，因此也是工会法必须明确的首要问题。《中华人民共和国工会法》（以下简称《工会法》）第 2 条第 1 款规定，"工会是职工自愿结合的工人阶级的群众组织"。这一规定明确了工会的基本性质。

（1）阶级性。工会不是超阶级的组织，也不是任何别的阶级组织，而是真正的工人阶级组织。它是以工人阶级为基础，代表和维护的是工人群众的利益。阶级性是工会的一个基本属性和基本特征。所以，只有工人才能加入工会。

（2）群众性。工会在其本阶级范围内有最广泛的组织性、内部的民主性和自愿性。工会应最大限度地、广泛地团结、联合广大工人群众。因此，工会的一切活动必须适合群众大多数的觉悟，建立在群众自觉自愿的基础上。

（3）自愿性。职工组织和加入工会完全是自愿的。工会作为社会团体，职工自愿组织工会体现了宪法规定的一项基本权利——结社自由；《工会法》同时也规定以工资收入为主要生活来源的体力劳动者和脑力劳动者，都有依法参加和组织工会的权利，任何组织和个人不得阻挠和限制。这些都印证了工会的自愿性。

（4）社会性。工会是团结工人推动社会进步的重要动力。我国的工会阶级，在我国的新民主主义革命和建设时期，在我国现代化的建设过程中，都做出了巨大的贡献。

2. 工会的法律地位。工会的法律地位是指工会在国家政治、经济和社会生活中的位置在法律上的确认。《工会法》第14条明确规定，"中华全国总工会、地方总工会、产业工会具有社会团体法人资格。基层工会组织具备民法通则规定的法人条件的，依法取得社会团体法人资格"。具备法人资格的工会组织依法独立享有包括工会的财产所有权、名称权、名誉权在内的各种民事权利，并承担相应的民事义务。

工会在法律地位上的这种相对的独立性主要表现在：工会有一个独立的组织体系，这个体系由中华全国总工会、地方总工会、产业工会和基层工会组成，中华全国总工会是工会的最高领导机关；工会在宪法和法律的范围内依据章程独立自主地开展活动。当然，工会的独立性是相对的，在实际工作中，它必须服从中国共产党的领导，在法律规定的范围内执行党和政府的方针、政策。同时，工会也具有排他性，即工会在我国是唯一合法的、联合广大职工和代表及维护广大职工利益的工人阶级的群众组织，任何单位和个人都不得在职工群众中另行建立独立于工会组织之外的同一类型的组织，也不得从事任何分裂工会组织的活动。

（二）工会的职能

1. 维护职能。维护职工的合法权益是工会的基本职责，工会产生的目的也在于此。

2. 参与职能。代表和组织职工参与国家和社会事务管理，参与企业、事业单位民主管理，实施民主监督，是工会代表职工权益，依法维护职工利益的重要渠道、途径和形式。

3. 建设职能。工会代表和维护的职工具体利益的最终实现在于促进经济的发展和生产力的提高。因此，工会必须从工人阶级的长远利益出发，引导广大职工群众参加建设和改革，努力完成经济和社会发展任务，积极推动社会经济效益和生产力的提高。

4. 教育职能。工会教育职能包括思想政治教育和文化技术教育。

（三）工会的组织体系

工会的组织体系是指由工会的各级组织机构按照一定的组织原则建立起来的一个从下到上、规范运行的有机统一的整体。

1. 工会的组织机构。《工会法》第10条明确规定："企业、事业单位、机关有会员25人以上的，应当建立基层工会委员会；不足25人的，可以单独建立基层工会委员会，也可以由两个以上单位的会员联合建立基层工会委员会，也可以选举组织员1人，组织会员开展活动。女职工人数较多的，可以建立工会女职工委员会，在同级工会领导下开展工作；女职工人数较少的，可以在工会委员会中设女职工委员。企业职工较多的乡镇、城市街道，可以建立基层工会的联合会。县级以上地方建立地方各级总工会。同一行业或者性质相近的几个行业，可以根据需要建立全国的或者地方的产业工会。全国建立统一的中华全国总工会。"据此，我国工会的组织机构包括：

（1）基层工会组织。基层工会委员会作为工会的基层组织，是落实工会各项任务的基本单位。

（2）地方工会组织。地方总工会委员会按照行政区划建立，是工会的地方组织。

（3）产业工会组织。产业工会是按照国民经济体系的行业划分建立起来的工会组织。

（4）全国总工会。

此外，《工会法》第11条还规定，"基层工会、地方各级总工会、全国或者地方产业工会组织的建立，必须报上一级工会批准。上级工会可以派员帮助和指导企业职工组建工会，任何单位和个人不得阻挠"。基层工会组织、地方工会组织、产业工会组织和全国总工会这四级工会组织在各自的职能范围内履行职责，同时又保持着密切的联系，共同构成了我国工会组织体系的基本框架。

2. 工会的组织原则。

（1）民主集中制的根本组织原则。民主集中制的基本含义是民主基础上的集中和集中指导下的民主相结合，具体说来，这一原则的主要内容有：①个人服从组织，少数服从多数，下级组织服从上级组织。②各级工会委员会由会员大会或者会员代表大会民主选举产生，向其负责并报告工作，接受其监督。③工会会员大会或者会员代表大会有权撤换或者罢免其所选举的代表或者工会委员会组成人员。

（2）产业和地方相结合的组织领导原则。产业和地方相结合的组织领导原则，集中体现了中国特色社会主义工会的组织结构特点。这一原则的基本要求是：①同一企业、事业、机关单位中的会员，组织在一个工会基层组织中。②同一行业或者性质相近的企业，可以根据需要建立全国的或者地方的产业工会。③按照行政区划，在省、市、自治区、直辖市、自治州、市、县（旗）建立地方总工会。地方总工会是当地地方工会组织和产业工会地方组织的领导机关。④产业工会全国组织的设置，由中华全国总工会根据需要确定。各级地方产业工会组织的设置，由同级地方总工会根据本地区实际情况确定。⑤全国建立统一的中华全国总工会，中华全国总工会是各地方总工会和各产业工会全国组织的领导机关。

3. 工会会员。《中国工会章程》对工会会员的入会、关系变动、退会等均作出了明确规定。

（1）加入工会基本条件，即"凡在中国境内的企业、事业单位、机关和其他社会组织中，以工资收入为主要生活来源或者与用人单位建立劳动关系的体力劳动者和脑力劳动者，不分民族、种族、性别、职业、宗教信仰、教育程度，承认工会章程，都可以加入工会为会员"。

（2）加入工会的程序，即"职工加入工会，由本人自愿申请，经工会基层委员会批准并发给会员证"。

（3）会员组织关系的变动，即"会员组织关系随劳动（工作）关系变动，凭会员证接转"。

（4）会员退会的程序，即"会员有退会自由。会员退会由本人向工会小组提出，由工会基层委员会宣布其退会并收回会员证"。同时还规定，"会员没有正当理由连续6个月不交纳会费、不参加工会组织生活，经教育拒不改正，应当视为自动退会"。

4. 工会的设立与撤销。成立或者撤销工会组织，必须经会员大会或者会员代表大会通过，并报上一级工会批准。工会基层组织所在的企业终止，或者所在的事业单位、机关和其他社会组织被撤销，该工会组织相应撤销，并报上级工会备案。其他组织和个人不得随意撤销工会组织，也不得把工会组织的机构撤销、合并或者归属其他工作部门。

（四）工会的权利和义务

1. 工会享有的权利。

（1）参与管理国家事务、经济文化事业和社会事务；

（2）保障职工依法行使民主参与权；

（3）帮助、指导劳动者签订劳动合同；

（4）代表职工签订集体合同、因履行合同发生争议提请仲裁和诉讼；

（5）对违法不当行为提出意见和建议；

（6）遇有劳资纠纷时进行交涉和协商；

（7）监督和调查；

（8）参与劳动争议解决。

2. 工会承担的义务。

（1）组织和教育职工依法行使民主权利，发挥国家主人翁的作用，通过各种途径和形式，参与管理国家事务、管理经济和文化事业、管理社会事务，协助人民政府开展工作，维护社会主义国家政权。

（2）协助企业、事业单位、机关办好职工集体福利事业，做好工资、劳动安全卫生和社会保险工作。

（3）会同企业、事业单位教育职工以国家主人翁的态度对待劳动、爱护国家和企业的财产，组织职工开展群众性的合理化建议、技术革新活动，进行业余文化技术学习和职工培训，组织职工开展文娱、体育活动。

（4）根据政府委托，与有关部门共同做好劳动模范和先进生产（工作）者的评选、表彰、培养和管理工作。

（5）动员和组织职工积极参加经济建设，努力完成生产任务和工作任务。教育职工不断提高思想道德、技术业务和科学文化素质，建设有理想、有道德、有文化、有纪律的职工队伍。

（6）为职工提供法律服务。

二、职工民主参与

（一）职工民主参与的概念

职工民主参与又称职工民主管理，西方国家通常称职工参与或产业民主，是指职工直接或间接参与管理所在企业内部事务的各种活动。对此含义，应按下述要点来理解和界定：

1. 从其主体来看，是以职工身份参与管理，即作为劳动关系中与用人单位相对的一方当事人参与管理，而有别于以股东等其他身份参与管理。在实行内部职工股的企业，职工参与管理和股东参与管理虽然联系密切，但毕竟是两种性质相异的法律行为。

2. 从其对象来看，是参与企业内部事务管理，此属微观范畴，不同于职工参与国家或社会事务管理。

3. 从其行为来看，是对企业管理的参与，而不是企业管理本身，也不是职工方与企业方的双方行为。职工作为被管理者，通过这种参与，使其意志贯穿于管理过程并与管理者意志相协调。如果职工作为企业管理人员执行其职务，或者与企业处于平等地位进行协商谈判，都不属于职工参与行为。

4. 从其目的来看，是要通过一定的方式来影响单位的决策过程，不论是通过单方行为如职代会的决议，还是通过双方行为如平等协商签订集体合同，都是要影响单位内部的决策。

（二）职工民主参与的特点

在劳动法体系中，职工民主参与制度与劳动合同制度、集体合同制度和劳动争议处理制度并存，共同执行着协调劳动关系的职能。要理解职工民主参与的特点，应结合劳动合同制度、集体合同制度和劳动争议处理制度进行把握。

1. 与劳动合同和集体合同相比，职工民主参与在协调劳动关系方面的特点主要表现在：①职工民主参与由劳动关系当事人双方各自的单方行为所构成，其意志协调表现为职工意志对企业意志的影响和制约，企业意志对职工意志的吸收和体现；而劳动合同和集体合同都是劳资双方当事人的双方行为，其意志协调表现为经协商一致所达成的协议。②职工民主参与是在劳动过程中处于被管理者地位的职工参与企业管理，这属于管理关系中的纵向协调；而劳动合同和集体合同属于平等关系中的横向协调。③职工民主参与由于其形式多样，能够在劳动关系存续期间，对劳动关系进行经常、随机、及时地协调；而劳动合同和集体合同对劳动关系的协调，则主要集中在合同的订立和变更环节。

2. 与劳动争议处理相比，职工民主参与在协调劳动关系方面的特点主要表现在：①职工民主参与是劳动关系运行中的自我协调和内部协调；而劳动争议处理则是由特定机构对劳动关系进行外部协调。②职工民主参与是在尚未形成争议的情形下对劳动关系的协调，也即劳动关系正常运行中的协调；劳动争议处理则是在劳动关系由于发生争议而处于非正常状态时，所进行的协调。相对劳动争议的发生来说，职工民主参与属于事前协调，有预防争议的作用，劳动争议处理属于事后协调，目的在于解决争议。

可见，职工民主参与在协调劳动关系方面的职能，为劳动合同、集体合同和劳动争议处理所不能代替，而且还能弥补它们的不足。因而，它一直作为劳动关系协调机制中的一种主要构成要素而得以存续和发展。

（三）职工民主参与的形式

1. 职工民主参与形式的国际分类。从国际上看，职工民主参与主要有四种类型：

（1）机构参与，或称组织参与。即职工通过组织一定的代表性专门机构参与企业管理，如德、法等国的企业（职工）委员会，美国的初级董事会。

（2）代表参与。即职工通过经合法程序产生的职工代表参与企业管理，如职工代表参加公司的董事会、监事会，成为公司的董事、监事来管理公司等。

（3）岗位参与。即职工通过在劳动岗位上实行自治来参与企业管理，如日本等国的质量管理小组等。

（4）个人参与。即职工本人以个人行为参与企业管理，如职工个人向企业提出合理化建议，向企业有关管理机构进行查询等。

2. 我国的职工民主参与形式。在我国，职工民主参与企业管理的形式主要有：工会制度、职工代表大会制度、厂务公开制度、平等协商制度、企业机构内职工代表制度和职工持股计划。

（1）职工代表大会制度，即职工通过民主选举，组成职工代表大会，在企业内部行使民主管理权利的一种制度。它是职工参与企业民主管理的基本形式之一，也是中国基层民主制度的重要组成部分。

（2）厂务公开制度，即企业根据有关法律法规和制度，把重大决策、生产经营管理的重要事项、涉及职工切身利益的问题以及与企业领导班子建设和党风廉政建设密切相关的事项，通过职工代表大会、厂务公开栏等多种形式，向企业广大职工公开，使职工及时了解厂情，更好地参与企业决策、管理和监督的制度。

（3）平等协商制度，又称劳资协商制度，是指职工方与企业方就有关企业生产经营和职工利益的事务，平等地交涉、对话和商讨，以实现相互理解和合作，并在可能的条件下达成一定协议的制度。平等协商制度是处理劳动者和用人单位相互关系的一项制度，也是工会维护职工合法权益的一种手段。

（4）企业机构内职工代表制度，是指由职工代表参加企业的决策、监督、咨询等机构，并作为其正式成员行使职权和履行职责，从而代表职工参与企业管理。它属于职工民主管理的一种法定必要形式，主要表现为职工董事制度、职工监事制度等。

（5）职工持股计划，是企业员工通过投资购买、贷现款购买或红利转让、无偿分配等方式拥有企业全部或部分股票，以劳动者和所有者双重身份参与企业生产经营管理，是一种既能满足企业的融资需求，又能实现报酬分配和报酬结构平衡的新型财务组织方式。

◎【案例分析】

万某与某投资咨询有限公司签订了劳动合同，存在劳动关系。依据《劳动法》之规定，劳动者在用人单位付出了劳动，即享有取得劳动报酬的权利，同时不得低于当地最低工资标准发放。该单位以所谓的"行规"为由，拒绝向万某发放工资，明显违反了《劳动法》的规定。当地劳动监察局工作人员向某投资咨询有限公司的负责人宣传了相关法律规定，该公司负责人认识到其所谓的行规违反了劳动法律法规，当即支付了万某的工资1500元，同时按照法律规定对该公司的工资制度进行了改正。

法条链接

《中华人民共和国劳动法》（1994）

第50条　工资应当以货币形式按月支付给劳动者本人。不得克扣或者无故拖欠劳动者的工资。

◎【思考与练习】

劳动者享有哪些权利，承担哪些义务？

◎【实训】

加班不发加班工资是否合法？

情景设计

李某、王某原是某市机械厂车间工人，2010年1月起被厂里安排到传达室值班，其岗位职责是24小时值班，做好门卫工作。李某、王某只能一个上白班，一个上夜班，没有星期六，也没有星期天，更没有节假日，每人每天工作12小时，每人每月工资1200元，没有任何加班工资，而机械厂其他工人实行的是每周工作40小时的5天工作制。2012年8月，李某、王某两人在一次法制宣传活动中了解到劳动法有关工作时间和休息休假的规定，遂开始向机械厂要求补发加班工资并不再加班，机械厂均以工作性质为由拒绝。李某、王某以侵犯其休息权为由，向某市劳动争议仲裁委员会提起申诉。

工作任务

李某、王某补发加班工资和不再加班的要求能否得到支持？

训练方法

1. 学生分组讨论劳动者权利义务的具体内容。

2. 理解法律有关劳动者休息权保护的规定。

考核标准

能准确地理解劳动者的休息权不允许被无偿侵犯。

项目三　劳动法律关系

知识目标

1. 掌握劳动法律关系的含义、特征和要素；

2. 掌握劳动关系与劳动法律关系的区别；

3. 了解劳动法律事实的含义以及它在劳动法律关系产生、变更和消灭中的作用。

能力目标

了解劳动法律关系的含义、特征和要素及劳动法律事实。

内容结构图

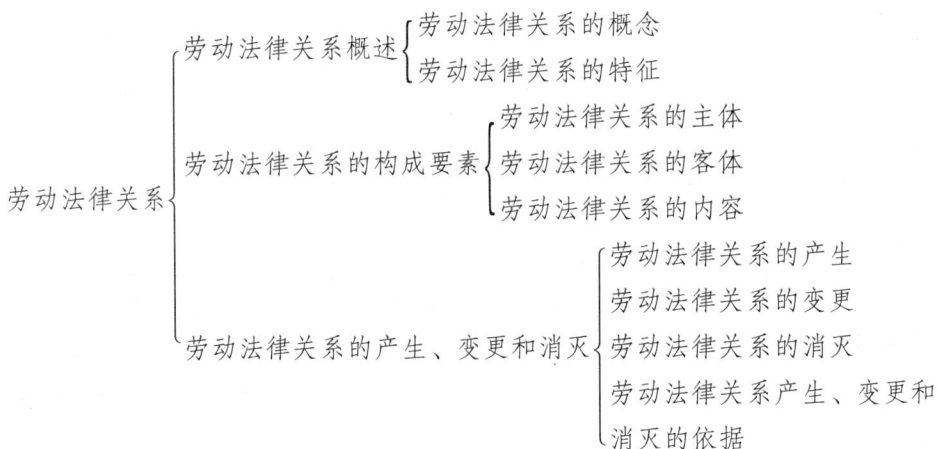

案例导入

2012年3月某科学院决定对院内环境进行整顿，院内需拆除几处房屋建筑，研究院即与某劳动服务公司签订承包合同，由劳动服务公司负责组织人员拆除，研究院支付劳动服务公司劳务费用10万元。某劳动服务公司雇佣了5名工人工作，并签订了劳动合同。在拆除房屋过程中工人孙某不慎从房顶坠落受伤，需住院治疗，医院要求支付住院押金1万元，研究院垫付。后孙某住院期间的医疗费及仍需继续治疗的费用，劳动服务公司与研究院都不同意支付。劳动服务公司对孙某说，你是为研究院拆房时受伤的，应由研究院为你支付医疗费。该名工人即以研究院为被告，向劳动争议仲裁委员会提出仲裁申请，要求认定为工伤，并享受工伤待遇。

问题：孙某与研究院是否存在劳动法律关系？

● 基本原理

任务一 劳动法律关系概述

一、劳动法律关系概念

劳动法律关系是劳动者与用人单位之间，依据劳动法律规范所形成的实现劳动过程的权利和义务关系。或者说，是劳动法调整劳动关系所形成的权利和义务关系。同其他法律关系一样，它属于意志关系的范畴：一方面，它是按照劳动法的具体要求形成的，体现蕴含于劳动法中的国家意志；另一方面，它是双方当事人意志协调的产物，其运行过程由双方当事人的行为构成，体现着双方当事人的共同意志。在这里，国家意志处于首位，当事人意志不得违反国家意志，并且只能在符合国家意志或国家意志运行的范围内发挥作用。

劳动关系是劳动法律关系的现实基础，劳动法律关系是劳动关系的分类形式，但并非所有的劳动关系都表现为劳动法律关系。劳动法对劳动关系的调整，是以法律规范对客观存在的劳动关系的运行给予保障。所以，只有已经纳入劳动法调整范围，并符合法定模式的劳动关系，才得以表现为劳动法律关系。它既具有劳动关系的一般属性，又具有法律关系的属性。至于不在劳动法调整范围内的劳动关系，只可能成为其他分类部门的法律关系，或者不具有法律关系性质；而虽然在劳动法调整范围内但不符合法定模式的劳动关系，则只能作为事实劳动关系而存在。可见，劳动法律规范是劳动关系成为劳动法律关系的依据，按照劳动法律规范缔结劳动关系则是劳动关系成为劳动法律关系的前提。劳动关系和劳动法律关系的区别表现在以下几个方面：①两者所属的范畴不同：劳动关系是一种社会物质关系，属于经济基础的范畴，因为一定的劳动关系最直接地联系着一定的生产关系，是生产关系的组成部分；而劳动法律关系则是一种思想关系，属于上层建筑的范畴，它依据国家制定的劳动法律而形成，体现了国家的意志。②两者产生的前提不同：劳动关系是在劳动过程中发生的，有共同劳动存在就会有劳动关系的存在；劳动法律关系则是被劳动法律规范所调整的劳动关系，所以它的形成必须以劳动法律规范的存在为前提。每一种具体的劳动关系之所以成为劳动法律关系，正是因为有规定和调整这种劳动关系的劳动法律规范存在，如果没有相应的劳动法律规范，就不可能形成劳动法律规范。③两者的内容不同：劳动关系是以劳动为内容的，当国家没有制定相应的劳动法律规范时，这种关系因不具有法律上的权利义务关系，也就不具有国家强制力。这时，双方当事人的利益缺少有效的保护与保障。劳动法律关系是以法定的权利和义务为内容的，任何一个劳动法律关系的参加者，都是作为权利的享有者和义务的承担者出现的，同时受到国家法律的保护。

而劳动法律关系和事实劳动关系尽管都在劳动法调整范围之内，但二者具有不同的法律属性。主要表现在：①劳动法律关系是符合法定模式的劳动关系；事实劳动关系则是完全或部分不符合法定模式，尤其是缺乏劳动法律关系赖以确立的法律事实的有效要件，如未签订劳动合同或者劳动合同无效等。②劳动法律关系的内容即权利和义务，是双方当事人所预期和设定的；事实劳动关系的双方当事人之间虽然存在一定的权利义务，但这一般不是双方当事人所预期的，更不是双方当事人所设定的。③劳动法律关系由法律保障其存续；事实劳动关系如果不能依法转换为劳动法律关系，就应当强制其终止，但事实劳动关系中的劳动者利益仍然受劳动法保护。

二、劳动法律关系特征

（一）劳动法律关系的主体之间具有平等性和隶属性

劳动法律关系的主体一方是劳动者，另一方是用人单位。在劳动法律关系建立的时候，劳动者和用人单位都是平等的主体，双方是否建立劳动法律关系以及如何建立劳动法律关系，应该由双方平等协商依法确定。但是，劳动法律关系确定之后，劳动者必须进入用人单位，使自己的劳动力归用人单位支配，并且必须服从用人单位的指挥，这就使双方形成了一种职责上的隶属关系。劳动者与用人单位之间的平等性和隶属性交错的特点，与民事法律关系主体之间的平等性以及行政法律关系主体之间的隶属性相区别，是劳动法律关系的主要特征之一。

（二）劳动法律关系的内容体现了国家和当事人的双重意志

劳动法律关系是按照劳动法律规范的规定、集体合同的规定以及劳动合同的约定形成的。劳动法律关系首先是双方当事人在平等自愿的基础上缔结的，具体的劳动权利与劳动义务也允许双方当事人协商议定的（通过劳动合同与集体合同）。但双方当事人在缔结劳动法律关系，确定劳动权利义务的时候，不得违背国家法律和行政法规的规定，例如为了切实保障劳动者的合法权益，在公司休假制度、最低工资待遇、劳动保护条件、社会保险待遇等方面，国家法律均有基准规定，这就要求当事人的意志不得违背国家意志，在国家法律、法规许可的范围内确定具体的劳动权利和义务，以形成劳动法律关系。劳动法律关系的这一特征区别于民事法律关系，在民事法律关系中当事人的意思自治是其根本特征。

（三）劳动法律关系是在社会劳动中形成和实现的

劳动法律关系形成的现实基础是劳动关系。只有劳动者同用人单位提供的生产资料相结合，实现社会劳动过程，才能依据法律在劳动者与用人单位之间形成劳动法律关系。实现社会劳动过程，就是劳动者和用人单位各自依法行使权利和履行义务的过程，也就是劳动法律关系得以实现的过程。因此说，劳动法律关系是在社会劳动中形成和实现的。

任务二　劳动法律关系的构成要素

一、劳动法律关系的主体

劳动法律关系的主体，即依照劳动法律规范参与劳动法律关系，并享有权利和承担义务的当事人，一方是劳动者，另一方是用人单位。劳动法律关系缔结之前，双方在劳动力市场上是平等型主体。也就是说，劳动力供求双方，一方因是劳动力所有者而成为劳动力供给方；另一方因是生产资料占有者而成为劳动力需求方，彼此间处于平等的法律地位，对于是否缔结劳动法律关系以及缔结什么劳动法律关系的问题，经双方协商一致才能确认。劳动法律关系一旦缔结，劳动者就成为劳动力提供者，用人单位就成为劳动力使用者，劳动力同生产资料如何具体结合，则由用人单位在劳动法规、集体合同和劳动合同所允许的限度内单方自主决定。于是，在双方当事人之间，劳动者成为用人单位所属的职工，用人单位成为劳动者的管理者。这样，就由平等型主体转化为隶属型主体。劳动法律关系的主体具体包括企业、个体经济组织、机关、事业组织、社会团体等用人单位和与之建立劳动关系的劳动者，即雇主与雇员。依据我国劳动法的规定，工会是团体劳动法律关系的形式主体。

在我国，劳动者包括具有劳动能力的我国公民、外国人和无国籍人。

（一）劳动者的劳动权利能力与劳动行为能力

劳动者作为劳动法律关系主体必须具备劳动权利能力和劳动行为能力。

所谓权利能力，是指法律关系主体能够享受权利和承担义务的资格和能力，权利能力是法律认定法律关系主体的前提。所谓行为能力，是指法律关系主体能够以自己的行为行使权利并承担义务，从而使法律关系得以产生、变更或消灭的能力。

劳动者的劳动权利能力，是指劳动者根据劳动法的规定，能够享有劳动的权利和承担劳动义务的资格和能力。劳动者的劳动行为能力，是指劳动者能够以自己的行为行使劳动权利和承担劳动义务，从而使劳动法律关系的产生、变更或消灭的能力。

劳动者的劳动权利能力和劳动行为能力，具有以下特点：

1. 劳动者的劳动权利能力和劳动行为能力开始于 16 周岁。我国《劳动法》规定，禁止用人单位招用未满 16 周岁的未成年人。只有年满 16 周岁的公民才有劳动权利能力和劳动行为能力，才能行使自己的劳动权利并承担劳动义务。而我国民法规定，公民的民事权利能力始于出生，终于死亡。而公民的民事行为能力则受到年龄和智力状况的限制，只有公民年满 18 周岁才能根据法律的规定享有完全民事行为能力。因此，劳动者的劳动权利能力和劳动行为能力不同于公民的民事权利能力和民事行为能力。

2. 劳动者的劳动权利能力和劳动行为能力是统一的、不可分割的。只有同时具有劳动权利能力和劳动行为能力的年满 16 周岁的公民，才能成为劳动法律关系主体，成为某一用人单位的职工，二者是统一的、不可分割的。一旦公民丧失了劳动行为能力，也就不再享有劳动权利能力，因此也就失去了成为劳动法律关系主体的资格。劳动权利能力和劳动行为能力是统一的，而公民的民事权利能力和民事行为能力则是可以分割的。如上所述，公民的民事权利能力始于出生，终于死亡；而公民的民事行为能力则受到年龄和智力状况的限制，18 周岁以上的公民具有完全民事行为能力，10 周岁以上的未成年人具有部分民事行为能力，不满 10 周岁的未成年人和精神病人则无民事行为能力。可见，劳动者的劳动权利能力和劳动行为能力的开始时间，晚于公民的民事权利能力，早于公民的完全民事行为能力。

3. 劳动者的劳动权利能力和劳动行为能力只能由劳动者本人亲自实现。在民事法律关系中，限制民事行为能力人和无民事行为能力人由他们的法定代理人代理或协助其参与民事法律关系，即使是完全民事行为能力人，也可以委托他人代理自己行使民事行为，参与民事法律关系。

4. 某些劳动者的劳动权利能力和劳动行为能力受到一定的限制。根据劳动法的规定，有些职业或工种，对劳动者的劳动权利能力和劳动行为能力有一定的限制。如：未成年人和妇女，不得从事井下工作，不得从事繁重的体力劳动；某些特种作业需要劳动者经过特种职业培训并取得职业资格后才可以从事工作等。而公民的民事权利能力和民事行为能力，在法律规定的范围内则不受任何限制。

（二）用人单位的用人权利能力和用人行为能力

用人单位作为劳动法律关系的主体也必须具备一定的条件，即必须具备用人的权利能力和用人的行为能力。用人单位的用人权利能力，是指法律赋予用人单位享有用人的资格或能力。用人单位的用人行为能力，是指用人单位依法行使招收录用劳动者，变更、解除、终止劳动关系等行为的能力。用人单位的用人权利能力和用人行为能力也是统一的、不可分割的。用人单位行使用人权利能力和用人行为能力，必须符合劳动法律、法规的规定，如用人单位应当依法成立，能够依法支付劳动者工资、缴纳社会保险费、提供劳动保护条件，并能够承担相应的民事责任等。

二、劳动法律关系的内容

劳动法律关系的内容，即劳动者与用人单位的相互权利和义务，由劳动法律规范、集体合同和劳动合同围绕劳动力的所有权和使用权的分离，即劳动力的使用和再生产而具体规定。一方面，劳动者负有将劳动力交付给用人单位使用的义务，其主要表现是参加用人单位组织的劳动过程，遵守用人单位制定的劳动纪律，完成用人单位安排的劳动任务。另一方面，劳动者在让渡劳动力使用权的同时保留劳动力所有权，这就要求用人单位对劳动者承担保障劳动力再生产和履行劳动义务以外人身自由的义务，其主要表现是，向劳动者支付劳动报酬和其他物质待遇，保护劳动者在劳动过程中的安全和健康，不强迫劳动者劳动。它是劳动法律关系的基本要素，是劳动法律关系的核心和实质。它是劳动法律关系的基础，没有劳动法律关系的内容，劳动法律关系就失去了实际意义。

在劳动法律关系中，双方都享有权利和负有义务，双方的权利和义务相互对应、彼此依存，即双方的权利都以对方的义务为保证，各方的义务都是对方权利的体现。这不仅反映了双方当事人之间的彼此制约，而且表现了双方当事人对客体的共同支配。因而，劳动法律关系的内容，是劳动法律关系构成中主体之间、主体与客体之间的纽带。

劳动法律关系主体的权利和义务具体包括：①劳动法律关系主体依法享有的权利，是指劳动法律规范确认的劳动法律关系主体享受权利和获得利益的可能性。具体表现为享有权利的主体有权依法做出一定行为或不做出一定行为，或者要求他人做出一定行为或不做出一定行为。②劳动法律关系主体依法承担的义务，是指负有义务的劳动法律关系主体依照劳动法律规范，为满足权利主体的要求，履行自己应尽的义务的必要性。具体表现为义务主体依法做出一定行为和不做出一定行为，以保证权利主体的权利和利益能够实现。

劳动法律关系主体的权利和义务具有统一性和对应性。①统一性：劳动法律关系主体的权利和义务是相辅相成、互相联系的，共同存在于劳动法律关系之中，二者是统一的、不可分割的整体。不存在只享受权利不承担义务的主体，也不存在只承担义务不享受权利的主体。②对应性：劳动法律关系主体双方的权利义务具有对应性，一方的权利是另一方的义务，一方的义务也是另一方的权利。

劳动法律关系的内容，有以下主要特征：

1. 各项权利和义务所实际体现的劳动者的权益，可以高于法定标准但不得低于法定标准。

2. 各项权利和义务都与劳动力的使用和再生产紧密联系，或者说，都是实现劳动力的使用和再生产所必要的权利和义务。

3. 劳动者权利和义务的实现，受用人单位的劳动管理行为支配。这是同劳动者在劳动过程中所处的被管理者地位相联系的。

4. 劳动者的权利和义务必须由本人亲自实现，而不得由他人代理。这是由劳动力与劳动者人身的不可分性以及用人单位与劳动者的组织隶属性所决定的。

5. 劳动者的某些权利和义务存续于劳动法律关系终止之后，并且，有的权利还扩及劳动者供养的亲属。例如，退休人员还有权继续享有用人单位提供的某些保险和福利待遇，终止劳动法律关系后劳动者还对用人单位就自己以前所掌握的商业秘密负有保密义务，死亡职工的遗属在一定条件下有权获得用人单位的物质帮助。

三、劳动法律关系的客体

劳动法律关系的客体，即劳动者和用人单位的权利和义务所共同指向的对象。在劳动法律关系中，客体作为权利和义务的载体，实际体现了双方当事人的利益；同时，客体作为双方当事人所支配的共同对象，是双方当事人相互利益的联结点。所以，它是劳动法律关系赖以存在的客观基础。关于劳动法律关系的客体，劳动法学界有不同的观点：一种观点认为，劳动法律关系的客体是劳动行为；一种观点认为，劳动法律关系的客体是劳动力；还有一种观点认为，劳动法律关系的客体不只是劳动行为或者劳动力。本教科书认为，劳动法律关系的客体是指劳动法律关系双方共同指向的劳动活动。

对用人单位而言，劳动法律关系的客体即通过组织劳动，合理分配劳动力资源，提高劳动生产率，发展经济，并在发展经济的基础上，不断完善劳动管理制度，改善劳动条件，提高劳动者的生活水平，推动社会经济的发展。

对劳动者而言，劳动法律关系的客体即劳动者通过用人单位组织的各种各样的劳动活动，实现劳动权利与履行劳动义务，从而为本人及其家庭成员获得基本的生活保障，为国家和社会创造物质财富和精神财富。

任务三　劳动法律关系的产生、变更和消灭

一、劳动法律关系的产生

劳动法律关系的发生，是指劳动者与用人单位依法确立劳动法律关系，从而产生相互的权利和义务。亦即劳动者依法为用人单位所录用而成为用人单位的职工。它是劳动法律关系运行的起点，为双方当事人在劳动过程中开始行使权利和履行义务的前提。它是劳动法律关系主体双方意思表示一致的合法行为，违法行为不会产生劳动法律关系。

二、劳动法律关系的变更

劳动法律关系的变更，即劳动法律关系的既定内容和客体依法变更。也就是双方当事人已有的相互权利和义务及其指向的对象，在劳动法律关系存续过程中发生一定变化，一般是劳动者在本单位的岗位、职务、工种、工资等级的变动。应当明确的是，由于劳动权利能力和行为能力只能由劳动者本人亲自行使，当事人任何一方的变更，一般不属于劳动法律关系的变更，而是原当事人劳动法律关系的消灭和新当事人劳动法律关系的产生。实践中，劳动法律关系变更的情形，既可能是当事人双方协议或单

方决定变更，也可能是由行政决定、仲裁裁决或法院判决变更。

三、劳动法律关系的消灭

劳动法律关系的消灭，是指既存的劳动法律关系依法不复存在，即双方当事人之间权利义务依法消灭。它是劳动法律关系运行的终点。双方当事人之间的权利义务消灭是劳动法律关系终止的必然法律后果，但并不意味着双方当事人之间的权利义务在劳动关系终止时必须立即全部消灭。处于保护劳动者及其供养亲属或用人单位合法权益的需要，劳动关系中特定的某项权利义务在劳动法律关系终止后仍存续一定期间才消灭。实践中，劳动法律关系终止的情形有：因有效期届满或目的实现而终止；因主体消灭或丧失一定资格而终止；因辞职、辞退或协议而终止；因行政决定、仲裁裁决或法院判决而终止。

四、劳动法律关系产生、变更和消灭的依据

劳动法律事实，是指劳动法所确认的能够引起劳动法律关系产生、变更或者消灭的客观情况。劳动法律事实是劳动法律关系产生、变更和消灭的依据，而劳动法律关系的产生、变更和消灭则是劳动法律事实引起的结果。

（一）劳动法律事实的特征

1. 劳动法律事实与劳动法律关系之间具有因果关系，而这种因果关系须以劳动法为根据。在现实中，一种客观情况能否成为劳动法律事实，都应当以劳动法律规范为根据。

2. 劳动法律事实的构成具有复合性，即劳动法律事实一般由两种以上的客观情况所构成，或者是两种以上的行为相结合，或者是某种事件与行为相结合。也就是说，仅有某种行为或者事件，一般不足以导致劳动法律关系的产生、变更和消灭。

3. 劳动法律事实中含有特定程序，即劳动法律事实中的一种或某几种行为，一般要按照特定程序实施，只有在履行特定程序之后，才能导致劳动法律关系产生、变更或消灭。

（二）劳动法律事实包括行为和事件两大类

行为是行为人根据劳动法律规范，按照自己的意志作出一定行为和不作出一定行为，或者要求他人作出一定行为和不作出一定行为，从而引起劳动法律关系的产生、变更和消火的法律事实。行为可以分为合法行为和违法行为。合法行为，是指符合国家法律规定或者被国家法律所认可，能够产生行为人所预期的积极法律后果的行为。违法行为，是指行为人违反国家法律的规定，必须承担不利法律后果的行为。按照行为人所处的地位和实施行为的目的、性质和职责划分，行为又可以分为劳动法律行为、劳动行政管理行为、劳动仲裁行为和劳动司法行为。

事件是不以人的意志为转移的法律事实，它虽然不以行为人的意志为转移，但是能够引起劳动法律关系的产生、变更或消灭。事件包括自然现象，如各种自然灾害；社会现象，如战争、动乱；也包括劳动能力的暂时或者永久地丧失，如患病、伤残、死亡等。

◎【案例分析】

孙某与研究院不存在劳动法律关系。劳动法律关系，是指劳动者与用人单位依据劳动法律规范，在实现劳动过程中形成的权利义务关系。劳动法律关系主体双方具有平等性和隶属性的特点，隶属性指劳动者应成为用人单位的成员，双方存在隶属关系。而引起劳动法律关系产生的法律事实为主体双方合法一致的意思表示，这种合法一致的意思表示是指当事人之间依法签订劳动合同的行为，违法行为及事件均不能引起劳动法律关系的产生。根据以上理论，孙某与研究院之间没有签订劳动合同，且孙某不是研究院的员工，双方没有隶属关系，仅根据孙某为研究院拆房时受伤这一事件不能认定孙某与研究院存在劳动法律关系。因此孙某不能以研究院为被申诉人要求劳动争议仲裁委员会仲裁。

孙某与某劳动服务公司签有劳动合同，双方存在隶属关系，因而孙某与某劳动服务公司存在劳动法律关系，孙某应以某劳动服务公司为被申诉人向劳动争议仲裁委员会提出申诉，要求某劳动服务公司为其提供工伤待遇。

法条链接

《中华人民共和国劳动法》（1994）

第15条 禁止用人单位招用未满16周岁的未成年人。

文艺、体育和特种工艺单位招用未满16周岁的未成年人，必须依照国家有关规定，履行审批手续，并保障其接受义务教育的权利。

◎【思考与练习】

就业协议能否代替劳动合同？

◎【实训】

未及时续订或终止劳动合同，劳动合同能否随时终止？

情景设计

小李2008年大学毕业后与广州大成公司签订了为期3年的劳动合同，工作岗位为财务会计，约定岗位工资4500元/月。2011年6月30日合同到期后，双方均没有提出续订劳动合同，但是一直保持劳动关系至2011年10月。2011年10月26日，大成公司准备缩减人员，发现小李的劳动合同到期后没有续签，就书面通知其双方的劳动关系将于2011年10月31日终止。

工作任务

大成公司能否终止和小李之间的劳动关系？

训练方法

1. 学生分组讨论劳动法律关系和事实劳动关系的区别。

2. 理解事实劳动关系中劳动者的权益是否受到劳动法的保护？

考核标准

能准确地理解用人单位自用工之日起超过 1 个月不满 1 年未与劳动者订立书面劳动合同的，应当向劳动者每月支付 2 倍的工资。用人单位自用工之日起满 1 年不与劳动者订立书面劳动合同的，视为用人单位与劳动者已订立无固定期限劳动合同。

单元二

劳动制度和劳动标准

项目四　促进就业

知识目标

1. 了解就业与失业的概念和内涵，掌握促进就业的基本原则，了解促进就业的基本内容、就业服务和就业管理；

2. 了解男女平等就业的概念以及女性就业的立法保障、权利与救济；

3. 了解残疾人、退役军人、少数民族人员就业保护的基本内容；

4. 了解童工保护的立法情况，掌握禁止使用童工的基本内容。

能力目标

熟练掌握男女平等就业、特殊群体的就业保护、禁止使用童工的相关规定。

内容结构图

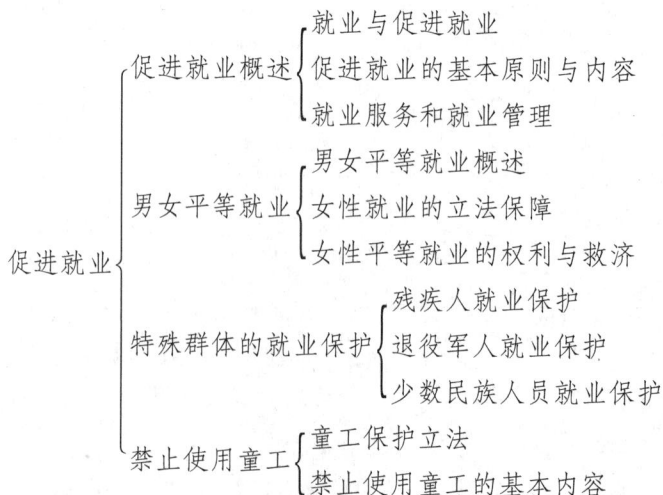

案例导入

2012 年 1 月，劳动保障监察人员在对某修车场进行巡视检查过程中，发现该单位使用一名疑似童工的员工。经询问，该修车场负责人解释说该员工是其亲戚，利用假期在修车场锻炼，才工作了十多天，录用时已满 16 岁，但是不能提供该员工的身份证以及其他录用登记证明材料。监察人员立即与该员工户籍所在地派出所联系，当地派出所积极配合，开具了户籍证明，证明该员工出生于 1997 年 8 月 21 日，即该员工被录用时年龄未满 16 周岁，确实是童工。

问题：劳动保障监察机构应如何处理该案？

● 基本原理

任务一 促进就业概述

一、就业与促进就业

（一）就业的概念及内涵

就业，又称劳动就业，是指具有就业资格的公民自愿从事某种有劳动报酬或经营收入的社会职业的活动，其实质是实现劳动力与生产资料的结合。就业的内涵从法律角度理解应包含以下几个要素：

1. 劳动者有就业资格。就业资格是国家所确认的公民有权实现就业的资格。它包括两个必备条件：一是要在法定劳动年龄范围（始于最低就业年龄，止于退休年龄）内；二是必须具有劳动能力。这两个条件从本质上看即公民取得劳动权利能力和劳动行为能力的基本条件，不具备此条件，当然无就业资格。

2. 具有就业愿望。劳动就其本质而言，是劳动者的一项基本权利，权利的行使与否不应有强制性，因此，劳动法上的劳动应当是自愿劳动，禁止任何形式的强迫劳动。同时，有无就业愿望也是劳动者能否获得就业保障和失业救济的要素之一，公民若无就业愿望，国家也无须保障其就业。公民办理失业或求职登记，就是有就业愿望的表示。

3. 社会必须对劳动有需求。就业是将生产的三个基本要素自然（土地、物质要素）、劳动、资本有效地结合在一起的活动，因此，就业并非仅劳动者自身就能完成，还必须有劳动需求存在。

4. 劳动者从事的社会职业必须被国家和社会承认。合法的劳动才是劳动者的职业受法律保护的依据。

5. 劳动者从事的社会职业必须具有一定的劳动报酬和经营收入。劳动者从事一项职业，是为了维持本人及其赡养人口基本生活的需要，即劳动就业权的行使应当能保障劳动者生存权的实现。

（二）失业的概念及内涵

失业，在我国又称待业，是一个与就业对称的概念。它是指在法定劳动年龄范围内并且有劳动能力和就业愿望的公民未能实现就业的状态。失业的内涵从法律角度理解应包含以下几个要素：

1. 失业者应是依据有关法规和政策应当保证其就业的公民。不满或超过法定劳动年龄者、完全丧失劳动能力者和无就业愿望者，以及在校学生、现役军人和其他依法无需保障其就业的人员，均不存在失业问题。

2. 失业必须是处于未获得就业岗位的状态。既包括从未获得就业岗位，也包括失去原有就业岗位后未获得新就业岗位，已有就业岗位却因故暂时未能在岗劳动的状态则不属于失业；但是，虽有就业岗位，却在较长时间只能得到非全日工作从而未能领取全额劳动报酬的，也应视为失业。

3. 失业不以未能获得就业岗位的原因为限。无论是在市场上有就业机会而不接受可获得的就业岗位，还是因无就业机会而无法获得就业岗位，均属于失业。即法律意义上的失业，既包括自愿失业，也包括非自愿失业。

4. 失业的表现形式仅以显性（或称外在性）失业为限。经济学意义上的隐蔽性（或称潜在性）失业不包括在内。例如，企业中出现的"冗员"，劳动者被迫从事不能充分使用其劳动能力的工作，在经济学上被认为是隐蔽性失业，但这不属于法律概念的失业。

（三）促进就业与就业促进法

1. 促进就业。促进就业是国家为实现充分就业的目标，保障公民实现劳动权，采取的创造就业条件、扩大就业机会的各种措施的总称。

促进就业的目标是实现充分就业。所谓充分就业，是指除没有就业愿望以外的绝大多数具有劳动能力的公民都能就业。充分就业并不意味着消除失业，只不过是要将失业率保持在一定幅度内。国际上公认一个国家的失业率保持在4%～5%之间，即为充分就业。

就业率的高低关系到一国的社会是否稳定、经济能否发展，而要实现充分就业的目标，维持社会稳定，促进经济发展和社会进步，就必须立足本国实际，根据一国的劳动力资源状况、经济发展状况、劳动就业任务、国力、国家管理社会劳动力的职能和方式制定促进就业的措施，这就是促进就业的意义所在。

2. 就业促进法。就业促进法也可称为促进就业法或劳动就业法，是调整劳动就业关系的法律规范的总和。这里所说的劳动就业关系，是指行政机关、劳动服务部门、用人单位和劳动者之间，在形成劳动关系或促进劳动就业过程中所发生的社会关系。

劳动关系的存续须以就业为前提，就业也意味着公民实现其劳动权。因而，在劳动立法中，关于就业的法律规定占有首要地位，甚至在一定意义上可以说，整个劳动法就是公民实现就业的保障法。

各国就业促进立法主要有三种模式：一是在宪法中规定公民的劳动权，如《意大利宪法》和《日本宪法》等；二是在劳动基本法中设专章、专篇等规定就业法的内容，如《法国劳动法典》第三卷"安置和雇佣"对安置、雇用、职业介绍所、劳动力保护、失业工人都分别设专篇予以具体规定；三是制定关于就业的单项法规，如英国的《就业保障法》。此外，由于就业问题历来是世界各国的普遍性社会问题，国际劳工组织非常重视关于就业问题的立法，其中主要有：1919 年第 2 号公约《失业公约》和第 1 号同名《建议书》，1944 年第 71 号建议书《国家计划公共工程建议书》、1948 年第 88 号公约《职业介绍所组织公约》和第 83 号同名《建议书》，1958 年第 111 号公约《歧视（就业与职业）公约》和第 111 号同名《建议书》，1964 年第 122 号公约《就业政策公约》和第 122 号同名《建议书》，等等。

中华人民共和国成立以来，一直高度重视就业促进立法，颁布了一系列关于就业促进方面的法律法规和政策方针。《宪法》第 42 条规定，公民有劳动的权利和义务；劳动是一切有劳动能力的公民的光荣职责。国家通过各种途径，创造劳动就业条件；国家对就业前的公民进行必要的劳动就业训练。《劳动法》第二章专章规定"促进就业"，对国家促进就业的职责作了原则性规定。党的十一届三中全会以后，为建立适应社会主义市场经济的新型就业制度，还制定了许多重要法规和政策，对就业方针、就业形式、职工招用、劳动力流动、就业服务、就业管理和特殊就业政策等问题作了明确规定。为将各种就业促进政策法律化，2007 年 8 月 30 日，中华人民共和国第十届全国人民代表大会常务委员会第二十九次会议通过了《中华人民共和国就业促进法》（以下简称《就业促进法》），并确定该法于 2008 年 1 月 1 日起正式施行。《就业促进法》的颁布施行，标志着我国就业促进立法达到了新的高度。

二、促进就业的基本原则与内容

（一）促进就业的基本原则

1. 国家促进就业原则。劳动就业权是每个公民都享有的使自己的劳动力与生产资料相结合实现职业劳动的权利。劳动就业权的权利主体是具有劳动能力和就业愿望的公民，其相对义务主体是国家和社会。受劳动过程实现的客观规律制约，公民劳动就业权的实现，不完全是由人的主观意志决定的，它在很大程度上依赖于社会客观条件的存在。因此，国家作为劳动就业权的相对义务主体，负有的不仅仅是不妨碍权利主体行使权利的不作为义务，而且要采取一切措施，发展经济，创造和扩大就业机会，以积极的作为促进和保障公民就业权利的实现。

2. 公平就业原则。公平就业原则就是平等就业和反歧视的就业原则。国家保障劳动者享受平等的就业权,任何用人单位不得以任何借口在就业方面歧视劳动者。公平就业意味着公民在就业过程中均享有平等竞争的机会,即社会对公民的劳动能力要以同一尺度和标准衡量,通过公平竞争择优吸收劳动力就业。公平就业是国家对公民生存权平等保护的要求在劳动就业上的反映,它客观上要求打破工人和干部、农民和市民的身份界限,冲破地区封锁,消除条块分割,在全国范围内形成统一的劳动力市场,建立劳动力平等就业的竞争机制。

3. 双向选择的原则。双向选择原则又称劳动就业的市场原则,是指劳动者有权根据个人主观愿望和自身条件,自由选择职业,用人单位有权根据本单位的实际需要自主选择劳动者。在劳动力市场上,劳动者和用人单位的法律地位是平等的。通过相互选择,可以最大限度地发挥雇佣双方的积极性和能动性,推动社会主义市场经济的发展。

4. 照顾特殊群体就业的原则。照顾特殊群体就业原则在本质上是就业中实质平等原则的体现。如女性劳动者由于其生理方面的原因而承担着社会繁衍、教育后代的功能,在特定阶段会影响其劳动义务的履行,但这不能构成用人单位拒绝录用或提高女性劳动者标准的正当理由,当然也不能因为已招用的女性劳动者婚育而解雇她们。除了女性劳动者外,残疾人、少数民族、退役军人的就业也受到法律的特别保护。对这些由于生理、健康、文化、历史和社会等原因而在劳动力市场上处于劣势的特殊群体进行就业照顾是人类进步和社会文明程度提高的标志。

(二)促进就业的基本内容

1. 国家在促进就业方面的职责。《就业促进法》第 2 条规定:"国家把扩大就业放在经济社会发展的突出位置,实施积极的就业政策,坚持劳动者自主择业、市场调节就业、政府促进就业的方针,多渠道扩大就业。"也就是说,国家在促进就业方面的职责有三个方面:一是宏观上致力于经济和社会发展,为就业问题的解决提供良好的经济和社会环境;二是政策上鼓励现有用人单位增加就业岗位,并建立市场调节就业的机制;三是政策上支持劳动者以多种方式实现就业。

2. 政府在提供就业服务方面的职责。《劳动法》第 11 条规定:"地方各级人民政府应当采取措施,发展多种类型的职业介绍机构,提供就业服务。"这一规定明确了各级人民政府在劳动力市场上的地位和职责。《就业促进法》第 4~6 条对各级政府的具体职责作了进一步的明确,"县级以上人民政府把扩大就业作为经济和社会发展的重要目标,纳入国民经济和社会发展规划,并制定促进就业的中长期规划和年度工作计划。""县级以上人民政府通过发展经济和调整产业结构、规范人力资源市场、完善就业服务、加强职业教育和培训、提供就业援助等措施,创造就业条件,扩大就业。""国务院建立全国促进就业工作协调机制,研究就业工作中的重大问题,协调推动全国的促进就业工作。国务院劳动行政部门具体负责全国的促进就业工作。省、自治区、直辖市人民政府根据促进就业工作的需要，建立促进就业工作协调机制，协调解决本行政区域就业工作中的重大问题。县级以上人民政府有关部门按照各自的职责分工，共同做好促进就业工作。"

3. 保障平等就业，反对就业歧视。根据《劳动法》和《就业促进法》的规定，劳动者就业，不因民族、种族、性别、宗教信仰不同而受歧视；妇女享有与男子平等的就业权利，在录用职工时，除国家规定的不适合妇女的工种或者岗位外，不得以性别为由拒绝录用妇女或提高对妇女的录用标准。

4. 保障特殊群体就业。《劳动法》第 14 条规定，"残疾人、少数民族人员、退出现役的军人的就业，法律、法规有特别规定的，从其规定"，即特殊群体的就业除适用《劳动法》的规定外，其他专门法律如有特别规定，应当适用特别规定。

5. 禁止使用童工。《劳动法》第 15 条规定："禁止用人单位招用未满 16 周岁的未成年人。文艺、体育和特种工艺单位招用未满 16 周岁的未成年人，必须依照国家有关规定，履行审批手续，并保障其接受义务教育的权利。" 2002 年，国务院还颁布新的《禁止使用童工规定》，对禁止使用童工问题作了进一步规定。

三、就业服务和就业管理

（一）就业服务

1. 就业服务的概念。就业服务，是指就业服务主体为劳动者实现就业和用人单位招用劳动者提供的社会服务。通过职业介绍机构以及其他社会服务机构作为中介，能沟通劳动者和用人单位，促进劳动力市场的良性发展，减少劳动者就业成本和用人单位的招工成本。因此，就业服务无论是在劳动力市场的运行机制还是在国家劳动政策的实施体系中，都是一个重要的组成部分。2007 年 10 月 30 日，劳动和社会保障部通过了《就业服务与就业管理规定》，2008 年 1 月 1 日该法正式施行，自此，我国的就业服务被纳入规范管理的轨道。

2. 就业服务的对象。就业服务的对象是劳动力供求双方，即劳动者和用人单位。就业服务就是要在劳动者和用人单位之间架起桥梁、沟通信息，使他们及时了解劳动力市场上社会劳动力供求关系、劳动力价格，使劳动者顺利实现就业。

3. 就业服务的内容。根据《就业服务与就业管理规定》，在我国就业服务的主要内容有：就业与失业登记、职业指导、职业介绍、职业教育培训、公共就业服务、就业援助以及失业保险等。国家和地方政府应设置就业发展基金、职业培训基金、失业保险基金等，保证经费投入，保证就业服务措施的落实。同时，国家和地方政府大力支持发展劳动就业服务企业，鼓励非政府部门、社会团体、企业、事业组织和个人开展相应的就业服务、指导和帮助劳动者就业。

4. 公共就业服务机构。公共就业服务是由各级政府及有关部门为促进就业而提供的全局性、公益性的信息服务以及帮助劳动者就业的免费服务和就业援助活动。《就业促进法》第35条规定，"县级以上人民政府建立健全公共就业服务体系，设立公共就业服务机构"。该规定明确了公共就业服务职能的承担机构，即县级以上人民政府设立的公共就业服务机构。

公共就业服务机构的职能主要是：免费为劳动者提供就业服务；为用人单位提供招工服务；职业指导；对特定就业群体提供专项服务；为残疾人提供就业服务；为就业困难人员和零就业家庭提供就业援助；就业登记和失业登记；失业统计；其他服务活动如就业训练、失业保护、组织生产自救等。此外，公共就业服务机构还负有建立健全人力资源市场信息服务体系的职责。

公共就业服务机构应当加强服务管理，完善服务功能，公开服务制度，主动接受社会监督，不断提高服务的质量和效率。公共就业服务机构的经费纳入同级财政预算，其不得从事经营性活动。地方各级人民政府和有关部门不得举办或者与他人联合举办经营性的职业中介机构，地方各级人民政府和有关部门、公共就业服务机构举办的招聘会，不得向劳动者收取费用。

5. 职业中介机构。职业中介机构，是指由法人、其他组织和公民个人举办，为用人单位招用人员和劳动者求职提供中介服务以及其他相关服务的经营性组织。政府部门不得举办或者与他人联合举办经营性的职业中介机构。

（1）职业中介机构设立的条件。设立职业中介机构应当具备下列条件：有明确的机构章程和管理制度；有开展业务必备的固定场所、办公设施和一定数额的开办资金；有一定数量具备相应职业资格的专职工作人员；法律、法规规定的其他条件。

（2）职业中介机构的业务范围。职业中介机构的服务内容主要包括：信息服务，包括劳动力市场信息的收集、信息交流与信息发布等；咨询服务，包括就业政策法规及服务咨询、职业培训信息咨询、求职和用人咨询、个人开业咨询和企业劳动人事管理咨询等；指导服务，包括职业能力测试评估、职业分析与评价、职业生涯设计、求职及用人观念和方法指导等；介绍服务，包括求职和用人面谈、介绍就业和推荐用人、举办招聘洽谈会、引导劳动者流动就业等；委托服务，包括受用人单位委托组织招聘、受求职人员委托存放档案，以及受劳动行政部门委托办理劳动合同鉴证及有关职业培训和社会保险等事务；管理服务，包括单位用人备案、职业介绍服务中的争议处理、协助进行劳动力市场监督检查、协助组织和管理劳动者流动就业等。

（3）职业中介机构的运作。从事职业中介活动，应当遵循合法、公平、公开的原则。用人单位通过职业中介机构招用人员，应当如实向职业中介机构提供岗位需求信息。禁止任何组织或者个人利用职业中介活动侵害劳动者的合法权益。

职业中介的收费以服务成功为前提条件，服务不成功的，应当退还向劳动者收取的中介服务费。职业中介机构为特定对象提供公益性就业服务的，可以按照规定给予补贴。可以给予补贴的公益性就业服务的范围、对象、服务效果和补贴办法，由省级劳动保障行政部门会同有关部门制定。

（二）就业管理

就业管理，主要是指国家有关行政机关对人力资源市场进行管理的行为。在我国，就业管理的内容主要有：

1. 培育和完善人力资源市场。县级以上人民政府在履行该项管理职责时，应从以下几方面开展工作：①培育和完善统一开放、竞争有序的人力资源市场，为劳动者就业提供服务。②鼓励社会各方面依法开展就业服务活动，加强对公共就业服务和职业中介服务的指导和监督，逐步完善覆盖城乡的就业服务体系。③加强人力资源市场信息网络及相关设施建设，建立健全人力资源市场信息服务体系，完善市场信息发布制度。④对职业中介机构提供公益性就业服务的，按照规定给予补贴。国家鼓励社会各界为公益性就业服务提供捐赠、资助。

2. 对职业中介机构的管理。主管职业中介机构的部门是县级以上劳动保障行政部门，职业中介机构的活动应接受劳动保障行政部门的监督检查。

设立职业中介机构，应办理行政许可，经许可的职业中介机构，应当向工商行政部门办理登记。未经依法许可和登记的机构，不得从事职业中介活动。国家对外商投资职业中介机构和向劳动者提供境外就业服务的职业中介机构另有规定的，依照其规定。

职业中介机构不得有下列行为：提供虚假就业信息；为无合法证照的用人单位提供职业中介服务；伪造、涂改、转让职业中介许可证；扣押劳动者的居民身份证和其他证件，或者向劳动者收取押金；其他违反法律、法规规定的行为。

3. 失业预警。失业预警制度是对本地区失业情况达到警戒标准预先发布警告的制度。县级以上人民政府建立失业预警制度，对可能出现的较大规模的失业，实施预防、调节和控制，主要是对因国内国际经济形势发生重大变化直接影响就业的行业和企业，以及失业问题突出的困难地区、困难行业，制定失业调控预案，实施预防、调节和控制。

4. 劳动力调查统计和就业登记、失业登记。国家建立劳动力调查统计制度和就业登记、失业登记制度，开展劳动力资源和就业、失业状况调查统计，并公布调查统计结果。

统计部门和劳动行政部门进行劳动力调查统计和就业、失业登记时，用人单位和个人应当如实提供调查统计和登记所需要的情况。

5. 全国人力资源市场信息网。县级以上劳动保障行政部门应当按照信息化建设的统一要求，逐步实现全国人力资源市场信息联网。其中，城市应当按照劳动保障数据中心建设的要求，实现网络和数据资源的集中和共享；省、自治区应当建立人力资源市场信息网省级监测中心，对辖区内人力资源市场信息进行监测；劳动保障部设立人力资源市场信息网全国监测中心，对全国人力资源市场信息进行监测和分析。

任务二　男女平等就业

一、男女平等就业概述

（一）男女平等就业的概念与意义

男女平等就业是指女性劳动者与男性劳动者一样，享有平等的就业权利和就业机会。这一概念包含了三层含义：一是女性劳动者与男性劳动者享有平等的就业的权利和资格，不因性别而受限制；二是在应聘某一职位时，女性劳动者与男性劳动者都需平等的参与竞争，任何人不得享有特权，也不得对任何人予以歧视；三是平等不等于同等，平等是指对于符合要求、符合特殊职位条件的人，应给予他们平等的机会，而不是不论条件如何都同等对待。

在当今世界各国，妇女就业已成为普遍现象。实践表明，妇女就业作为开发、利用劳动力资源的重要方面，对经济、社会的发展起着巨大的推动作用。但是，妇女的独特生理条件和妻子、母亲、家庭主妇角色，以及经济、社会、意识形态等方面的因素，使妇女具有特别的就业障碍，进而导致在就业机会和待遇上男女不平等的现象在各国均比较普遍。这就决定了妇女就业保障的核心问题，就是要保障妇女享有与男子平等的就业权，即消除就业上的性别歧视。

（二）男女平等就业的障碍

所谓平等就业，实质上就是要反对就业与职业中的各种歧视行为。而男女平等就业的障碍是就业过程中的各种性别歧视。

1. 性别歧视的概念。根据国际劳工组织《就业与职业歧视公约》（第 111 号公约）之规定，所谓"歧视"，就是"根据种族、肤色、性别、宗教、政治观点、民族血统或社会出身所做出的任何区别、排斥或优惠，其结果是剥夺或损害在就业或职业上的机会或待遇上的平等"。而性别歧视，则指一种性别成员对另一种性别成员的不平等对待。这里主要是男性对女性的不平等对待，或者说对女性未给予同男性平等的对待。

2. 性别歧视的原因。

（1）男性与女性的生理差异是造成职场性别歧视的生物学原因。从生物学角度看，男女之间存在着一定的生理差异。对企业来说，其追求利益的最大化，而雇佣女员工不只是简单的增加一个员工的开支问题，女性的生理特点决定了其难以像男性一样投入地工作。因此，雇佣女性会让用人单位觉得"麻烦"，这成为女性就业障碍的主要原因。

（2）社会文化传统的影响是职场性别歧视存在的客观基础。几千年男权社会所承袭下来的对女性歧视的思想仍带着巨大的惯性，影响着人们的观念、意识和行为，特别是"男主外、女主内"的思想一直影响着人们的就业观，即使是女性，在这种思想的影响下，也往往将重心放在家庭上，进而导致了职场中性别歧视的加剧。

（3）就业中的买方市场促使职场性别歧视严重化。目前我国整体就业形势严峻，就业压力大。劳动力供大于求的矛盾十分尖锐，形成了严重的劳动力买方市场，这种劳动力供求严重失衡的状况使用人单位的选择范围增大，在选择权增大和追求利益最大化的双重影响下，女性就业难似乎就成了必然的现实。

（4）职场性别歧视的又一重要原因是法律政策的缺失及执法不力。我国相关法律法规在确定立法宗旨、明确调整目标方面较为完备，但缺乏可操作性和执行性。在就业过程中较为常见的公开歧视现象，如今正在转向"隐性化"。举例说，"不招女性"的字眼在招聘启事中越来越少见，但在实际录用时，却仍然存在男多女少的情况，这就属于隐性性别歧视。

二、女性就业的立法保障

劳动权益是人的生存权和发展权的一个组成部分，它涉及人权的各个层次，是一种综合性的权利。而女性劳动者在与男性的就业和职业的竞争中常受到歧视，处于弱势地位，在此现实下，要实现男女平等就业，就必须在立法上对女性就业给予充分的保障。

（一）国际法上对女性就业权利的保障

国际法中对女性劳动者的劳动权益的保障分为一般性权益保护和专门性权益保护。

1. 国际法上关于劳动者权利的一般性保护，主要包括联合国有关劳工问题的公约，如《世界人权宣言》、《经济、社会及文化权利国际公约》、《公民权利和政治权利公约》等所涉及劳工问题的相关内容。还有国际劳工组织的制定的一般性的国际劳工标准，都从各个角度对劳动者的劳动权益进行保护，其中也当然适用于妇女的劳动权益保护。

2. 国际法中对妇女劳动权益的专门性保护，主要包括消除就业和职业中的性别歧视以及与妇女劳动者身体健康、生理需要相适应的特殊保护措施的立法：

（1）关于平等就业，主要有联合国的《消除对妇女一切形式歧视公约》（1979年）和国际劳工组织的《就业和职业歧视公约》（1958年第111号）。

（2）关于男女同工同酬，主要有国际劳工组织的《男女工人同工同酬公约》（1951年第100号）和同名建议书（第90号）。

（3）关于妇女夜间工作，主要有国际劳工组织的《妇女夜间工作公约》（1919年第4号）；《妇女夜间工作（修正）公约》（1934年第41号）；1948年《受雇于工业的妇女夜间工作（修正）公约》（第89号）；1990年不分性别的《夜间工作公约》（第171号）和同名的建议书。

（4）关于有害健康工作方面，主要有国际劳工组织的《妇女受雇于各种矿场井下工作公约》（1935 年第 45 号）；《苯公约》（1971 年第 136 号）；《化学品公约》（1990 年第 170 号）。

（5）关于生育保护方面，主要有国际劳工组织的《妇女生育前后工作公约》（1919 年第 3 号）；1952 年《生育保护公约》（第 103 号）以及同名建议书（95 号）；2000 年《关于修订 1952 年生育保护公约（修订）的公约》（第 183 号）和同名建议书（第 191 号）。

（6）关于家务负担方面，主要有国际劳工组织的《雇佣负担家务的妇女建议书》（1965 年第 123 号）；《有家务负担的男女工人享有同等机会和同等待遇公约》（1981 年第 156 号）。

（二）我国的女性就业保障立法

1. 中国批准和加入公约的情况。中国于 1980 年率先批准加入联合国的《消除对妇女一切形式歧视公约》，于 1998 年签署了《公民权利和政治权利公约》，于 2001 年批准了联合国《经济、社会及文化权利国际公约》，因此我国应按照这些国际公约的要求履行义务。

2. 国内立法情况。《宪法》第 33 条第 2 款规定，"中华人民共和国公民在法律面前一律平等"。《劳动法》第 12 条则规定："劳动者就业，不因民族、种族、性别、宗教信仰不同而受歧视。"针对现实中比较常见的性别歧视，第 13 条又进一步加以明确："妇女享有与男子平等的就业权利。在录用职工时，除国家规定的不适合妇女的工种或者岗位外，不得以性别为由拒绝录用妇女或者提高对妇女的录用标准。"此外，《就业促进法》第 3 条也规定："劳动者依法享有平等就业和自主择业的权利。劳动者就业，不因民族、种族、性别、宗教信仰等不同而受歧视。"

对于女性劳动者权益保障，我国现行的专项法律主要有：2012 年国务院通过的《女职工劳动保护特别规定》和 1992 年通过并于 2005 年修正的《中华人民共和国妇女权益保障法》（以下简称《妇女权益保障法》）。

在《宪法》基础上，我国已基本形成了以《妇女权益保障法》、《中华人民共和国劳动法》为主体，包括国家各种基本法律、单行法律法规、地方性法规和政府各部门行政规章在内的一整套保护妇女权益和促进男女平等的法律体系。这些法律不但规定了妇女享有和男子一样的劳动就业权、劳动报酬权、劳动休息权、劳动保护权和劳动保险权，而且还规定了妇女作为特定人所能享受到的特殊权益。

三、女性平等就业的权利与救济

（一）女性平等就业的权利

根据我国《劳动法》和《妇女权益保障法》等法律法规的规定，女性劳动者的就业权利主要有：平等的就业权、平等的劳动报酬权、获得解雇保护的权利、劳动过程中的权利。

1. 平等的就业权。平等的就业权是指女性劳动者在就业上与男性劳动者是平等的，不得歧视女性或提高对女性的录用标准，除国家规定的不适合女性的工种或岗位外，不得以性别为由拒绝录用妇女。凡适合女性就业的工种和岗位，招收的男女比例，要从当地的实际情况出发，根据生产、工作的需要和劳动力资源情况合理确定。

2. 平等的劳动报酬权。平等的劳动报酬权即实行男女同工同酬。男女同工同酬，是指劳动者不论性别男女，一律按其等量劳动获得等量劳动报酬。同工同酬原则是按劳分配原则的体现，它必须同时满足三个条件：一是劳动者的工作岗位，工作内容相同；二是在相同的工作岗位上付出了与别人同样的劳动工作量；三是同样的工作量取得了相同的工作业绩。

3. 其他权利。

（1）获得解雇保护的权利，即对女性劳动者不得以结婚、怀孕、产假、哺乳等为由，予以辞退或单方解除劳动合同。

（2）劳动过程中的权利，即对妇女在劳动过程中的安全和健康给予特殊保护，不得安排不适合妇女从事的工作和劳动。

（二）女性平等就业权利的法律救济

对女性平等就业权利的法律救济，分为对全体劳动者适用的一般性救济和专为女性劳动者设计的法律救济两类。此处，我们要讨论的是专为女性劳动者设计的法律救济。

1. 救济的途径。女性劳动者的平等就业权利受到损害时，可选择的救济途径主要有：

（1）向妇女组织投诉。

（2）要求有关部门依法处理。这里的有关部门主要是县级以上人民政府人力资源社会保障行政部门、安全生产监督管理部门。

（3）依法向劳动争议仲裁机构申请仲裁。

（4）向人民法院起诉。

2. 侵权人应承担的责任。

（1）民事赔偿责任。如《劳动法》第95条规定，用人单位违反本法对女职工的保护规定，侵害其合法权益的，对女职工造成损害的，应当承担赔偿责任。

（2）行政责任。如《妇女权益保障法》第56条规定，违反本法规定，侵害妇女的合法权益，其他法律、法规规定行政处罚的，从其规定。

（3）刑事责任。如《女职工劳动保护特别规定》第15条规定，用人单位违反本规定，侵害女职工合法权益，造成女职工损害的，依法给予赔偿；用人单位及其直接负责的主管人员和其他直接责任人员构成犯罪的，依法追究刑事责任。

任务三 特殊群体的就业保护

就业法上的特殊群体，即特殊就业群体，是对因特殊原因而在就业竞争中处于不利地位的人员的总称。特殊群体就业保护，是国家依据法律法规和政策的特别规定，对特殊群体人员的就业所采取的特殊保障措施。

社会主义国家追求实质平等，对谋求职业有困难的特殊人群的就业予以特别保护，目的是使社会全体劳动者都能生存和发展，实现社会公平、公正，保障社会稳定。同时，国家照顾特殊群体人员就业，反映了国家对弱势群体的关怀，体现了国家反对就业歧视政策和民族平等政策，体现了国家对退伍义务兵的优待政策，有利于保障特殊群体实现平等就业。

一、残疾人就业保护

根据国际劳工公约《（残疾人）职业康复与就业公约》的规定，就业制度中的残疾人是指那些由于已经正式确认的生理和心理上的缺陷，以致他在合适的就业中取得、保持和晋升职位的希望大大降低的人。由于残疾人在择业方面因其生理和心理障碍而处于劣势，不可能和正常人一样竞争就业，出于人道主义精神和促进经济和社会发展的目的，政府和社会有责任帮助残疾人实现就业。

（一）基本原则

国家保障残疾人劳动的权利，实行按比例安排残疾人就业制度。各级政府应当对残疾人就业统筹规划，为残疾人创造就业条件。残疾人就业，实行集中与分散相结合的方针，采取优惠政策和扶持保护措施，通过多渠道、多层次、多种形式，使残疾人就业逐步普及、稳定、合理。

（二）主要措施

1. 各级政府要将残疾人就业保护纳入职责范围。中央政府负有在宏观上促进残疾人就业的责任，应主动筹划支持残疾人就业的工作思路，推动全社会充分认识残疾人就业的价值和意义，带动和促进各用人单位消除固有的歧视观念，愿意录用并善待残疾人，进而形成良好的社会氛围；地方各级政府要将残疾人就业纳入各地劳动就业计划，统筹安排，做好失业登记、职业培训、就业介绍与分配、失业保险和其他就业组织工作，对于完全没有劳动能力的残疾人，应根据国家有关残疾人的社会保障和救济项目安排相应部门提供保障待遇。

2. 支持社会公益机构设立残疾人劳动服务机构。公益性的基金会、社会志愿者组织以及各地的残疾人联合会是丰富的社会资源，政府有关部门要指导、支持他们设立残疾人劳动服务机构，形成纳入城镇劳动服务系统和农村社会化服务体系的残疾人劳动服务网络，既可以发挥这些社会公益机构的价值，又能够减轻政府的负担，高效地为残疾人提供就业保护。

3. 集中与分散相结合，安排残疾人就业。一方面，国家和社会举办残疾人福利企业、按摩医疗机构和其他福利性企业事业组织，集中安排残疾人就业；另一方面，国家推动各单位积极吸收残疾人就业，各级政府和有关部门应当做好组织、指导工作，国家机关、社会团体、企事业组织、城乡集体经济组织等，应当按一定比例安排残疾人就业，并为其选择适当的工种和岗位。

4. 帮助和支持残疾人自谋职业。应鼓励、帮助残疾人自愿组织起来就业或者从事个体经营和劳动，地方各级政府和农村基层组织应当组织和扶持农村残疾人从事种植业、养殖业、手工业和其他形式的生产劳动，对申请从事个体工商业的残疾人，应当优先核发营业执照，在生产服务、技术指导、物资供应、产品收购和信贷等方面应给残疾人予帮助。

5. 对残疾人就业实行优惠政策和扶持保护。国家对残疾人福利性企业事业组织和城乡残疾人个体劳动者，实行税收减免政策，并在生产、经营、技术、资金、物质、场地等方面给予扶持。政府采购在同等条件下应当优先购买残疾人福利性单位的产品或者服务。地方政府和有关部门应当开发适合残疾人就业的公益性岗位，确定适合残疾人生产的产品，优先安排残疾人福利企业生产，并逐步确定某些产品由残疾人福利企业生产。对于国家分配的高校、中专、技校的残疾毕业生，有关单位不得因其残疾而拒绝接收；拒绝接收的，当事人可以要求有关部门处理，有关部门应当责令该单位接收。在职工的招用、聘用、转正、晋级、职称评定、劳动报酬、生活福利、劳动保险等方面，不得歧视残疾人。残疾职工所在单位，应当为残疾职工提供适应其特点的劳动条件和劳动保护；应当对残疾职工进行岗位技术培训，提高其劳动技能和技术水平。

此外，精神疾病患者作为残疾人中的特殊部分，我国对其就业的法律保障一直以来处于空白状态。2002 年 4 月 7 日，中国首部有关精神卫生的地方性法规《上海市精神卫生条例》正式实施。该《条例》规定，对于已病愈的精神疾病患者，不得以其曾经患过精神疾病为由，拒绝其入学、应试、就业或给予其他不公正待遇。

二、退役军人就业保护

退役军人，又称复员退伍军人，即不再在中国人民解放军服役的人员。对退役军人就业实行特殊保障，有利于稳定军心，是关系军队建设、经济建设、国家安危和社会安定的大事。我国退役军人的安置，实行从哪里来、回哪里去的原则和妥善安置、各得其所的方针，由专门安置机构在地方各级政府领导下和有关部门协助下具体进行。

（一）退伍义务兵的就业安置

1. 农村退役义务兵的就业安置。家居农村的义务兵退役后，一般由乡镇政府妥善安排其生产和生活；在服役期间荣立二等功以上的，应当安排工作；对有一定专长的，应当向有关部门推荐录用；各用人单位向农村招工时，在同等条件下应当优先录用；对服役期间荣立三等功、超期服役者和女性，应当给予适当照顾。

2. 城镇退役义务兵的就业安置。家居城镇的义务兵退役后，由县级政府安排工作。服役前没有参加工作的，由国家统一分配工作，实行系统分配任务、包干安置办法，各接收单位必须妥善安排；入伍前原是机关、团体、企事业单位正式职工的，原则上回原单位复工复职；对于因残、因病不能坚持 8 小时工作的，原单位应当按照与具有同样情况的一般工作人员同等对待的原则妥善安置；原工作单位已撤销或合并的，由上一级机关或合并后的单位负责安置。

3. 伤残退役义务兵的就业安置。因战、因公致残的二等、三等革命伤残军人，原是城市户口的，由原征集地退伍军人安置机构安排力所能及的工作；原是农业户口的，原征集地区有条件的，可以在企事业单位安排适当工作。

（二）退役志愿兵的就业安置

志愿兵退役后，由原征集地的县级政府安排工作，遇有特殊情况也可以由上一级或者省级政府统筹安排；安排工作时应尽量按专业技术对口分配，并按法定标准评定工资级别。志愿兵退役时，本人申请复员回乡参加农业生产的，应予鼓励，并增发安家补助费；生产、生活有困难的，当地政府应协助解决。

（三）退役士官的就业安置

退役士官就业安置分为复员安置和转业安置两种。服现役满第一期或者第二期规定年限的，或者符合转业或退休条件而本人要求复员并经过批准的退役士官，作复员安置。符合下列条件之一的退役士官作转业安置：服役满 10 年的；服现役期间荣获二等功以上奖励的；服现役期间因战、因公致残被评为二等、三等伤残等级的；服现役未满 10 年，国家建设需要调出军队的；符合退休条件，地方需要和本人自愿转业的。国家对军队转业干部实行计划分配和自主择业相结合的方式安置。计划分配的军队转业干部由党委、政府负责安排工作和职务；自主择业的军队转业干部由政府协助就业、发给退役金。

三、少数民族人员就业保护

我国是一个多民族国家，对少数民族人员就业实行特殊保障，是我国民族政策的重要组成部分，是国家促进少数民族地区经济和社会发展的重要手段。《宪法》第 4 条明确规定，"中华人民共和国各民族一律平等。国家保障各少数民族的合法的权利和利益，维护和发展各民族的平等、团结、互助关系。禁止对任何民族的歧视和压迫，禁止破坏民族团结和制造民族分裂的行为"。根据宪法的这一规定，《就业促进法》明确指出，劳动者依法享有平等就业和自主择业的权利。劳动者就业，不因民族、种族、性别、宗教信仰等不同而受歧视。各民族劳动者享有平等的劳动权利。用人单位招用人员，应当依法对少数民族劳动者给予适当照顾。此外，民族事务立法如《中华人民共和国民族区域自治法》等，对少数民族人员的就业保护也作了规定，主要内容如下：

（一）优先招收少数民族人员

民族自治地方的自治机关录用工作人员的时候，对实行区域自治的民族和其他少数民族的人员应当给予适当的照顾。民族自治地方的企事业单位在招收人员时，要优先招收少数民族人员；并且可以从农村和牧区少数民族人员中招收。上级国家机关隶属的在民族自治地方的企事业单位招收人员时，应当优先招收当地少数民族人员。民族自治地方每年编制内的干部和职工自然减员、缺额及国家当年新增用人指标由民族自治地方通过考核予以补充，对少数民族人员优先录用。

（二）培养少数民族人才

民族自治地方的自治机关要采取各种措施从当地民族中大量培养各级干部和各种科学技术、经营管理等专业人才和技术工人，充分发挥他们的作用，并且注意在少数民族妇女中培养各级干部和各种专业技术人才；上级国家机关对此负有帮助职责。国家举办民族学院，在高等学校举办民族班、民族预科，专门招收少数民族学生，并且可以采取定向招生、定向分配的办法。高等学校和中等专业学校招收新生时，对少数民族考生适当放宽录取标准和条件。

此外，国家一直实行帮助各民族自治地方加速发展经济文化建设事业的政策，这也是为少数民族人员就业创造条件，从而保障少数民族人员就业的根本性措施。

任务四　禁止使用童工

一、童工保护立法

（一）童工的概念与危害

童工是指未满 16 周岁，与单位或者个人发生劳动关系从事有经济收入的劳动或者从事个体劳动的少年、儿童。童工与未成年工都属未成年人，但未成年工是指年满 16 周岁未满 18 周岁的未成年人。从立法态度上看，法律允许用人单位招用未成年工，并对未成年工给予了一些特殊保护，但在对待童工的问题上，法律是严格禁止用人单位使用童工的。

使用童工的危害在于：儿童被迫在以成年人为标准设定的与其身心条件明显不适应的环境里劳动，身心健康受到巨大的伤害，并在很大程度上失去了获得教育进而通过知识最终改变其经济贫困命运的机会，而恶劣的劳动条件还导致很多儿童在成年之前即已死亡。因此，为保护少年儿童的健康成长，国内外都有关于禁止使用童工的规定。

（二）我国童工保护的立法现状

在国内立法上，1991 年国务院发布了《禁止使用童工规定》，确定我国最低就业年龄为 16 周岁，并确定了禁止使用童工、介绍使用童工以及对违法使用童工的赔偿、处罚等法律制度。2002 年，国务院废止了 1991 年的《禁止使用童工规定》，颁布了新的《禁止使用童工规定》（以下简称《规定》），强化了禁止使用童工的具体措施，并力求与刑法相衔接。同年 12 月，第九届全国人民代表大会常务委员会第三十一次会议通过了《刑法修正案（四）》，明确了违反劳动管理法规雇用童工应承担的刑事责任。《劳动法》也明确了对用人单位非法招用未满 16 周岁的未成年人给予行政处罚、刑事制裁的法律制度。

此外，1991 年第七届全国人民代表大会常务委员会第二十一次会议通过了《中华人民共和国未成年人保护法》（以下简称《未成年人保护法》），该法于 2006 年和 2012 年经历了两次修订，修正后的《未成年保护法》已于 2013 年 1 月 1 日施行，其中也有关于禁止使用童工的规定。

在与国际接轨方面，1998 年我国正式加入《准予就业最低年龄公约》，并承诺我国最低就业年龄为 16 周岁。2002 年我国批准了联合国《儿童权利公约》和《儿童权利公约关于买卖儿童、儿童卖淫和儿童色情制品问题的任择议定书》，就此承担了对儿童进行具体法律保护的国际义务。在儿童劳动保护的领域，我国又批准了国际劳工组织通过的《禁止和立即行动消除最恶劣形式的童工劳动公约》，表明我国在禁止使用童工方面的立场和与国际社会一起与童工现象作斗争的决心。

二、禁止使用童工的基本内容

（一）禁止使用童工的一般规定

1. 禁止使用童工的范围。《劳动法》规定，禁止用人单位招用未满 16 周岁的未成年人。这一规定有两层含义：其一，将使用童工的主体限定为用人单位；其二，所谓招用，是指用人单位与未成年人确立劳动关系的行为，包括合法劳动关系与事实劳动关系。《规定》与劳动法衔接，其第 2 条规定，"国家机关、社会团体、企业事业单位、民办非企业单位或者个体工商户（以下统称用人单位）均不得招用不满 16 周岁的未成年人"，排除了未满 16 周岁的未成年人从事的家庭劳动、家务劳动等未形成劳动关系的一般劳动。

在明确禁止使用童工范围的同时，《规定》第 13 条还明确了两种特殊情形：

（1）不属于使用童工的情形。学校、其他教育机构以及职业培训机构按照国家有关规定组织不满 16 周岁的未成年人进行不影响其人身安全和身心健康的教育实践劳动、职业技能培训劳动，不属于使用童工。

（2）例外情形。作为一种例外，文艺、体育单位经未成年人的父母或者其他监护人同意，可以招用不满 16 周岁的专业文艺工作者、运动员。用人单位应当保障被招用的不满 16 周岁的未成年人的身心健康，保障其接受义务教育的权利。

通过这些法律规定，明确了我国禁止使用童工的范围，其精神也与我国批准加入的《准予就业最低年龄公约》的规定相一致。

2. 其他相关规定。法律在禁止用人单位招用童工的同时，对介绍就业和未成年人自谋职业的行为也作了禁止。《规定》第 2 条指出，"禁止任何单位或者个人为不满 16 周岁的未成年人介绍就业"、"禁止不满 16 周岁的未成年人开业从事个体经营活动"。

（二）禁止使用童工的职责分担

《规定》在明确禁止使用童工范围的同时，对相关人员的职责还作了明确规定。

1. 用人单位的职责。用人单位招用人员时，必须核查被招用人员的身份证；对不满 16 周岁的未成年人，一律不得录用。用人单位录用人员的录用登记、核查材料应当妥善保管。

2. 未成年人家长的职责。不满 16 周岁的未成年人的父母或者其他监护人应当保护其身心健康，保障其接受义务教育的权利，不得允许其被用人单位非法招用。

3. 政府部门的职责。县级以上各级人民政府劳动保障行政部门负责对禁止使用童工的执行情况的监督检查。县级以上各级人民政府公安、工商行政管理、教育、卫生等行政部门在各自职责范围内对禁止使用童工的执行情况进行监督检查，并对劳动保障行政部门的监督检查给予配合。

4. 社会团体等的职责。工会、共青团、妇联等群众组织应当依法维护未成年人的合法权益。任何单位或者个人发现使用童工的，均有权向县级以上人民政府劳动保障行政部门举报。

（三）违反禁止使用童工规定的法律责任

1. 用人单位应承担的法律责任。

（1）行政责任。用人单位使用童工的，由劳动保障行政部门按照每使用一名童工每月处 5000 元罚款的标准给予处罚；在使用有毒物品的作业场所使用童工的，按照《使用有毒物品作业场所劳动保护条例》规定的罚款幅度，或者按照每使用一名童工每月处 5000 元罚款的标准，从重处罚。无证照单位加 1 倍处罚。

用人单位经劳动保障行政部门依照前款规定责令限期改正，逾期仍不将童工送交其父母或者其他监护人的，从责令限期改正之日起，由劳动保障行政部门按照每使用一名童工每月处 1 万元罚款的标准处罚，并由工商行政管理部门吊销其营业执照或者由民政部门撤销民办非企业单位登记；用人单位是国家机关、事业单位的，由有关单位依法对直接负责的主管人员和其他直接责任人员给予降级或者撤职的行政处分或者纪律处分。

童工伤残或者死亡的，用人单位由工商行政管理部门吊销营业执照或者由民政部门撤销民办非企业单位登记；用人单位是国家机关、事业单位的，由有关单位依法对直接负责的主管人员和其他直接责任人员给予降级或者撤职的行政处分或者纪律处分。

用人单位未按照规定保存录用登记材料，或者伪造录用登记材料的，由劳动保障行政部门处 1 万元的罚款。

（2）刑事责任。拐骗童工，强迫童工劳动，使用童工从事高空、井下、放射性、高毒、易燃易爆以及国家规定的第四级体力劳动强度的劳动，使用不满 14 周岁的童工，或者造成童工死亡或者严重伤残的，依照刑法关于拐卖儿童罪、强迫劳动罪或者其他罪的规定，依法追究刑事责任。

（3）民事责任。童工患病或者受伤的，用人单位应当负责送到医疗机构治疗，并负担治疗期间的全部医疗和生活费用。童工伤残或者死亡的，用人单位还应当一次性地对伤残的童工、死亡童工的直系亲属给予赔偿，赔偿金额按照国家工伤保险的有关规定计算。

劳动保障行政部门责令用人单位限期将童工送回原居住地交其父母或者其他监护人的，所需交通和食宿费用全部由用人单位承担。

2. 有关国家机关工作人员的法律责任。国家行政机关工作人员有下列行为之一的，依法给予记大过或者降级的行政处分；情节严重的，依法给予撤职或者开除的行政处分；构成犯罪的，依照刑法关于滥用职权罪、玩忽职守罪或者其他罪的规定，依法追究刑事责任：

（1）劳动保障等有关部门工作人员在禁止使用童工的监督检查工作中发现使用童工的情况，不予制止、纠正、查处的；

（2）公安机关的人民警察违反规定发放身份证或者在身份证上登录虚假出生年月的；

（3）工商行政管理部门工作人员发现申请人是不满 16 周岁的未成年人，仍然为其从事个体经营发放营业执照的。

3. 其他相关人员应负的法律责任。单位或者个人为不满 16 周岁的未成年人介绍就业的，由劳动保障行政部门按照每介绍一人处 5000 元罚款的标准给予处罚，无证照单位加 1 倍处罚。职业中介机构为不满 16 周岁的未成年人介绍就业的，由劳动保障行政部门吊销其职业介绍许可证。

不满 16 周岁的未成年人的父母或者其他监护人允许其被用人单位非法招用的，所在地的乡（镇）人民政府、城市街道办事处以及村民委员会、居民委员会应当给予批评教育。

⚙ 【案例分析】

对修车场违法使用童工的行为，劳动保障监察机构应根据《禁止使用童工规定》第 6 条，对修车场处以 5000 元罚款，并责令其在限期内将该童工送回原居住地交儿童父母。所需交通和食宿费用全部由修车场承担。

法条链接

《禁止使用童工规定》（2002）

第6条 用人单位使用童工的，由劳动保障行政部门按照每使用1名童工每月处5000元罚款的标准给予处罚；在使用有毒物品的作业场所使用童工的，按照《使用有毒物品作业场所劳动保护条例》规定的罚款幅度，或者按照每使用1名童工每月处5000元罚款的标准，从重处罚。劳动保障行政部门并应当责令用人单位限期将童工送回原居住地交其父母或者其他监护人，所需交通和食宿费用全部由用人单位承担。

用人单位经劳动保障行政部门依照前款规定责令限期改正，逾期仍不将童工送交其父母或者其他监护人的，从责令限期改正之日起，由劳动保障行政部门按照每使用1名童工每月处1万元罚款的标准处罚，并由工商行政管理部门吊销其营业执照或者由民政部门撤销民办非企业单位登记；用人单位是国家机关、事业单位的，由有关单位依法对直接负责的主管人员和其他直接责任人员给予降级或者撤职的行政处分或者纪律处分。

◎【思考与练习】

促进就业的基本原则有哪些？

◎【实训】

用人单位能否以乙肝"小三阳"为由拒绝录用求职者？

情景设计

小王是一名应届大学毕业生，其参加了某公司的录用考试。经过笔试和面试，小王以第一名的成绩进入了体检。在体检中，小王被查出有乙肝"小三阳"，公司以小王有乙肝"小三阳"为由，拒绝录用小王。

工作任务

该公司能否以乙肝"小三阳"为由拒绝录用小王？

训练方法

1. 学生分组讨论《就业促进法》中有关保障平等就业，反对就业歧视的具体规定。

2. 理解法律对传染病病原携带者平等就业的规定。

考核标准

能准确地理解用人单位招用人员，不得以是传染病病原携带者为由拒绝录用。但是，经医学鉴定传染病病原携带者在治愈前或者排除传染嫌疑前，不得从事法律、行政法规和国务院卫生行政部门规定禁止从事的易使传染病扩散的工作。

项目五　劳动合同

✎ **知识目标**

1. 掌握劳动合同的概念、特征；
2. 掌握劳动合同的内容；
3. 了解劳动合同的形式；
4. 掌握劳动合同的无效；
5. 掌握劳动合同的解除；
6. 了解劳动合同的终止；
7. 掌握经济补偿金的适用情形。

能力目标

掌握劳动合同的订立、效力，劳动合同解除的情形和法律后果。

内容结构图

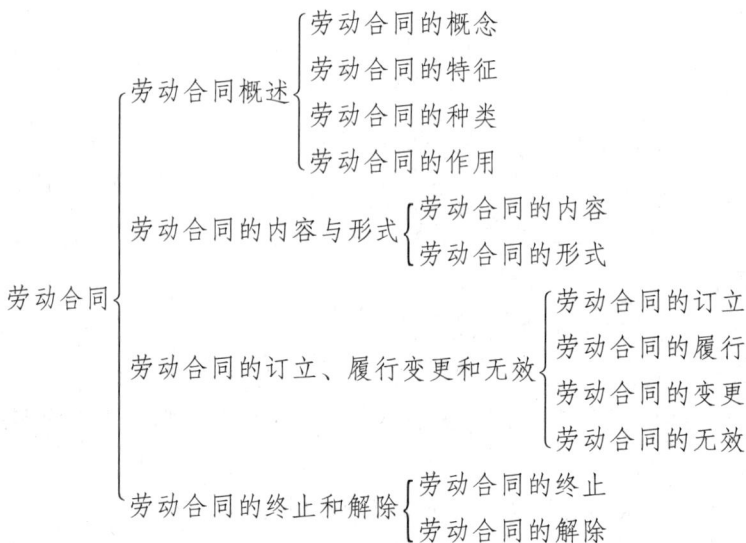

劳动合同
- 劳动合同概述
  - 劳动合同的概念
  - 劳动合同的特征
  - 劳动合同的种类
  - 劳动合同的作用
- 劳动合同的内容与形式
  - 劳动合同的内容
  - 劳动合同的形式
- 劳动合同的订立、履行变更和无效
  - 劳动合同的订立
  - 劳动合同的履行
  - 劳动合同的变更
  - 劳动合同的无效
- 劳动合同的终止和解除
  - 劳动合同的终止
  - 劳动合同的解除

案例导入

　　《劳动合同法》从 2008 年 1 月 1 日开始实施，在刚刚实施 3 个月的时候，2008 年"两会"期间，全国政协委员，玖龙纸业有限公司董事长张茵女士提出修改《劳动合同法》的议案。其议案建议应该取消《劳动合同法》第 14 条中关于订立无固定期限劳动合同的规定，认为《劳动合同法》中提出的无固定期限劳动合同相当于中国计划经济时代的"铁饭碗"，这一条款给企业增加了成本和风险，导致企业少招聘人员、外资和民资企业转移。

问题：无固定期限劳动合同是"铁饭碗"吗？

● 基本原理

任务一　劳动合同概述

一、劳动合同的概念

劳动合同，又称劳动契约，是劳动关系双方当事人确立、变更、终止劳动权利义务关系的协议。我国《劳动法》第 16 条第 1 款规定："劳动合同是劳动者与用人单位确立劳动关系、明确双方权利和义务的协议。"

劳动合同作为劳动者和用人单位确立劳动关系的基本法律形式，是稳定劳动关系，保障劳动过程的平稳运行，维护劳动者和用人单位的合法权益，促进经济发展和社会进步的重要手段。

二、劳动合同的特征

劳动合同除了具有一般民事合同平等性、自愿性、目的性的特征之外，还具有以下特征：

（一）主体的特定性

劳动合同的双方当事人是特定的，即一方为用人单位，另一方为劳动者。用人单位是指具有用人权利能力和用人行为能力，通过招工或者招聘行为雇佣或者聘用劳动者的用人主体。根据法律规定，用人单位包括中华人民共和国境内的企业、个体经济组织、民办非企业单位等组织，以及特定用工关系下的国家机关、事业单位、社会团体等。劳动者，是指具有劳动权利能力和劳动行为能力并被用人单位雇佣的自然人。因此，各种社会组织与社会组织之间、社会组织与个体经济组织之间、自然人与自然人之间，因含有劳务性质而签订的合同，即使签订了所谓的"劳动合同"，也不属于劳动法上的劳动合同。

（二）主体之间的法律从属性

劳动合同双方当事人之间虽然在法律地位上是平等的，但是，在具体的法律关系中则存在法律从属性。该从属性表现在：在劳动合同的履行中，劳动者必须加入到用人单位的组织中去，成为用人单位的普通一员。劳动者必须服从用人单位的劳动纪律和规章制度，接受用人单位的管理和监督。必须明确的是，这种从属性必须是在法律许可的限度内的从属性，是具有法律性质的从属性，它不是劳动者在人身依附关系上从属于单位。

法律从属性是劳动合同的最本质特点，也是劳动合同区别于其他相类似的民事合同如加工承揽合同、劳务合同等的显著标志。

（三）较强的法定性、强制性

劳动合同是双方当事人在平等、自愿的基础上缔结的协议，具体的劳动权利与劳动义务允许双方当事人协商议定。但由于劳动合同具有的法律从属性，劳动合同双方当事人在缔结劳动合同、确定劳动权利义务时，不得违背国家法律和行政法规的规定，如为了切实保障劳动者的合法权益，国家法律在工时休假制度、最低工资待遇、劳动保护条件、社会保险待遇等方面均有基准规定，这就要求当事人的意志不得违背国家意志，要在国家法律、法规许可的范围内确定具体的劳动权利和义务，以形成劳动合同关系。

三、劳动合同的种类

劳动合同根据不同的标准，可对其进行多种分类：

（一）以合同期限为标准，劳动合同可分为固定期限的劳动合同、无固定期限的劳动合同和以完成一定的工作任务为期限的劳动合同

1. 固定期限的劳动合同。又称为定期劳动合同，是指双方当事人在劳动合同中约定一个明确的合同期限，期限届满可以依法续订，否则就终止双方的权利义务关系的劳动合同种类。有固定期限劳动合同的优点是适用范围广，应变能力强，既能保持劳动关系的相对稳定，又能促进劳动力的合理流动；缺点是容易产生短期化，影响劳动关系的和谐稳定。

2. 无固定期限的劳动合同。也称为不定期劳动合同，是指用人单位与劳动者约定无确定终止时间的劳动合同。无确定终止时间是指劳动合同没有一个确切的终止时间，劳动合同的期限长短不能确定，但并不是没有终止时间。一旦出现了法定情形或者双方协商一致解除的，无固定期限劳动合同同样也能解除。由此可见，无固定期限合同并不是没有终止时间的"铁饭碗"，只要符合法律规定的条件，劳动者与用人单位都可以依法解除劳动合同。我国《劳动合同法》第14条对无固定期限合同做了规定，订立无固定期限劳动合同有以下几种情形：

第一，用人单位与劳动者协商一致，可以订立无固定期限劳动合同。

第二，有下列情形之一，劳动者提出或者同意续订、订立劳动合同的，除劳动者提出订立固定期限劳动合同外，应当订立无固定期限劳动合同：①劳动者在该用人单位连续工作满10年的；②用人单位初次实行劳动合同制度或者国有企业改制重新订立劳动合同时，劳动者在该用人单位连续工作满10年且距离法定退休年龄不足10年的；③连续订立2次固定期限劳动合同，且劳动者没有《劳动合同法》第39条和第40条

第1项、第2项规定的情形，续订劳动合同的。

第三，用人单位自用工之日起满1年不与劳动者订立书面劳动合同的，视为用人单位与劳动者已订立无固定期限劳动合同。

3. 以完成一定工作任务为期限的劳动合同。是指用人单位与劳动者约定以某项工作的完成为合同期限的劳动合同。用人单位与劳动者协商一致，可以订立以完成一定工作任务为期限的劳动合同。某一项工作或工程开始之日，即为合同开始之日，此项工作或者工程完毕，合同即告终止。此种合同的双方当事人在合同存续期间建立的是劳动关系，这种劳动合同实际上属于固定期限的劳动合同，只不过表现形式不同。此类合同不存在续订问题，它一般适用于铁路、公路、桥梁、水利、建筑以及工作无连续性的特定项目。比如"工程筹备期间"、"农副产品收购期间"等，均可能成为劳动合同的有效期限。

（二）以劳动合同确定的劳动者工作时间的长短为标准，可分为全日制劳动合同和非全日制劳动合同

1. 全日制劳动合同。全日制合同又称为全职劳动合同。每天或每周工作时间（包括累计情形）按照法定工作时间来计算属于全日制用工，劳动者和用人单位之间订立的劳动合同属于全日制劳动合同，即我国劳动者的工作时间，在累计计算的情形下，按照每天8小时工作制或者按照每周40小时工作制来计算工作时间的用工方式，属于全日制劳动合同关系。全日制劳动合同是我国劳动合同的主流形式，所以又称为典型劳动合同。

2. 非全日制劳动合同。非全日制劳动合同是相对于全日制劳动合同而言的，是指劳动者的工作时间没有达到法定工作时间状态下的用工形式。我国《劳动合同法》规定，劳动者在同一用人单位平均每日工作不超过4小时、每周工作时间累计不超过24小时的用工形式才属于非全日制用工，非全日制用工属于非典型用工形式之一，所以又称为非典型劳动合同。

（三）根据用工形式的不同来分类，劳动合同可分为典型劳动合同、非典型劳动合同

典型劳动合同就是依据劳动合同法的一般规定而订立的劳动合同。

非典型劳动合同就是依照劳动合同法的特别规定而订立的劳动合同。非典型劳动合同主要包括两种：劳务派遣合同和非全日制劳动合同。劳务派遣合同是指劳务派遣单位（用人单位）与被派遣劳动者订立劳动合同后，再与接受以劳务派遣形式用工的单位（用工单位）订立劳务派遣协议，将被派遣劳动者派遣至用工单位，从而形成的非典型形式劳动合同。非全日制劳动合同如前述。

（四）按照用人单位的所有制性质进行分类，劳动合同可分为国有单位劳动合同、集体单位劳动合同、私营企业劳动合同、外商投资企业劳动合同、个体经济组织劳动合同

（五）按照劳动合同的存在形式进行分类，劳动合同可分为书面劳动合同和口头劳动合同

我国《劳动合同法》第 10 条规定，建立劳动关系，应当订立书面劳动合同。已建立劳动关系，未同时订立书面劳动合同的，应当自用工之日起 1 个月内订立书面劳动合同。

四、劳动合同的作用

劳动合同是劳动者和用人单位确立劳动关系的基本法律形式，劳动合同是劳动法上一项核心的法律制度。实行劳动合同制度具有极其重要的作用。

（一）劳动合同是劳动者实现劳动权的法律形式之一

劳动权是劳动者获得生存权的基础。我国宪法和劳动法都明确规定保障劳动者劳动权的实现。劳动合同一经合法签订，就从法律上明确了双方的权利义务，使劳动者赖以生存的劳动权得以实现。另外，非经法律规定，用人单位不得解除劳动合同，否则将承担相关法律责任，从另一个角度使劳动者的劳动权得以在合同期限内有所保障。

（二）劳动合同是维护双方当事人合法权益的重要手段

劳动者和用人单位之间的权利义务通过劳动合同依法确立后，各方都必须依法履行劳动合同，只有双方当事人都依法履行劳动合同，才能使得双方当事人之间的合法权益得以实现。此外，劳动合同法律制度还规定了当一方违反劳动合同义务时的法律责任，防止用人单位不当解雇、违反约定支付劳动报酬和不提供劳动保护条件等；也规定了劳动者违约或非法辞职的条件下的法律责任，这就从另一个角度来保障当事人的合法权益的实现。

（三）劳动合同有利于减少劳动争议和纠纷

劳动合同的效力在于其对双方当事人均具有约束力。劳动合同一经签订，双方当事人必须全面地、亲自地履行合同。任何违约行为，均应承担相应的法律责任。任何权利的享有，均以承担和履行义务为前提。劳动合同的法律属性可以有效地防止和减少劳动争议的发生。

任务二　劳动合同的内容与形式

一、劳动合同的内容

劳动合同的内容是指劳动者与用人单位通过平等协商而约定的具体的劳动权利义务的条款。我国《劳动合同法》对劳动合同的内容规定为两部分，即必备条款和可备条款。必备条款，也称法定条款，是法律规定劳动合同必须协商而载明的条款。可备

条款是法律规定双方当事人可协商约定的条款。

（一）必备条款

《劳动合同法》第 17 条第 1 款规定劳动合同应当具备以下必备条款：

1. 用人单位的名称、住所和法定代表人或者主要负责人。这一项内容的目的是为了明确劳动合同中用人单位一方的主体资格。

2. 劳动者的姓名、住址和居民身份证或者其他有效身份证件号码。为了明确劳动合同中劳动者一方的主体资格，确定劳动合同的当事人，劳动合同中必须具备这一项内容。考虑到有的劳动者是外国公民，没有我国的居民身份证，其他有效证件如护照也可以。

3. 劳动合同期限。劳动合同期限是双方当事人相互享有权利、履行义务的时间界限。劳动合同期限可分为固定期限、无固定期限和以完成一定工作任务为期限。合同期限不明确则无法确定合同何时终止，如何给付劳动报酬、经济补偿等，容易引发争议。因此，一定要在劳动合同中加以明确双方签订的是何种期限的劳动合同。

4. 工作内容和工作地点。工作内容是指劳动者从事什么种类或者内容的劳动，包括工作岗位和工作任务和要求。这一条款是劳动合同的核心条款之一，是建立劳动关系最为重要的因素。它是用人单位使用劳动者的目的，也是劳动者通过自己的劳动取得劳动报酬的缘由。劳动合同中的工作内容条款应当规定得明确、具体，便于遵照执行。工作地点是劳动合同的履行地，是劳动者从事劳动合同中所规定的工作内容的地点，它关系到劳动者的工作环境、生活环境以及劳动者的就业选择，劳动者在与用人单位建立劳动关系时有权知悉自己的工作地点。

5. 工作时间和休息休假。工作时间是指劳动者用来完成其所负担的工作任务的时间。工作时间包括工作时间的长短、工作时间方式的确定，例如是 8 小时工作制还是 6 小时工作制，是实行正常工作制还是实行不定时工作制，或者是综合计算工时制。休息休假的权利是每个国家的公民都应享受的权利。《劳动法》第 38 条规定："用人单位应当保证劳动者每周至少休息 1 日。"休息休假的具体时间根据劳动者的工作地点、工作种类、工作性质和工龄长短等各有不同，用人单位与劳动者在约定休息休假事项时应当遵守劳动法及相关法律法规的规定。

6. 劳动报酬。按约定向劳动者支付报酬，是用人单位的一项基本义务。在劳动合同中要求明确规定工资标准或工资的计算办法，工资的支付方式，奖金、津贴的获得条件及标准。在确定工资条款时要特别注意，工资的约定标准不得低于当地的最低工资标准，也不得低于本单位集体合同中规定的最低工资标准。

7. 社会保险。社会保险是政府通过立法强制实施，由劳动者、用人单位以及国家三方面共同筹资，帮助劳动者及其家属在遭遇年老、疾病、工伤、生育、失业等风险时，防止收入的中断、减少和丧失，以保障其基本生活需求的社会保障制度。社会保险一般包括医疗保险、养老保险、失业保险、工伤保险和生育保险。

8. 劳动保护、劳动条件和职业危害防护。劳动保护是指用人单位为了保障劳动者在劳动过程在中的身体健康与生命安全，预防伤亡事故和职业病的发生而采取的有效措施。劳动保护凡是国家有标准规定的，必须按照国家标准执行；国家没有规定标准的，劳动合同中的约定标准以不使劳动者的生命安全受到威胁、身体健康受到侵害为前提条件。劳动者有特别要求，经用人单位协商同意的，亦应在劳动合同中写明。劳动条件，主要是指用人单位为使劳动者顺利完成劳动合同约定的工作任务，为劳动者提供必要的物质和技术条件。职业危害防护是指用人单位的劳动者在职业活动中，应当解除职业性有害因素如粉尘、放射性物质和其他有毒、有害物质等而对生命健康所引起的危害。根据《职业病防治法》第 30 条的规定，用人单位与劳动者订立劳动合同时，应当将工作过程中可能产生的职业病危害及其后果、职业病防护措施和待遇等如实告知劳动者，并在劳动合同中写明，不得隐瞒或者欺瞒。用人单位应当按照有关法律、法规的规定严格履行职业危害防护的义务。

9. 法律、法规规定应当纳入劳动合同的其他事项。

（二）可备条款

可备条款也称约定条款，是指在必备条款之外，双方当事人根据具体情况，在协商一致的基础上确定的条款。对于某些事项，法律不作强制性规定，由当事人根据意愿选择是否在合同中约定，劳动合同缺乏这种条款不影响其履行。劳动合同的某些内容是非常重要的，关系到劳动者的切身利益，但是这些条款不是在每个劳动合同中都应当具备的，所以法律不能把其作为必备条款，只能在法律中特别地予以提示。《劳动合同法》第 17 条第 2 款规定了可备条款：

1. 试用期。试用期是指对新录用的劳动者进行试用的期限。用人单位与劳动者可以在劳动合同中就试用期的期限和试用期期间的工资等事项做出约定，但不得违反法律有关试用期的规定。

（1）期限最长不得超过 6 个月。《劳动合同法》第 19 条第 1 款规定："劳动合同期限在 3 个月以上不满 1 年的，试用期不得超过 1 个月；劳动合同期限 1 年以上不满 3 年的，试用期不得超过 2 个月；3 年以上固定期限和无固定期限的劳动合同，试用期不得超过 6 个月。"

（2）同一用人单位与同一劳动者只能约定 1 次试用期。

（3）试用期是劳动合同期限的组成部分，劳动合同仅约定试用期的，试用期不成立，该期限为劳动合同期限。

（4）劳动者在试用期的工资不得低于本单位相同岗位最低档工资或者劳动合同约定工资的 80%，并不得低于用人单位所在地的最低工资标准。

2. 培训。培训条款是指用人单位专门花费资金对劳动者进行专项技术培训，与有权和应该接受培训的劳动者约定劳动者在合同期限后必须再为单位工作一定时间的协议。劳动者必须再工作的这段时间称为服务期。《劳动合同法》第22条规定："用人单位为劳动者提供专项培训费用，对其进行专业技术培训的，可以与该劳动者订立协议，约定服务期。劳动者违反服务期约定的，应当按照约定向用人单位支付违约金。违约金的数额不得超过用人单位提供的培训费用。用人单位要求劳动者支付的违约金不得超过服务期尚未履行部分所应分摊的培训费用……"这一规定为劳动者承担在违反培训条款时的违约金提供了上限，能够较好地解决实践中出现的单位向接受过培训的"跳槽"劳动者乱要价的现象。

3. 保守秘密。劳动过程涉及商业秘密的，当事人应当对有关保密事项在劳动合同中加以明确规定，使之成为劳动合同的一项条款。《劳动合同法》第23条第1款规定："用人单位与劳动者可以在劳动合同中约定保守用人单位的商业秘密和与知识产权相关的保密事项。"所谓商业秘密，根据《反不正当竞争法》规定，是指不为公众知悉，能为权利人带来经济利益、具有实用性并经权利人采取保密措施的技术、经营信息。

4. 补充保险。补充保险是指除了基本社会保险以外，用人单位根据自己的实际情况为劳动者建立的一种社会保险。补充保险由用人单位自愿实行，国家不作强制的统一规定。用人单位在参加基本保险并按时足额缴纳基本保险的前提下，可以实行补充保险。

5. 福利待遇。劳动者作为单位的一员有权依法享有法定的福利待遇，但是，在这些人人都能享有的物质条件和待遇外，单位也可以和劳动者协商给予劳动者额外的福利待遇以便于吸引劳动者到本单位工作，例如住房补贴、通讯补贴、交通补贴、子女教育等。

6. 竞业限制。竞业限制是指劳动者在合同关系消灭后的一定期间内禁止参与或者从事与原用人单位同业竞争的活动，以保护原用人单位的商业秘密的合同条款。竞业条款需要注意几点：

（1）适用对象是特定的劳动者。《劳动合同法》第24条规定："竞业限制的人员限于用人单位的高级管理人员、高级技术人员和其他负有保密义务的人员……"

（2）限制的时间。最长不得超过2年，超过的部分对劳动者没有约束力。

（3）经济补偿金。在解除或者终止劳动合同后，在竞业限制期限内按月给予劳动者经济补偿。劳动者违反竞业限制约定的，应当按照约定向用人单位支付违约金。

7. 违约金和赔偿金。《劳动合同法》第25条规定，劳动合同对劳动者的违约行为约定违约金，只限于三种情形：服务期、竞业限制、保守商业秘密。就赔偿金而言，有两种情形：一是《劳动合同法》第86条规定："劳动合同依照本法第26条规定被确认无效，给对方造成损害的，有过错的一方应当承担赔偿责任。"二是《劳动合同法》第90条规定："劳动者违反本法规定解除劳动合同，或者违反劳动合同中约定的保密义务或者竞业限制，给用人单位造成损失的，应当承担赔偿责任。"

二、劳动合同的形式

劳动合同的形式是劳动合同内容存在的方式，即劳动合同当事人双方意思表示一致的外部表现。劳动合同形式有口头形式和书面形式之分。我国《劳动合同法》等法律法规对劳动合同形式有以下规定：

1. 劳动合同应当采取书面形式。《劳动合同法》第10条规定，建立劳动关系，应当订立书面劳动合同。

2. 未订立书面劳动合同的处理：

（1）关于宽限期：已建立劳动关系，未同时订立书面劳动合同的，应当自用工之日起1个月内订立书面劳动合同。

（2）用人单位自用工之日起超过1个月不满1年未与劳动者订立书面劳动合同的，应当依《劳动合同法》第82条的规定向劳动者每月支付2倍的工资，并与劳动者补订书面劳动合同；劳动者不与用人单位订立书面劳动合同的，用人单位应当书面通知劳动者终止劳动关系，并支付经济补偿。

（3）满1年未与劳动者订立书面劳动合同的，用人单位自用工之日起满1个月的次日至满1年的前1日向劳动者支付每月支付2倍的工资，并视为自用工之日起满1年的当日已经与劳动者订立无固定期限劳动合同，并应立即与劳动者订立书面劳动合同。

（4）关于报酬：用人单位未在用工的同时订立书面劳动合同，与劳动者约定的劳动报酬不明确的，新招用劳动者的劳动报酬按照集体合同规定的标准执行；没有集体合同或者集体合同未规定的，实行同工同酬。

3. 非全日制用工劳动合同形式。根据《劳动合同法》第69条规定，非全日制用工的劳动合同既可以是书面形式，也可以是口头协议形式。

任务三　劳动合同的订立、履行、变更和无效

一、劳动合同的订立

（一）劳动合同的原则

《劳动合同法》第3条第1款规定："订立劳动合同，应当遵循合法、公平、平等自愿、协商一致、诚实信用的原则。"

1. 合法原则。合法原则要求双方当事人订立的劳动合同，不得违反国家法律法规的规定，它是劳动合同有效的前提条件。这一原则的具体要求是：①劳动合同的双方当事人必须具备法定的资格。作为劳动者，必须达到并在法定的就业年龄以内，即年满16周岁；作为用人单位，应当是依法成立的各类企业、个体经济组织、国家机关、事业组织、社会团体、民办非企业等具有合法用人资格的组织体。②内容必须合法。

劳动合同的条款必须符合国家法律法规的规定，同时不得违法国家和社会的公共利益。③劳动合同的形式合法。除非全日制用工外，劳动合同必须以书面形式订立。

2. 公平原则。公平原则是指用人单位和劳动者应本着公正的观念签订劳动合同。由于劳动者与用人单位在劳动关系中地位不平等的现实，公平原则强调在劳动合同订立中，处于强势地位的用人单位应该给予劳动者公平公正的待遇。

3. 平等自愿、协商一致原则。平等是指双方当事人的法律地位平等，在劳动者和用人单位双方关系中，任何一方不享有对另一方的特权；自愿是指订立劳动合同建立劳动法律关系应完全出自当事人双方意愿，任何一方不得将自己的意志强加于另一方，凡是采取欺诈、威胁、强迫等手段，把自己的意志强加于对方，都是不符合自愿原则的。协商一致是指是否订立劳动合同、劳动合同的内容如何订立都应当是双方当事人真实意思一致的表示。

4. 诚实信用原则。诚实信用原则是市场经济活动中的道德规则的法律化，要求用人单位和劳动者在订立劳动合同时，诚实不欺，恪守诺言，讲究信用，用善意的心理和方式约定和履行各种权利义务。具体包括在合同订立的过程中，双方要尽到应尽的先合同义务和有关合法的附随义务，如保密义务、合作义务等。

（二）双方当事人合同订立时的权利和义务

1. 如实告知的义务。由于劳动合同订立的目的在于开始生产或者经营过程，双方在这一过程中需要配合和协作，所以，订立劳动合同的双方当事人有必要了解对方的有关情况，以便使得这一过程得以顺利实现。《劳动合同法》第8条规定，"用人单位招用劳动者时，应当如实告知劳动者工作内容、工作条件、工作地点、职业危害、安全生产状况、劳动报酬，以及劳动者要求了解的其他情况；用人单位有权了解劳动者与劳动合同直接相关的基本情况，劳动者应当如实说明"。

2. 用人单位不得扣押劳动者有效证件或者要求劳动者提供担保的义务。劳动既是一项基本权利，也是一项基本自由，任何人的劳动都不得被强迫，所以，禁止强迫劳动一直是现代国家和家社会的共识。因此，法律有必要禁止用人单位扣押劳动者有效证件或者让劳动者提供担保的做法，因为这些做法都有强迫劳动的嫌疑。

（三）劳动合同订立的程序

劳动合同的订立程序是指通过订立劳动合同，建立劳动关系的过程。我国法律目前还没有对劳动合同签订程序作出规定，一般而言，它需要经过合同订立的要约与承诺两个阶段。

1. 要约。要约是指劳动合同的一方当事人向另一方当事人提出的订立劳动合同的建议。要约人既可以是用人单位，也可以是劳动者。实践中，在劳动合同的要约行为实施之前，要做大量的准备工作，表达希望对方和自己订立劳动合同的愿望，例如，用人单位通过招聘公告，劳动者向单位寄发个人简历等，这一程序属于要约邀请，还不能算是要约。劳动合同的订立经过多个要约邀请的反复，即双方的协商过程，当一方向另一方提出的所有内容具体而确定，并且自己接受其约束时，该意思表示才能算作要约。

2. 承诺。承诺是指受要约人对劳动合同的要约内容表示完全的同意和接受，即受要约人对要约人提出的劳动合同的全部内容表示赞同，而不是提出修改，或者部分同意，或者有条件的接受。一般情况下，要约一经承诺，写成书面合同，经双方当事人签名盖章，合同即告成立。

二、劳动合同的履行

（一）劳动合同履行的概念

劳动合同履行是指合同当事人双方履行合同所规定的义务的法律行为。它不仅表现了合同当事人双方订立合同的最终目的，也是衡量合同效力强弱的标准。完全履行了合同，表明合同的约束力达到最高；不完全履行合同或不履行合同，则会形成合同的消极责任即违约责任或赔偿责任。

（二）劳动合同履行的原则

1. 全面履行原则。全面履行是合同本身所要求的，是所有合同履行的共性。它是双方当事人要按照合同约定的各自承担的所有义务来具体全面地履行这些义务。《劳动合同法》第29条规定："用人单位与劳动者应当按照劳动合同的约定，全面履行各自的义务。"

2. 亲自履行原则。亲自履行原则是指劳动合同的双方当事人必须亲自履行合同约定的义务，未经对方同意，合同的一方当事人不得让他人代履行义务。亲自履行是劳动力的特点和劳动合同的特点所要求的，因为劳动力是存在于人身的，与人身须臾不可分离的。

3. 禁止强迫劳动原则。劳动合同的履行对于劳动者来说，就是劳动力的使用过程，而劳动力的使用必须在遵守劳动者自愿的前提下进行，不得强迫劳动者劳动。禁止强迫劳动是保护劳动者基本劳动人权的体现，是国际劳工组织的核心劳动标准之一。我国劳动法中有具体的落实，如《劳动合同法》第32条规定，"劳动者拒绝用人单位管理人员违章指挥、强令冒险作业的，不视为违反劳动合同"；第38条第2款规定，"用人单位以暴力、威胁或者非法限制人身自由的手段强迫劳动者劳动的，或者用人单位违章指挥、强令冒险作业危及劳动者人身安全的，劳动者可以立即解除劳动合同，不需要事先告知用人单位"。

三、劳动合同的变更

（一）劳动合同变更的概念

广义的劳动合同的变更是指劳动合同的主体和内容在履行过程中发生了变化，劳动合同仍然有效力，双方当事人要按照变更后的合同来履行，包括法定变更和协商变更。狭义的劳动合同变更仅仅是指协商变更，是指劳动合同内容的协商变更，即双方当事人经过协商一致对劳动合同规定的某些内容进行了修改。法定变更是指根据法律规定而对劳动合同的主体和内容进行了变化，该变化不是由于双方当事人协商的结果，是在当事人意志之外的。

（二）劳动合同变更的情形

1. 法定变更。我国《劳动合同法》第33条、第34条规定的劳动合同主体一方用人单位发生变化的特殊情形下劳动合同继续履行，实际上就是一种法定变更。法定变更有两种情形：一是用人单位变更名称、法定代表人、主要负责人或者投资人等事项，不影响劳动合同的履行；二是用人单位发生合并或者分立的情况，原劳动合同继续有效，劳动合同由承继其权利和义务的用人单位继续履行。在这两种情形下，劳动合同的履行不发生变化，这是为了保护劳动者的就业稳定。

2. 协商变更。狭义的劳动合同变更是双方当事人协商一致的结果，必须遵守协商一致的原则。因此，在法定变更之外，任何一方当事人都不得单方变更劳动合同的内容。一方提出变化劳动合同的某项内容，必须得到另一方的同意，而另一方的拒绝则是合法的，不能视为对劳动纪律的违反。值得注意的是，实践中，经常有用人单位以拥有经营自主权为由，认为单位拥有单方变更劳动者工资、岗位、地点以及其他劳动待遇的权利，认为这些变更不需要得到劳动者的同意，这样的想法是错误的。

四、劳动合同的无效

（一）无效劳动合同的概念

无效劳动合同是指劳动合同虽然订立，但是由于订立的主体和订立的内容不符合法律法规的要求而被认为不具有法律约束力。无效劳动合同不能发生预期的法律后果，不能得到法律的保护。无效的劳动合同分为全部无效和部分无效两种情形。全部无效的劳动合同从订立时起自始无效，对当事人不具有约束力，不应当履行。部分无效的劳动合同是指劳动合同内容违反法律法规的部分不具有法律效力，该部分不影响其他有效部分的履行，这时，其他合法部分仍然有效，当事人应当继续履行。

（二）无效劳动合同的情形

根据《劳动合同法》第26条的规定，劳动合同无效或者部分无效的情形有以下几种：

1. 以欺诈、胁迫的手段或者乘人之危，使对方在违背真实意思的情况下订立或者变更劳动合同的。

（1）欺诈是当事人一方通过故意隐瞒实情或告知虚假信息的方法欺骗对方当事人，使对方相信虚假信息而愿意订立合同。比如，对用人单位来说，可能会向劳动者隐瞒单位的实际收入状况和劳动条件，故意说工资福利待遇高、劳动条件优越等虚假信息，造成劳动者确信用人单位提供的是实情，于是同意订立劳动合同。对于劳动者来说，为了得到某一份工作，故意提供伪造的文凭或者在某些著名大机构工作过的证明材料以证明自己的能力，让单位相信他确实具备了某些特殊的工作技能从而录用他。

（2）胁迫是指一方当事人宣称要利用给对方当事人及其亲属造成生命、健康、名誉和财产等损失的方法来威胁对方当事人订立合同的行为。

（3）乘人之危是指一方当事人利用对方当事人的急需或为难处境而与之订立不公平的合同。比如，用人单位或雇主利用劳动者处在生活窘境急需用钱等紧急情况，以非常低的工资雇佣他人长时间工作，并且为防止其反悔，在书面合同中明确约定极低的工资数额和超长工时，这种情况就是属于乘人之危。

2. 用人单位免除自己的法定责任、排除劳动者的权利。用人单位负有劳动法上的义务，主要有支付劳动报酬的义务、提供劳动保护的义务、缴纳社会保险费的义务、培训劳动者的义务、允许劳动者加入工会和参与民主管理的义务。如果用人单位在劳动合同中明确载明"用人单位对于劳动者的生老病死伤残皆不管"，就是单方免除了自己的法定责任，使得劳动者的社会保险的各项权利得不到保障。这类"生死合同"就是无效劳动合同。如果合同的双方当事人都具备合法条件，也愿意继续维持劳动关系，可以认定合同违法约定的那部分内容无效，不影响合同其他内容的履行。

3. 违反法律、行政法规强制性规定的。法律法规强制性规定是法律法规要求法律关系主体必须履行的法定义务和禁止从事的行为，属于义务性规范和禁止性规范。这要求当事人在订立劳动合同时，必须遵循合法原则，否则，所签合同不仅得不到法律的保护，还要受到法律的追究。违反合法原则的具体情况主要包括：①主体资格不合格。例如，劳动者一方达不到法定就业年龄，不具备劳动权利能力和劳动行为能力而订立的劳动合同。②内容不合法。例如，违反工时休假制度、安全卫生标准、最低工资标准等规定的劳动合同条款，均属内容不合法。再如，一些用人单位在劳动合同中规定"工伤概不负责"、"社会保险自理"或者"女性劳动者在合同期间不得结婚或者生育"等，都是违法无效的。

（三）无效劳动合同的确认

无效劳动合同的确认机关，必须是劳动争议仲裁委员会或者人民法院。我国《劳动合同法》第26条第2款规定："对劳动合同的无效或者部分无效有争议的，由劳动争议仲裁机构或者人民法院确认。"确认无效一般通过两种途径：一是针对一方当事人提出的确认之诉来确认劳动合同是否无效或者部分无效；二是通过审理因为工资、解雇等问题引起的劳动争议来确认劳动合同的无效或者部分无效。

（四）无效劳动合同的法律后果

劳动合同无效或者部分无效确认后，其法律后果主要有两方面：一是劳动报酬，劳动合同被确认无效，劳动者已付出劳动的，用人单位应当向劳动者支付劳动报酬。劳动报酬的数额，参照本单位相同或者相近岗位劳动者的劳动报酬确定。二是赔偿损失，《劳动合同法》第86条规定："劳动合同依照本法第26条规定被确定无效，给对方造成损害的，有过错的一方应当承担赔偿责任。"

任务四　劳动合同的终止和解除

一、劳动合同的终止

劳动合同的终止是指劳动合同的法律效力依法被消灭，即劳动关系由于一定法律事实的出现而终结，劳动者与用人单位之间原有的权利义务不再存在。根据《劳动合同法》第44条规定，有下列情形之一的，劳动合同终止：①劳动合同期满的；②劳动者开始依法享受基本养老保险待遇；③劳动者死亡，或者被人民法院宣告死亡或者宣告失踪的；④用人单位被依法宣告破产的；⑤用人单位被吊销营业执照、责令关闭、撤销或者用人单位决定提前解散的；⑥法律、行政法规规定的其他情形。

二、劳动合同的解除

（一）劳动合同解除的概念和种类

劳动合同解除是指在劳动合同履行过程中，由于双方或单方的法律行为，在合同的有效期届满或者履行完毕之前，结束劳动合同效力的法律行为。劳动合同的解除与劳动合同的终止都导致劳动法律关系的消灭，其区别主要表现为两者发生的时间不同：劳动合同的解除必须是发生在劳动合同的有效期届满或者履行完毕之前，而劳动合同的终止是发生在合同有效期届满或者履行完毕时。

劳动合同的解除有两大类：双方协商解除和单方法定解除。双方协商解除，是指在劳动合同的履行过程中，劳动合同双方当事人协商一致结束了劳动合同效力的行为。单方法定解除，是指在劳动合同履行过程中，任何一方当事人基于法律规定，单方提出结束合同效力的行为。单方法定解除包括用人单位单方解除劳动合同和劳动者单方解除劳动合同。

（二）劳动合同的协商解除

劳动合同是由双方当事人协商一致达成的，在履行过程中，双方当事人当然也可以也应当有权再通过协商一致致使合同归于消灭。《劳动合同法》第36条规定："用人单位与劳动者协商一致，可以解除劳动合同。"

双方协商解除劳动合同的法律后果是，"用人单位向劳动者提出解除劳动合同并与劳动者协商一致解除劳动合同的，用人单位应当向劳动者支付经济补偿金"。

（三）用人单位单方解除劳动合同

用人单位单方解除劳动合同，必须符合法定条件和按照法定程序进行。用人单位单方解除劳动合同又可以分为几类：

1. 过错性解除。过错性解除，也可称为过错性解雇、即时辞退，指用人单位可以不必依法提前预告而立即解除劳动合同的行为。《劳动合同法》第 39 条规定了过错性解除的几种情形：

（1）在试用期间被证明不符合录用条件的；

（2）严重违反用人单位的规章制度的；

（3）严重失职，营私舞弊，给用人单位造成重大损害的；

（4）劳动者同时与其他用人单位建立劳动关系，对完成本单位的工作任务造成严重影响，或者经用人单位提出，拒不改正的；

（5）因本法第 26 条第 1 款第 1 项规定的情形致使劳动合同无效的，即以欺诈、胁迫的手段或者乘人之危，使用人单位在违背真实意思的情况下订立或者变更劳动合同致使劳动合同无效的；

（6）被依法追究刑事责任的。

这类解除的依据是劳动者有行为上的严重过错，甚至已经给用人单位造成了经济损失。在这些情形下，双方保持劳动关系已经不可能了，所以，法律赋予用人单位可以随时结束劳动合同关系的权利。

法律后果：用人单位依据上述规定解除劳动合同的，属于合法解雇，对劳动者不承担任何责任，法律关系随时解除随时失去效力。此外，由于解除是基于劳动者的行为过错，所以，用人单位解除时不需要遵守预告期的规定，也不需要向劳动者支付经济补偿金。

2. 非过错性解除。非过错性解除，也可称为用人单位预告解除、预告辞退，是指劳动者虽无过错，但由于客观情况发生了变化或劳动者患病、非因公伤残等，用人单位在采取弥补措施无果的情况下，法律赋予用人单位在履行特定程序后解除劳动合同。

《劳动合同法》第 40 条规定，有下列情形之一的，用人单位提前 30 日以书面形式通知劳动者本人或者额外支付劳动者 1 个月工资后，可以解除劳动合同：

（1）劳动者患病或者非因工负伤，在规定的医疗期满后不能从事原工作，也不能从事由用人单位另行安排的工作的；

（2）劳动者不能胜任工作，经过培训或者调整工作岗位，仍不能胜任工作的；

（3）劳动合同订立时所依据的客观情况发生重大变化，致使劳动合同无法履行，经用人单位与劳动者协商，未能就变更劳动合同内容达成协议的。

3. 经济性裁员。经济性裁员是指用人单位出于经营方面的困难或者基于生产经营方面技术改造的原因，使某些劳动者丧失了劳动岗位，用人单位不得不解雇他们。《劳动合同法》第 41 条规定，有下列情形之一，用人单位可以裁减人员：

（1）依照企业破产法规定进行重整的；

（2）生产经营发生严重困难的；

（3）企业转产、重大技术革新或者经营方式调整，经变更劳动合同后，仍需裁减人员的；

（4）其他因劳动合同订立时所依据的客观经济情况发生重大变化，致使劳动合同无法履行的。

用人单位在实施经济性裁员的时候应该注意几个问题：

第一，裁员的程序。需要裁减人员 20 人以上或者裁减不足 20 人但占企业职工总数 10% 以上的，用人单位提前 30 日向工会或者全体职工说明情况，听取工会或者职工的意见后，裁减人员方案应向劳动行政部门报告。

第二，裁员对象的考虑。裁减人员时，应当优先留用下列人员：①与本单位订立较长期限的固定期限劳动合同的；②与本单位订立无固定期限劳动合同的；③家庭无其他就业人员，有需要扶养的老人或者未成年人的。

第三，裁员的法律后果。一是用人单位依法向被裁减的劳动者支付经济补偿金；二是用人单位在 6 个月内重新招用人员的，应当通知被裁减人员，并在同等条件下优先招用被裁减的人员。

需要注意的是，《劳动合同法》第 39 条、第 40 条、第 41 条出现的法定情形，即上述的过错性解除、非过错性解除和经济性裁员，用人单位可以单方解除劳动合同。为保护一些特定群体劳动者的合法权益，《劳动合同法》第 42 条又规定了禁止用人单位根据第 40 条、第 41 条的规定单方辞退的情形：

（1）从事接触职业病危害作业的劳动者未进行离岗前职业健康检查，或者疑似职业病病人在诊断或者医学观察期间的；

（2）在本单位患职业病或者因工负伤并被确认丧失或者部分丧失劳动能力的；

（3）患病或者非因工负伤，在规定的医疗期内的；

（4）女职工在孕期、产期、哺乳期的；

（5）在本单位连续工作满 15 年，且距法定退休年龄不足 5 年的；

（6）法律、行政法规规定的其他情形。

理解上述规定应注意两个方面：一是本条禁止的是用人单位单方解除劳动合同，并不禁止劳动者与用人单位协商一致解除劳动合同；二是本条的前提是用人单位不得根据本法第 40 条、第 41 条解除劳动合同，但如果劳动者有上述第 39 条过错性解除的情形，用人单位仍然可以解除。

（四）劳动者单方解除劳动合同

1. 预告辞职。劳动者合法地单方解除劳动合同的又称为辞职，即劳动者在劳动合同履行过程中，主动向用人单位或雇主提出结束劳动合同关系的行为。预告辞职也称为劳动者预告解除、主动辞职，这属于劳动者的正常辞职。《劳动合同法》第37条规定："劳动者提前30日以书面形式通知用人单位，可以解除劳动合同。劳动者在试用期内提前3日通知用人单位，可以解除劳动合同。"

预告辞职是劳动者的权利，只要有劳动者单方的意思表示即可成立，不需要得到用人单位或者雇主的同意，但是，劳动者要在预告期即提前30日（试用期内为3日）通知用人单位，并且应当以书面形式通知。辞职是劳动者个人的自愿行为，所以，用人单位对于辞职的劳动者不支付经济补偿金。

2. 即时辞职。即时辞职，又称为劳动者的被迫辞职，是指用人单位违法的情况下，劳动者被迫提出解除劳动合同。《劳动合同法》第30条规定了两种不同情况：

第一，在用人单位违反劳动法律法规关于工资、劳动条件、社会保险等方面规定时，劳动者可以解除劳动合同。主要是以下几种情形：

（1）未按照劳动合同约定提供劳动保护或者劳动条件的；

（2）未及时足额支付劳动报酬的；

（3）未依法为劳动者缴纳社会保险费的；

（4）用人单位的规章制度违反法律、法规的规定，损害劳动者权益的；

（5）因《劳动合同法》第26条第1款规定的情形致使劳动合同无效的；

（6）法律、行政法规规定劳动者可以解除劳动合同的其他情形。

第二，在用人单位强迫劳动时，即以暴力、威胁或者非法限制人身自由的手段强迫劳动者劳动的，或者用人单位违章指挥、强令冒险作业危及劳动者人身安全的，劳动者可以立即解除劳动合同，不需事先告知用人单位。

（五）劳动合同解除的法律后果

1. 用人单位的义务。

（1）支付经济补偿金。经济补偿金，是指法律规定的、当劳动合同由于劳动者行为过错以外的其他原因而解除或终止时，由用人单位一次性地支付劳动者的一笔金钱。

经济补偿金的适用情形：根据《劳动合同法》第46条规定，有下列情形之一的，用人单位应当向劳动者支付经济补偿：

第一，劳动者依照本法第38条规定解除劳动合同的，即由于用人单位违法造成劳动者被迫辞职的；

第二，用人单位依照本法第36条规定向劳动者提出解除劳动合同并与劳动者协商一致解除劳动合同的，即用人单位主动提出解除劳动合同并与劳动者协商一致解除劳动合同的；

第三，用人单位依照本法第40条规定解除劳动合同的，及用人单位依法预告解除劳动合同的；

第四，用人单位依照本法第41条第1款规定解除劳动合同的，即用人单位因经济性裁员而解除劳动合同的；

第五，除用人单位维持或者提高劳动合同约定条件续订劳动合同，劳动者不同意续订的情形外，依照本法第44条第1项规定终止固定期限劳动合同的；

第六，依照本法第44条第4项、第5项规定终止劳动合同的，即用人单位依法被宣告破产的或者用人单位被吊销营业执照、责令关闭、撤销或者用人单位决定提前解散的；

第七，法律、行政法规规定的其他情形。

经济补偿金的计算标准：根据《劳动合同法》第47条规定，经济补偿按照劳动者在本单位的工作年限，每满1年支付1个月的工资标准向劳动者支付。6个月以上不满1年的，按1年计算；不满6个月的，向劳动者支付半个月工资的经济补偿。

计算封顶：劳动者月工资高于用人单位所在直辖市、设区的市级人民政府公布的本地区上年度职工月平均工资3倍的，向其支付经济补偿的标准按职工月平均工资3倍的数额支付，向其支付经济补偿的年限最高不超过12年。

计算基数：劳动者的月工资是指劳动者在劳动合同解除或者终止前12个月的平均工资。《劳动合同法实施条例》第27条规定，月工资按照劳动者应得工资计算，包括计时工资或者计件工资以及奖金、津贴和补贴等货币性收入。劳动者在劳动合同解除或者终止前12个月的平均工资低于当地最低工资标准的，按照当地最低工资标准计算，劳动者工作不满12个月的，按照实际工作的月数计算平均工资。

（2）违法解除劳动合同的经济赔偿。劳动合同解除的经济赔偿是指劳动合同当事人违反劳动法有关劳动合同解除的规定，所应支付给受损方的赔偿金。劳动合同解除的补偿和赔偿功能不同，经济补偿在于人道性帮助，经济赔偿在于对违法者责任的确认和对受损者的救济。因此，经济补偿只产生于用人单位支付给解除劳动合同的劳动者，而经济赔偿的赔偿主体则既可能是用人单位，也可能是劳动者。

支付标准：根据《劳动合同法》第48条规定，用人单位违法解除或者终止劳动合同的，劳动者享有选择权，即可以要求用人单位继续履行劳动合同，如果用人单位能够履行的，应当继续履行；如果劳动者不要求继续履行劳动合同或者劳动合同已经不能继续履行的，用人单位则应当支付赔偿金。支付赔偿金的标准是按照上述经济补偿标准的2倍向劳动者支付赔偿金。根据《劳动合同法实施条例》规定，向劳动者支付了赔偿金的，不再支付经济补偿。赔偿金的计算年限自用工之日起计算。另外，《劳动合同法》第85条还规定，未依照本法规定向劳动者支付经济补偿的，责令用人单位按应付金额50%以上100%以下的标准向劳动者加付赔偿金。

（3）其他义务。用人单位应当在解除或者终止劳动合同时，出具解除或者终止劳动合同的证明，并在15日内为劳动者办理档案和社会保险关系转移手续。用人单位出具的解除、终止劳动合同的证明应当写明劳动合同期限、解除或者终止劳动合同的日期、工作岗位、在本单位的工作年限。用人单位对已经解除或者终止劳动合同的文本，至少保存2年备查。

2. 劳动者的义务。劳动合同解除后，劳动者的义务主要有：①办理工作交接；②违法解除劳动合同的经济赔偿。《劳动合同法》第90条规定："劳动者违反本法规定解除劳动合同，或者违反劳动合同中约定的保密义务或者竞业限制，给用人单位造成损失的，应当承担赔偿责任。"

◎【案例分析】

无固定期限劳动合同不是"铁饭碗"。无固定期限劳动合同，是指用人单位与劳动者约定无确定终止时间的劳动合同。"无确定终止时间"是指劳动合同没有一个确切的终止时间，劳动合同的期限长短不能确定，但并不是没有终止时间。只要没有出现法定解除情形或者双方协商一致解除的，双方当事人就要继续履行劳动合同。一旦出现了法定情形或者双方协商一致解除的，无固定期限劳动合同同样也能解除。由此可见，无固定期限合同并不是没有终止时间的"铁饭碗"，只要符合法律规定的条件，劳动者与用人单位都可以依法解除劳动合同。

法条链接

《中华人民共和国劳动合同法》（2012修正）

第10条　建立劳动关系，应当订立书面劳动合同。

已建立劳动关系，未同时订立书面劳动合同的，应当自用工之日起1个月内订立书面劳动合同。

用人单位与劳动者在用工前订立劳动合同的，劳动关系自用工之日起建立。

第12条　劳动合同分为固定期限劳动合同、无固定期限劳动合同和以完成一定工作任务为期限的劳动合同。

第14条　无固定期限劳动合同，是指用人单位与劳动者约定无确定终止时间的劳动合同。

用人单位与劳动者协商一致，可以订立无固定期限劳动合同。有下列情形之一，劳动者提出或者同意续订、订立劳动合同的，除劳动者提出订立固定期限劳动合同外，应当订立无固定期限劳动合同：

（一）劳动者在该用人单位连续工作满10年的；

（二）用人单位初次实行劳动合同制度或者国有企业改制重新订立劳动合同时，劳动者在该用人单位连续工作满10年且距法定退休年龄不足10年的；

（三）连续订立2次固定期限劳动合同，且劳动者没有本法第39条和第40条第1项、第2项规定的情形，续订劳动合同的。

用人单位自用工之日起满1年不与劳动者订立书面劳动合同的，视为用人单位与劳动者已订立无固定期限劳动合同。

第 19 条　劳动合同期限 3 个月以上不满 1 年的，试用期不得超过 1 个月；劳动合同期限 1 年以上不满 3 年的，试用期不得超过 2 个月；3 年以上固定期限和无固定期限的劳动合同，试用期不得超过 6 个月。

同一用人单位与同一劳动者只能约定 1 次试用期。

以完成一定工作任务为期限的劳动合同或者劳动合同期限不满 3 个月的，不得约定试用期。

试用期包含在劳动合同期限内。劳动合同仅约定试用期的，试用期不成立，该期限为劳动合同期限。

第 23 条　用人单位与劳动者可以在劳动合同中约定保守用人单位的商业秘密和与知识产权相关的保密事项。

对负有保密义务的劳动者，用人单位可以在劳动合同或者保密协议中与劳动者约定竞业限制条款，并约定在解除或者终止劳动合同后，在竞业限制期限内按月给予劳动者经济补偿。劳动者违反竞业限制约定的，应当按照约定向用人单位支付违约金。

第 24 条　竞业限制的人员限于用人单位的高级管理人员、高级技术人员和其他负有保密义务的人员。竞业限制的范围、地域、期限由用人单位与劳动者约定，竞业限制的约定不得违反法律、法规的规定。

在解除或者终止劳动合同后，前款规定的人员到与本单位生产或者经营同类产品、从事同类业务的有竞争关系的其他用人单位，或者自己开业生产或者经营同类产品、从事同类业务的竞业限制期限，不得超过 2 年。

第 26 条　下列劳动合同无效或者部分无效：

（一）以欺诈、胁迫的手段或者乘人之危，使对方在违背真实意思的情况下订立或者变更劳动合同的；

（二）用人单位免除自己的法定责任、排除劳动者权利的；

（三）违反法律、行政法规强制性规定的。

对劳动合同的无效或者部分无效有争议的，由劳动争议仲裁机构或者人民法院确认。

第 36 条　用人单位与劳动者协商一致，可以解除劳动合同。

第 42 条　劳动者有下列情形之一的，用人单位不得依照本法第 40 条、第 41 条的规定解除劳动合同：

（一）从事接触职业病危害作业的劳动者未进行离岗前职业健康检查，或者疑似职业病病人在诊断或者医学观察期间的；

（二）在本单位患职业病或者因工负伤并被确认丧失或者部分丧失劳动能力的；

（三）患病或者非因工负伤，在规定的医疗期内的；

（四）女职工在孕期、产期、哺乳期的；

（五）在本单位连续工作满 15 年，且距法定退休年龄不足 5 年的；

（六）法律、行政法规规定的其他情形。

✿【思考与练习】

1. 劳动合同当事人约定试用期应当遵守哪些规定？

2. 简述用人单位单方解除劳动合同的情形、程序和法律后果。

3. 经济补偿金适用于哪些情形？

✿【实训】

在试用期能否不签书面劳动合同？能随时解雇吗？

情景设计

2008 年 1 月 10 日，小王入职时，公司告知他有 3 个月的试用期，但是没有与小王签订书面的劳动合同。2008 年 3 月 15 日，公司通知小王，由于他在试用期表现不佳，所以公司决定辞退他。小王觉得很委屈，因为在试用期内他确实努力工作而且自认为表现是很好的。在这种情况下，小王应该怎么办？

工作任务

1. 公司能否以在试用期为由，不签订书面劳动合同吗？

2. 公司能否辞退小王？公司需要承担什么责任？

训练方法

1. 学生分组讨论关于劳动合同形式的规定。

2. 理解未签订书面劳动合同的法律后果。

考核标准

能准确地理解试用期包含在劳动合同期限内。劳动合同仅约定试用期的，试用期不成立，该期限为劳动合同期限。

项目六　集体合同

✎ 知识目标

1. 掌握集体合同的概念、法律特征；

2. 了解集体合同的分类；

3. 了解集体合同的订立、履行、变更；

4. 掌握集体合同终止的情形；

5. 了解集体合同的内容和形式。

▰ 能力目标

了解集体合同与劳动合同的区别。

📖 **内容结构图**

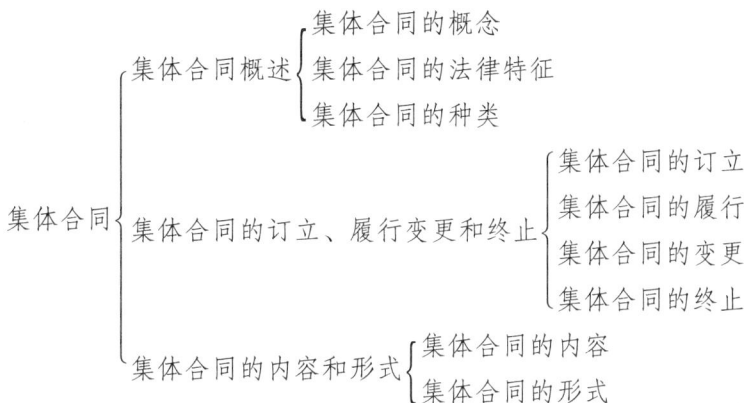

🖊 **案例导入**

谷先生与某企业签订为期 3 年的劳动合同，合同约定，谷先生的工资每月计发一次。合同履行期间，企业工会与企业协商签订了一份集体合同，该集体合同约定，企业所有员工每年年终可获得一次第 13 个月的工资。该集体合同获得企业职代会的通过并经当地劳动行政部门审核后开始生效。但年终过后，谷先生没有得到企业支付的第 13 个月工资。于是，谷先生向企业提出补发第 13 个月的工资要求。企业表示，谷先生和企业签订的劳动合同中约定了劳动报酬的支付次数，双方应当严格按照劳动合同的约定履行，对谷先生提出的要求不予支持，双方由此产生争议。

问题：谷先生能按集体合同的规定获得第 13 个月的工资吗？

● **基本原理**

任务一　集体合同概述

一、集体合同的概念

集体合同，亦称团体协议、集体协议，是指用人单位与本单位职工根据法律、法规、规章的规定，就劳动报酬、工作时间、休假休息、劳动安全卫生、职业培训、保险福利等事项，通过集体协商签订的书面协议。

我国《劳动合同法》第 51 条第 1 款规定："企业职工一方与用人单位通过平等协商，可以就劳动报酬、工作时间、休息休假、劳动安全卫生、保险福利等事项签订集体合同……"

集体合同和劳动合同都是劳动法中用来调整劳动关系的合同形式，但是，两者存在一定的区别：

1. 当事人不同。集体合同中用人单位一方是企业，劳动者一方是代表全体职工的工会组织或职工推举的代表；劳动合同中虽然用人单位一方也是企业，而劳动者一方只能是职工个人。

2. 内容不同。集体合同是关于全体职工的劳动报酬、工作时间、休息休假、劳动安全卫生、保险福利等事项的协议，以集体劳动关系中全体劳动者的共同权利和义务为内容，内容具有广泛性、整体性；劳动合同的内容根据《劳动合同法》第17条的规定，包括劳动合同期限、工作内容和工作地点、工作时间和休息休假、劳动报酬等事项，这些内容只适用于企业和劳动者个人。

3. 效力不同。劳动合同对单个的用人单位和劳动者有法律效力；集体合同对签订合同的单个用人单位和用人单位所代表的全体用人单位，以及工会和工会所代表的劳动者，都有法律效力。并且，集体合同效力高于劳动合同效力。《劳动法》第35条规定，依法签订的集体合同对企业和企业的全体职工具有约束力。职工个人与企业订立的劳动合同中劳动条件和劳动报酬等标准不得低于集体合同的规定。

二、集体合同的法律特征

集体合同除具有一般协议的主体平等性、意思表示一致性、合法性和法律约束性等共性外，它还具有一些自身特征：

1. 集体合同是特定当事人之间订立的协议。特定当事人，一方是指使用者即用人单位，另一方是劳动力所有者，即全体劳动者。全体劳动者由工会组织为代表，没有建立工会的，由职工推举的代表为其代表，不能由职工个人或职工中其他团体为集体合同的一方当事人。

2. 集体合同的内容侧重于维护劳动者权益。集体合同是以劳动者劳动条件、生活条件为主要内容的协议，集体合同以集体劳动关系中全体劳动者的共同权利和义务为内容，可能涉及劳动关系的各个方面，也可能只涉及劳动关系的某个方面（如工资合同等）。而劳动合同作为劳动关系确立的法律形式，则是对单个劳动者的权利和义务的具体规定。

3. 集体合同必须经过特定程序生效，并且达成书面协议。按照我国法律、法规的规定，签订集体合同的程序依次为：首先，由双方依法产生的代表进行协商，形成集体合同草案；其次，由工会主持召开劳动者大会或者劳动者代表大会讨论通过；再次，由双方首席代表签字盖章；最后，报送劳动行政主管部门审查、备案。经劳动行政主管部门审核通过的集体合同才具有法律效力。

4. 集体合同具有劳动基准法的效能。集体合同的内容多涉及国家劳动基准法的规定，它规定用人单位在不低于国家劳动标准的基础上，向劳动者提供劳动条件和生活条件。集体合同对签订合同的单个用人单位或用人单位团体所代表的全体用人单位以及工会所代表的全体劳动者，都有法律效力。根据我国劳动法律、法规的规定，依法订立的集体合同对企业和企业的全体劳动者具有法律约束力。《劳动合同法》第54条第2款规定：

"依法订立的集体合同对用人单位和劳动者具有约束力。行业性、区域性集体合同对当地本行业、本区域的用人单位和劳动者具有约束力。"第55条规定:"集体合同中劳动报酬和劳动条件等标准不得低于当地人民政府规定的最低标准;用人单位与劳动者订立的劳动合同中劳动报酬和劳动条件等标准不得低于集体合同规定的标准。"

三、集体合同的种类

根据不同的标准,可以对集体合同做出不同的分类:

（一）综合性集体合同与专项集体合同

根据集体合同所规定的内容可将集体合同分为综合性集体合同与专项集体合同,这也是我国《劳动合同法》对集体合同采用的一种分类方法。当事人之间就劳动报酬、工作时间、休息休假、劳动卫生安全、职业培训、保险福利等一揽子事项达成的协议,称为综合性集体合同,它所涉及的内容是综合性的集体劳动条件,比较全面。如果当事人双方仅就集体协商的某项内容达成协议的则是专项集体合同,它所涉及的内容比较单一,仅是集体劳动条件之中的某一项,或是关于劳动报酬的专项集体协议或是关于工作时间的专项集体协议等。我国《劳动合同法》第52条规定:"企业职工一方与用人单位可以订立劳动安全卫生、女职工权益保护、工资调整机制等专项集体合同。"正因为是专项集体协议,因而就该问题一般规定得非常详细、具体,操作性非常强。

（二）单一层次集体合同与多层次集体合同

这是根据集体合同的缔约主体的数量进行的分类。由企业或实行企业化管理的事业单位与本单位工会组织就集体协商内容达成的协议是单一层次集体合同。多层次集体合同是指由企业级工会、产业工会、行业工会、地方性联合工会、全国性联合工会与用人单位或用人单位团体就集体协商内容达成的协议。我国《劳动合同法》首次以法律形式对行业性集体合同、区域性集体合同予以认可。

（三）定期的集体合同与不定期的集体合同

这是根据合同期限的不同进行的分类。集体合同按照期限形式不同,可分为定期的集体合同、不定期的集体合同和以完成一定项目为期限的集体合同。我国《集体合同规定》规定集体合同的期限为1~3年,属于定期集体合同。

任务二 集体合同的订立、履行、变更和终止

一、集体合同的订立

（一）签订集体合同的当事人

签订集体合同的当事人,在已建立工会组织的企业中,一方是代表全体职工的工

会，另一方则是企业；在尚未建立工会组织的企业，一方是全体职工代表，另一方是企业。

（二）集体合同的订立程序

1. 集体协商、制定草案。签订集体合同的第一个步骤是企业行政与工会的代表在进行充分酝酿、交换意见的基础上共同草拟集体合同的草案。各个企业应当由企业行政和工会代表组成集体合同草案的起草小组，起草小组应当深入进行调查研究，广泛了解各方面对集体合同的要求，就集体合同所应包括的内容，逐项提出初步方案。集体协商是《集体合同规定》确认的用人单位与本单位职工签订集体合同或专项集体合同以及确定相关事宜时应当采取的方式。

2. 职工讨论、通过草案。集体合同的草案制定出来以后，应发动全体职工对草案进行讨论，务使集体合同能够反映企业行政和广大职工的意见和要求。《劳动法》第33条第1款规定："……集体合同草案应当提交职工代表大会或者全体职工讨论通过。"由于集体合同最终要对用人单位和全体职工发生约束力，所以经双方协商代表协商一致的集体合同草案或者专项集体合同草案应当提交职工代表大会或者全体职工，就草案中的有关问题充分讨论、酝酿，提出修改意见，并就修改后的草案正式表决通过。

3. 签字上报、审查备案。集体合同草案或者专项集体合同草案经职工代表大会或职工大会通过后，由集体协商双方首席代表签字。用人单位一方应当在签字后的10日内将集体合同文本一式三份报送劳动行政部门审查。劳动行政部门对报送的集体合同或专项集体合同进行审查，审查后，合法的则应办理登记手续。

4. 合同生效、公布履行。劳动行政部门自收到文本之日起15日内未提出异议的，集体合同即行生效。生效的集体合同，应当自其生效之日起由协商代表及时以适当的形式向本方全体人员公布，并积极履行各自义务，确保集体合同的顺利实现。

（三）集体协商争议的协调处理

集体协商争议即因订立集体合同而在双方协商过程中发生的争议。这种争议发生在双方协商代表就集体劳动条件进行协商的过程中，一般而言，按照以下途径处理：

1. 当事人协商。由双方当事人自行协商解决是此种争议解决的首选方式。这也有利于双方及时化解分歧，达成共识。

2. 劳动行政部门协调处理。根据《集体合同规定》，集体协商过程中发生争议，双方当事人不能协商解决的，当事人一方或双方可以书面形式向劳动行政部门提出协调处理的申请；未提出申请的，劳动行政部门认为必要时也可以进行协调处理。劳动行政部门协调处理该争议时，应当组织同级工会和企业组织等三方面的人员共同进行。协调处理集体协商争议，应当自受理协调处理申请之日起30日内结束协调处理工作。期满未结束的，可以适当延长协调期限，但延长期限不得超过15日。最后需制作《协调处理协议书》，应当载明协调处理申请、争议的事实和协调结果，由集体协调争议协调处理人员和争议双方首席代表签字盖章后生效。争议双方均应遵守生效后的《协调处理协议书》。

二、集体合同的履行

集体合同的履行是指集体合同依法生效后，双方当事人全面按照合同约定履行合同义务的行为。《集体合同规定》第6条规定："符合本规定的集体合同或专项集体合同，对用人单位和本单位的全体职工具有法律约束力。用人单位与职工个人签订的劳动合同约定的劳动条件和劳动报酬等标准，不得低于集体合同或专项集体合同的规定。"

对于履行集体合同发生的争议，双方可以协商解决，协商不成的，可以向劳动争议仲裁机构申请仲裁，对仲裁裁决不服的，可以向人民法院提起诉讼。《劳动合同法》第56条又专门对工会的权利作了规定："……因履行集体合同发生争议，经协商解决不成的，工会可以依法申请仲裁、提起诉讼。"

三、集体合同的变更

集体合同的变更是指已经有效成立的集体合同在尚未履行完毕之前，因合同订立时主客观情况发生变化，当事人依照法律规定的程序对原合同条款所作的修改或补充，作为集体合同变更的主客观情况主要有：

1. 双方协商代表协商一致，可以变更集体合同。
2. 用人单位因被兼并、解散、破产等原因，致使集体合同无法履行的。
3. 因不可抗力等原因致使集体合同无法履行或者部分无法履行的。
4. 集体合同约定的变更条件出现的。
5. 法律、法规规定的其他情形。

变更集体合同适用集体协商程序。

四、集体合同的终止

集体合同的终止是指因某种法律事实的出现而导致集体合同法律关系消灭。导致集体合同终止的法律事实包括：

1. 合同期限届满。集体合同的期限为1~3年，具体期限由合同确定。如果合同中没有明确的存续期限，一般应认定为1年，有效期满，集体合同即行终止。
2. 主体一方资格消灭。如用人单位一方被兼并、解散或者破产等。
3. 双方约定的终止条件出现。如双方在签订集体合同时约定"当事人一方违约使集体合同的履行成为不必要"、"国家劳动制度进行重大改革"等，均可以作为集体合同终止的条件。
4. 依法解除。集体合同的解除是指集体合同有效成立后尚未履行完毕之前，由于主客观情况发生变化，当事人依照法定条件和程序，依法提前终止合同的行为，具体包括：

（1）双方协商一致解除。经双方协商代表协商一致，可以解除集体合同；但不能因此损害国家和社会的利益。

（2）单方解除。在集体合同期限内，如发生法定事由，例如用人单位因被兼并、解散、破产等，因不可抗力致使集体合同无法履行或者部分无法履行时，集体合同的任何一方可以提出解除集体合同的要求。

集体合同的解除，适用集体协商程序。

任务三　集体合同的内容和形式

一、集体合同的内容

集体合同的内容是指集体合同中对合同双方当事人具体权利义务的规定，它是职工集体劳动权益的体现。我国集体合同的内容，根据《劳动法》第 33 条、《集体合同规定》第 8 条、《劳动合同法》第 51 条的规定，集体协商双方可以就下列多项或某项内容进行协商，签订综合性集体合同或专项集体合同：

1. 劳动报酬。主要包括用人单位工资水平、工资分配制度、工资标准和工资分配形式，工资支付办法，加班、加点工资及津贴、补贴标准和奖金分配办法，工资调整办法，试用期满及病、事假等期间的工资待遇，特殊情况下职工工资（生活费）支付办法，其他劳动报酬分配办法等。

2. 工作时间。包括上下班时间、加班加点制度、倒班办法、特殊工种的工作时间、劳动定额标准的规定等。

3. 休息休假。主要包括日休息时间、周休息日安排、年休假办法，不能实行标准工时职工的休息休假，其他假期等。

4. 劳动安全卫生。包括劳动安全卫生责任制、劳动条件和安全技术措施、安全操作规程，劳保用品发放标准，定期职业健康体检等。

5. 补充保险和福利。主要包括补充保险的种类、范围，基本福利支付和福利设施，医疗期延长及其待遇，职工亲属福利制度等。

6. 女职工和未成年工的特殊保护。主要包括女职工和未成年工禁忌从事的劳动，女职工经期、孕期、产期和哺乳期的劳动保护，女职工和未成年工的定期健康检查，未成年工的使用和登记制度。

7. 职业技能培训。包括职业技能培训项目、形式、计划、基金来源和对培训基金的管理和使用，保障和改善职业技能培训的措施等。

8. 劳动合同的管理。主要包括劳动合同的签订时间，确定劳动合同期限的条件，劳动合同变更、解除、续订的一般原则，试用期的条件和期限等。

9. 奖惩。主要包括劳动纪律，考核奖惩制度，奖惩程序等。

10. 裁员。主要包括裁员的方案，裁员的程序，裁员的实施办法和补偿标准等。

11. 集体合同期限。一般为 1~3 年。

12. 变更、解除集体合同的程序。

13. 履行集体合同发生争议时的协商处理办法。

14. 违反集体合同的责任。

15. 双方认为应当协商的其他内容。

二、集体合同的形式

集体合同必须以书面形式订立，这是世界各国普遍采取的做法。只有以书面形式订立的集体合同，才具有法律效力。我国《集体合同规定》第 3 条明确规定集体合同是"书面协议"。另外，《劳动合同法》还规定，集体合同订立后，须报送劳动行政主管部门审查登记。所以，集体合同的书面形式也是与它的审查备案制度相适应的。

❀【案例分析】

谷先生可以按集体合同的规定获得第 13 个月的工资。

集体合同是用人单位与全体职工签订的，而劳动合同是用人单位与单个劳动者签订的。根据规定，劳动合同中约定的关于劳动者的权利条款，不得低于集体合同的规定，即集体合同的效力高于劳动合同。

《劳动法》第 35 条规定："依法签订的集体合同对企业和企业全体职工具有约束力。职工个人与企业订立的劳动合同中劳动条件和劳动报酬等标准不得低于集体合同的规定。"根据本条规定，集体合同的效力对用人单位和劳动者均具有约束力，且个人的劳动合同中有关劳动报酬的标准不得低于集体合同。因此，谷先生与企业签订的劳动合同中虽然没有约定可以享受第 13 个月工资，但集体合同中规定了第 13 个月工资的有关内容，因此，根据《劳动合同法》的规定，谷先生可以获得第 13 个月的工资。

法条链接

《中华人民共和国劳动合同法》（2012 修正）

第 51 条 企业职工一方与用人单位通过平等协商，可以就劳动报酬、工作时间、休息休假、劳动安全卫生、保险福利等事项订立集体合同。集体合同草案应当提交职工代表大会或者全体职工讨论通过。

集体合同由工会代表企业职工一方与用人单位订立；尚未建立工会的用人单位，由上级工会指导劳动者推举的代表与用人单位订立。

第 52 条 企业职工一方与用人单位可以订立劳动安全卫生、女职工权益保护、工资调整机制等专项集体合同。

第53条 在县级以下区域内,建筑业、采矿业、餐饮服务业等行业可以由工会与企业方面代表订立行业性集体合同,或者订立区域性集体合同。

第54条 集体合同订立后,应当报送劳动行政部门;劳动行政部门自收到集体合同文本之日起15日内未提出异议的,集体合同即行生效。

依法订立的集体合同对用人单位和劳动者具有约束力。行业性、区域性集体合同对当地本行业、本区域的用人单位和劳动者具有约束力。

第55条 集体合同中劳动报酬和劳动条件等标准不得低于当地人民政府规定的最低标准;用人单位与劳动者订立的劳动合同中劳动报酬和劳动条件等标准不得低于集体合同规定的标准。

第56条 用人单位违反集体合同,侵犯职工劳动权益的,工会可以依法要求用人单位承担责任;因履行集体合同发生争议,经协商解决不成的,工会可以依法申请仲裁、提起诉讼。

《中华人民共和国劳动法》(1994)

第35条 依法签订的集体合同对企业和企业全体职工具有约束力。职工个人与企业订立的劳动合同中劳动条件和劳动报酬等标准不得低于集体合同的规定。

◎【思考与练习】

1. 简述集体合同和劳动合同的区别。

2. 集体合同应履行哪些签订程序?

◎【实训】

集体合同报送劳动行政部门后未予答复,效力如何?

情景设计

2007年2月1日,甲公司与工会经过协商签订了集体合同,规定职工的月工资不低于1000元。2007年2月8日,甲公司将集体合同文本送劳动行政部门审查,但劳动行政部门一直未予答复。2008年1月,甲公司招聘李某为销售经理,双方签订了为期2年的合同,月工资5000元。几个月过去了,李某业绩不佳,公司渐渐地对他失去信心。2008年6月,公司降低了李某的工资,只发给李某800元工资。李某就此事与公司协商未果,2008年7月,李某解除了与公司的合同。

工作任务

1. 集体合同是否生效,为什么?

2. 李某业绩不佳,公司可否只发其800元的工资,为什么?

训练方法

1. 学生分组讨论关于集体合同订立的程序及生效。

2. 理解劳动合同和集体合同的效力关系。

考核标准

能准确地理解集体合同签订后应当报送劳动行政部门，劳动行政部门自收到集体合同文本之日起15日内未提出异议的，集体合同即行生效。依法订立的集体合同对用人单位和劳动者具有约束力。用人单位与劳动者订立的劳动合同中劳动报酬和劳动条件等标准不得低于集体合同规定的标准。

项目七　工作时间和休息休假

知识目标

1. 掌握工作时间和休息休假的概念、种类及其相关法律法规规定；
2. 掌握我国的法定节日休假制度，延长工作时间的概念、法定条件、限制和补偿。

能力目标

1. 能够掌握我国现行的工时制度并进行辨别；
2. 熟悉并掌握我国的休假制度、我国对于延长工作时间的限制及其补偿制度。

内容结构图

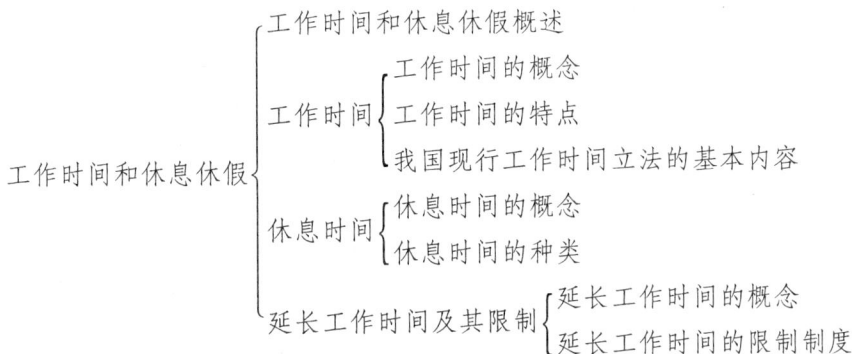

案例导入

25岁的女孩小杨一直憧憬大城市的生活，2007年中旬，她离开山东老家来到北京打工。经朋友介绍，到某商贸公司当了一名家具店的实习销售员。经过试用，同年8月，她成了公司正式员工，并被分配到直营店当销售顾问。小杨在工作中虚心向老员工学习，对顾客服务周到，很快就成了销售能手。2010年8月，被提拔为两家门店的销售经理后，下属向她提出公司一直延续的每周休1天的制度不合理，小杨便向领导反映，却遭到训斥。从2012年4月起，公司开始拖欠工资，且销售提成奖金也一并停发。没了收入，员工们陆续离职，6月底，小杨也辞了职。在她多次到公司讨薪被拒绝后，来到丰台区总工会的劳动争议调解中心申请维权，要求原单位支付工作期间的加班费、提成等赔偿金。针对小杨的赔偿要求，该公司的李经理说："拖欠工资和提成奖金可以给，但不存在加班费的情况。每周休息1天这项制度已经实行了好几年，全公司的十几家门店都是这样执行，而且不是我们一家公司实行这种单休制度，整个家具销售行业基本都是这样，是行规，因而公司也没违法。"[1]

问题：小杨能不能获得加班费等赔偿？

● 基本原理

任务一 工作时间和休息休假概述

一、关于工作时间的国际立法和国内立法概述

关于工作时间的立法，国际上经历了一个不断变化的过程。在资本主义初期，资本原始积累阶段，只有最低工时制度立法即劳动者的工作时间只有最低时间的限制，没有最高时间的限制，劳动者的身心健康遭受严重损害。19世纪以来，资本主义进入自由竞争阶段，随着经济的发展和劳工运动的高涨，开始在欧美各国出现限制工作时间的立法。1919年的第一届国际劳工大会和1921年的第三届国际劳工大会分别通过了《工业企业工时公约》、《工业企业周休息公约》，确立了8小时工作制的标准工时制度，得到许多国家的批准。自20世纪三四十年代以来，工作时间出现不断缩短的趋势，70年代以后，随着科技进步和工作方式的改变，欧美各国普遍实行40小时/工作周，甚至许多国家如法国等将工作时间缩短为40小时/工作周以下，在一些发达国家甚至出现弹性工作制、间隔工作制等新的工时形式。

我国虽然有关工作时间的立法起步较晚，但是随着经济的发展和国家对劳动者保护水平的提高，我国关于工时制度的立法一直在发展和完善中。1994年颁布的《劳动法》第36条规定："国家实行劳动者每日工作时间不超过8小时、平均每周工作时间不超过44小时的工时制度。"1995年3月25日，国务院颁布的《国务院关于职工工作时间的规定》又进一步将每周44小时工时制缩短为40小时。2007年6月29日颁布的《劳动合同法》对非全日制工时的规定，确立了一种新的工时制度，是对传统工时制的一种补充。

二、我国工作时间和休息时间的立法原则

（一）保护劳动者身心健康和经济发展相结合的原则

劳动者的工作权和休息权是我国宪法规定的基本权利，要保障劳动力资源的可持

---

〔1〕 引自"员工工作5年每周休1天不给加班费 单位赔5万"，中国劳动争议网，http://www.btophr.com/s__case/case1817.shtml.

续发展，就必须保障劳动者的休息权和生命健康权，因而工时制度必须首先体现对劳动者身心健康的保护。另一方面，方便用人单位提高工时利用效率、促进经济发展也是规范工时制度的任务之一。因此，如何在兼顾劳动者身心健康和促进经济发展之间取得平衡是工时制度立法必须考虑的原则。

（二）劳动权平等和个体差异相结合的原则

劳动者平等地享有劳动和休息的权利是法律面前人人平等的要求。但是由于不同的劳动者以及工作岗位和工作性质的不同，其劳动量的多少、劳动强度、劳动力的消耗等方面不尽相同，因此，在坚持劳动者平等享有劳动和休息休假的权利的前提下，又要兼顾不同工作岗位的劳动者（如从事繁重体力劳动、矿山井下作业的劳动者）的特殊需要，才能真正做到实质公平。

（三）立足本国国情、与国际接轨的原则

劳动者的工作时间和休息时间与一国的经济发展状况、人口因素、地理因素、风俗习惯等因素关系密切，因此，劳动者工作时间的立法必然需要立足本国国情。同时在全球化的今天，我国劳动立法应当敏锐把握国际立法的发展趋势，逐步与国际社会接轨。

任务二 工作时间

一、工作时间的概念

工作时间是指劳动者为履行工作义务，在法定限度内，在用人单位从事工作或者生产的时间。

二、工作时间的特点

1. 工作时间是劳动者履行劳动义务的时间。根据劳动合同的约定，劳动者必须为用人单位提供劳动，劳动者提供劳动的时间即为工作时间。工作时间一般以小时为计算单位，其中工作日是指职工在一昼夜内的工作时数的总和，是工作时间的基本形式。工作周是指一周之内工作时数的总和。

2. 工作时间不限于实际工作时间，还应包括和本职工作有关的相关活动时间。工作时间的范围，不仅包括作业时间，还包括准备工作时间、结束工作时间以及法定非劳动消耗时间。其中，法定非劳动消耗时间是指劳动者自然中断的时间、工艺需中断时间、停工待活时间、出差时间、女职工怀孕时在劳动时间内进行产前检查、生产后哺乳婴儿时间等。此外，工作时间还包括依据法律、法规或单位行政安排离岗从事其他活动的时间。

3. 工作时间是用人单位计发劳动者报酬依据之一。劳动者按照劳动合同约定的时间提供劳动，即可以获得相应的工资福利待遇。

4. 工作时间的长度由法律直接规定，或由集体合同或劳动合同直接规定。工作时间分为标准工作时间、计件工作时间和其他工作时间。工作时间一般由劳动者和用人单位事先约定，许多国家对工作时间确立了不得突破的上限标准，所以用人单位与劳动者约定的工作时间应符合法律规定，不能突破法律的限制。

三、我国现行工作时间立法的基本内容

工时制度是一国法律对劳动者工作时间的长短做出的规定。根据《劳动法》、《劳动合同法》及其他相关法律法规的规定，我国目前形成了以标准工时制为基础，以其他工时工作制为补充的工时制度。

（一）标准工时制

标准工时制在我国工时制度中占有重要地位。一是它确定了在正常情况下，我国劳动者工作时间的最高限度；二是它成为其他一些工时制度参照的标准。标准工时制是在我国适用范围非常广泛的一种工时制度。新中国成立以来，我国实行的是每日8小时，每周48小时，每周工作6天的标准工时。1994年7月5日通过的《劳动法》确立了我国实行劳动者每日工作时间不超过8小时、平均每周工作时间不超过44小时的标准工时。1995年3月25日国务院发布的《国务院关于修改〈国务院关于职工工作时间的规定〉的规定》第3条确立了自1995年5月1日起，我国实行"职工每日工作8小时、每周工作40小时"，即每个工作日8小时，每周5个工作日的标准工时制度。

适用标准工时制需要注意几个问题：①以正常情况作为其适用条件；②普遍适用于一般企业和职工；③适用标准工时制不需经过审批等程序。

除标准工时制外，由于劳动者、劳动方式和内容等方面的多样性、差异性、灵活性，在标准工时制的基础上，形成了一些特殊的工时制度，主要有缩短工时制、综合计算工时制、计件工时制、不定时工时制、非全日制工时制等。

（二）缩短工时制

缩短工时制是指劳动者的工作时间少于标准工作时间的工时制度。这种工时制度一般适用于工作环境特别恶劣的工种、劳动强度特别大的工作和一些特殊人群。根据我国《劳动法》第39条规定，企业因生产特点不能实行标准工时工作制的，经劳动行政部门批准，可以实行其他工作和休息办法。1994年2月颁布的《国务院关于职工工作时间的规定》第4条，在特殊条件下从事劳动和有特殊情况，需要缩短工作时间的，按照国家有关规定执行。实行缩短工时制的企业一般应经当地主管部门审核，报当地劳动行政部门批准。我国目前主要有以下几种情况实行缩短工时制：

1. 特定的岗位。从事矿山、井下、高空、高温、低温、有毒有害、特别繁重或过度紧张等劳动的职工，每日工作少于8小时。如纺织部门实行"四班三运转"工时制

度；化工行业从事有毒有害作业工人实行"三工一休"制、6~7小时工作制和"定期轮流脱离接触"制度；煤矿井下实行四班6小时工作制。此外，建筑、冶炼、地质、勘探、森林采伐、装卸搬运等行业和部门均为从事繁重体力劳动，劳动强度高，应依本行业或部门的特点，实行各种形式的缩短工时制。

2. 夜班。夜班工作时间实行缩短1小时。夜班工作时间一般指当晚10时至次日晨6时之间从事劳动或工作的时间。从事夜班工作的职工，其工作时间比标准工时减少1小时，同时按照规定发给夜班津贴。

3. 哺乳期女职工。根据1998年国务院发布的《女职工劳动保护规定》，有不满1周岁婴儿的女职工可在每班劳动时间有两次哺乳（含人工喂养）时间，每次30分钟，多胞胎生育的，每多哺乳一个婴儿，每次哺乳时间增加30分钟。女职工每班劳动时间内的两次哺乳时间可以合并使用。哺乳时间和哺乳往返时间算作工作时间。

4. 未成年职工和怀孕女职工。我国《未成年人保护法》规定，未成年工（年满16周岁未满18周岁的劳动者）实行低于8小时工作日。怀孕7个月以上的女职工，在正常工作时间内应安排一定的时间休息。

（三）综合计算工时制

根据《国务院关于职工工作时间的规定》及其问题解答，综合计算工时制是针对因工作性质特殊，需连续作业或受季节及自然条件限制的企业的部分职工，采用的以周、月、季、年等为周期，综合计算工作时间的一种工时制度，但其平均日工作时间和平均周工作时间应与法定标准工作时间基本相同。这种工时制度主要适用于季节性、突击性较强的工作岗位。这种岗位的特点是，在一定时间内（忙季），劳动者需要连续工作，工作时间往往会超过标准工作时间，但在闲季，劳动者没有那么多工作可做，用人单位应当以实行缩短工作日或者补休的方式，抵补超过标准工作日长度的工时。固定时间长度的标准工时制不适应这种工作量不均衡的工作岗位，因而综合计算忙季和闲季的工作时间比较合适。综合计算工时工作制需要注意以下几点：

1. 适用范围：交通、铁路、邮电、水运、航空、渔业等行业中因工作性质特殊，需连续作业的职工；地质及资源勘探、建筑、制盐、制糖、旅游等受季节和自然条件限制的行业的部分职工；亦工亦农或由于受能源、原材料供应等条件限制难以均衡生产的乡镇企业的职工等。对于那些在市场竞争中，由于外界因素的影响，生产任务不均衡的企业的部分职工，经劳动行政部门严格审批后，可以参照综合计算工时工作制的办法实施此工时。

2. 须经法定的审批手续。中央直属企业实行综合计算工时工作制等其他工作和休息办法的，需经国务院行业主管部门审核，报国务院劳动行政部门批准。地方企业实行综合计算工时工作制等其他工作和休息办法的审批办法，由各省、自治区、直辖市人民政府劳动行政部门制定，报国务院劳动行政部门备案。

3. 休息及加班工资计算办法。对综合计算工时的职工应采取集中工作、集中休息、轮休调休、弹性工作时间等适当的工作和休息方式，确保职工休息休假权利。对于加班的情况，原劳动部《关于企业实行不定时工作制和综合计算工时工作制的审批办法》第 5 条的规定，综合计算工时工作制采用的是以周、月、季、年等为周期综合计算工作时间，但其平均日工作时间和平均周工作时间应与法定标准工作时间基本相同。也就是说，在综合计算周期内，某一具体日（或周）的实际工作时间可以超过 8 小时（或 40 小时），但综合计算周期内的总实际工作时间不应超过总法定标准工作时间，超过部分应视为延长工作时间，并按《劳动法》第 44 条的规定支付工资报酬，而且，延长工作时间的小时数也要符合《劳动法》第 41 条的规定，平均每月不得超过 36 小时。

（四）不定时工时制

不定时工时制是针对因生产特点、工作特殊需要或职责范围的关系，无法按标准工作时间衡量或需要机动作业的职工所采用的一种工时制度。鉴于每个企业的情况不同，企业可依据上述原则结合企业的实际情况进行研究，并按有关规定报批。关于不定时工时制的内容主要来源于 1994 年原劳动部颁布的《关于企业实行不定时工作制和综合计算工时工作制的审批办法》，需要注意如下几点：

1. 适用范围：企业中的高级管理人员、外勤人员、推销人员、部分值班人员和其他因工作无法按标准工作时间衡量的职工，比如企业中的长途运输人员、出租汽车司机和铁路、港口、仓库的部分装卸人员以及因工作性质特殊，需机动作业的职工；其他因生产特点、工作特殊需要或职责范围的关系，适合实行不定时工作制的职工。

2. 须经法定的审批手续。不定时工时制和综合计算工时制一样，并不是企业可以随意实施的，要经过法定的审批手续，它和综合计算工时制的审批手续基本相同。

3. 休息及工资计算办法。1997 年《劳动部关于职工工作时间有关问题的复函》第 8 条规定："对于实行不定时工作制的劳动者，企业应当根据标准工时制度合理确定劳动者的劳动定额或其他考核标准，以便安排劳动者休息。其工资由企业按照本单位的工资制度和工资分配办法，根据劳动者的实际工作时间和完成劳动定额情况计发。对于符合带薪年休假条件的劳动者，企业可安排其享受带薪年休假。"劳动部《关于贯彻执行〈中华人民共和国劳动法〉若干问题的意见》第 67 条还规定："经批准实行不定时工作制的职工，不受劳动法第 41 条规定的日延长工作时间标准和月延长工作时间标准的限制……"1994 年原劳动部颁布的《工资支付暂行规定》第 13 条规定，实行不定时工时制度的劳动者，不执行加班、加点工作时增加工资的制度。

（五）计件工时制

计件工时制是指职工以完成一定劳动定额或工作量为计酬标准的工时制度。某种意义上说，计件工作制是一种特殊类型的不定时工时制。计件工时制不以劳动时间作为计算工作量的标准，而是以劳动者生产产品的实际件数作为衡量工作量的标准。

计件工时制对劳动者来说，比实行标准工时制有更大的灵活性。由于计件报酬标准体现了劳动成果与劳动报酬的关系，直接影响职工的工资水平。因此，合理确定计件劳动定额，使劳动报酬能够公平反映劳动者的劳动成果是实行计件工时制的关键。劳动定额是指在一定的生产技术和生产组织条件下，为生产一定量合格产品或完成一定量的工作所预先规定的时间消耗标准（即时间定额），或者是在单位时间内预先规定的完成合格产品数量的标准（即产量定额）。根据劳动定额的适用范围的不同，劳动定额标准分为国家标准、行业标准、地方标准和企业标准四级。因此用人单位应当根据以上标准科学合理地确定劳动定额制度，用人单位应当遵守上述标准中的强制性标准。《劳动法》第37条规定："对实行计件工作的劳动者，用人单位应当根据本法第36条规定的工时制度合理确定其劳动定额和计件报酬标准。"根据这一规定，实行计件工时制的用人单位应根据标准工时的规定，确定合理的劳动定额和计件报酬标准。合理的劳动定额应当以职工在一个标准工作日（每日8小时）或标准工作周（每周不超过40小时）的工作时间内能够完成的计件数量为标准，超过这个标准就等于延长了工作时间，侵犯了职工的休息权。《劳动合同法》第31条规定："用人单位应当严格执行劳动定额标准，不得强迫或者变相强迫劳动者加班。用人单位安排加班的，应当按照国家有关规定向劳动者支付加班费。"

（六）非全日制工时制

《劳动合同法》"特别规定"一章确立了一种新的工时制度——非全日制工时制。非全日制用工广泛运用于餐饮、旅店、家政、社区服务等领域。非全日制用工是指以小时计酬为主，劳动者在同一用人单位一般平均每日工作时间不超过4小时，每周工作时间累计不超过24小时的用工形式。此种工时制度依然用时间作为控制付出劳动量的标准，但它与标准工时制不同的是，劳动者在用人单位工作时间的长度缩短为日标准工时的一半，劳动者可以更灵活地和用人单位建立劳动关系，体现灵活就业的特点，用人单位也可以根据自己的行业特征灵活运用非全日制用工，减少用工成本。非全日制用工有许多独特之处，例如不用签订书面劳动合同，可以口头订立合同；不得约定试用期；合同双方可以随时通知对方终止用工；终止用工，用人单位不向劳动者支付经济补偿等。非全日制用工以小时计酬，计酬标准不得低于用人单位所在地人民政府规定的最低小时工资标准。结算支付周期最长不得超过15日。

任务三　休息时间

一、休息时间的概念

休息时间是劳动者根据法律规定，不必在用人单位从事生产和工作，可以自由支配的时间。休息时间是持续的、能达到一定总量的时间，它的目的是保障劳动者在工作之后身体能够得到充分休息，恢复体力，可以保障用人单位有更持续的人力资源。保障劳动者的休息权是我国宪法规定的公民的基本权利。我国《宪法》规定，中华人民共和国劳动者有休息的权利。国家发展劳动者休息和休养的设施，规定职工的工作时间和休假制度。《劳动法》对劳动者的休息时间做了更为具体的规定。到目前为止，我国建立了从公休日、节假日到年休假，时间从短到长的一整套休息时间制度，保障劳动者享有全面的休息权利。

二、休息时间的种类

休息时间的种类随着社会经济文化状况的发展而变化，并且因产业、行业的不同而不同，根据我国《劳动法》和其他相关法律的规定，我国现行的休息时间主要有如下几种：

（一）日常休息

1. 工作日内的间歇休息时间。工作日内的休息时间是指劳动者在每个工作日内，在工作岗位上生产或工作过程中的，用于恢复体力享有的用膳和工间休息时间。其长度由企业根据工作岗位和工作性质具体确定，一般每工作 4 小时休息 1 ~ 2 小时，最少不能少于半小时。有的岗位由于生产不能间断，不能实行固定的间歇时间，应使职工在工作时间内有用膳时间。

2. 工作日间的休息时间。工作日间的休息时间是指职工在上一个工作日结束后至下一个工作日开始的期间内所享有的休息时间。法律规定劳动者每日工作不得超过 8 小时，规定了劳动者工作日间的休息时间一般应不少于 16 小时。无特殊原因应保障职工连续享用，不得随意间断。实行轮班制的企业，其班次必须平均轮换，不得使职工连续工作两个甚至两个以上的工作日。因为这不仅侵犯劳动者的休息权，更会导致严重伤害劳动者身体的后果。

3. 工作周间的休息时间（公休假日）。工作周间的休息时间又称公休假日，是劳动者在工作满一周后所享有的休息时间，一般情况下安排在每个星期六和星期日。由于我国实行每周 5 个工作日的标准工时制度，因此一般用人单位实行每周休息两日。《国务院关于职工工作时间的规定》中指明国家机关、事业单位实行统一的工作时间，星期六和星期日为周休息日。由于工作情况特殊，企业和不能实行上述规定的统一工作时间的事业单位，可以根据实际情况灵活安排周休息日。《劳动法》第 39 条规定："企业因生产特点不能实行本法第 36 条、第 38 条规定的，经劳动行政部门批准，可以实行其他工作和休息办法。"如：纺织行业实行的"四班三运转制度"、接触有毒有害作业的劳动者实行的"三工一休制度"等。

（二）休假时间

休假时间是劳动者享有的相对较为集中的休息时间，而且休假期间劳动者享有一定的工资待遇。我国《劳动法》及相关法规规定的休假时间主要包括法定节假日、年休假、探亲假、婚丧假、产假等。

1. 法定节假日。法定节假日是指根据各国、各民族的风俗习惯或纪念要求，由国家法律统一规定的用以进行庆祝及度假的休息时间。法定节假日制度是国家政治、经济、文化制度的重要反映，涉及经济、社会的多个方面，涉及广大人民群众的切身利益。根据《劳动法》第 40 条规定，用人单位应在法定节假日依法安排劳动者休假。此外，《劳动法》第 51 条规定："劳动者在法定休假日和婚丧假期间以及依法参加社会活动期间，用人单位应当依法支付工资。"

根据我国《劳动法》第 40 条以及 2013 年 12 月 11 日《国务院关于修改〈全国年节及纪念日放假办法〉的决定》，我国的法定节假日分为三类：

（1）全体公民放假的节日，共 11 天，包括：①新年，放假 1 天（1 月 1 日）；②春节，放假 3 天（农历正月初一、初二、初三）；③清明节，放假 1 天（农历清明当日）；④劳动节，放假 1 天（5 月 1 日）；⑤端午节，放假 1 天（农历端午当日）；⑥中秋节，放假 1 天（农历中秋当日）；⑦国庆节，放假 3 天（10 月 1~3 日）。全体公民放假的假日，如果适逢星期六、星期日，应当在工作日补假。

（2）部分公民放假的节假日，包括：①妇女节（限于妇女），3 月 8 日放假半天；②青年节（限于 14 周岁以上的青年），5 月 4 日放假半天；③儿童节（限于不满 14 周岁的少年儿童），6 月 1 日放假一天；④中国人民解放军建军纪念日（限于现役军人），8 月 1 日放假半天。上述假日适逢公休假日则不补假。

（3）少数民族习惯性节日，由各少数民族聚居地区的地方人民政府，按照各该民族习惯，规定放假日期。

2. 年休假。年休假是劳动者每年可以带薪享受的连续假期，是公休假日、法定休假日之外的假期。职工在年休假期间享受与正常工作期间相同的工资收入，因而又称为带薪年休假。我国《劳动法》第 45 条规定："国家实行带薪年休假制度。劳动者连续工作 1 年以上的，享受带薪年休假。具体办法由国务院规定。"但国务院一直没有制定相应条例，直到 2007 年 12 月 7 日国务院通过《职工带薪年休假条例》，带薪年休假制度才真正在全国范围内得以实施。

享受年休假需要达到一定的条件。《职工带薪年休假条例》第 2 条规定："机关、团体、企业、事业单位、民办非企业单位、有雇工的个体工商户等单位的职工连续工作 1 年以上的，享受带薪年休假（以下简称年休假）。单位应当保证职工享受年休假……"因此享受带薪年休假，劳动者需在同一单位连续工作 1 年以上。同时，《职工带薪年休假条例》第 4 条还规定了职工不享受当年年休假的 5 种情形：①职工依法享受寒暑假，其休假天数多于年休假天数的；②职工请事假累计 20 天以上且单位按照规定不扣工资的；③累计工作满 1 年不满 10 年的职工，请病假累计 2 个月以上的；④累计工作满 10 年不满 20 年的职工，请病假累计 3 个月以上的；⑤累计工作满 20 年以上的职工，请病假累计 4 个月以上的。

年休假有一定的期限。《职工带薪年休假条例》第 3 条第 1 款对此进行了具体规定："职工累计工作已满 1 年不满 10 年的，年休假 5 天；已满 10 年不满 20 年的，年休假 10 天；已满 20 年的，年休假 15 天。"这些期限是最低期限，用人单位完全可以给予职工超过这些期限的年休假。

《职工带薪年休假条例》还对休假如何实施及不能休假的情况进行了安排。《职工带薪年休假条例》第 5 条规定："单位根据生产、工作的具体情况，并考虑职工本人意愿，统筹安排职工年休假。年休假在 1 个年度内可以集中安排，也可以分段安排，一般不跨年度安排。单位因生产、工作特点确有必要跨年度安排职工年休假的，可以跨 1 个年度安排。单位确因工作需要不能安排职工休年休假的，经职工本人同意，可以不安排职工休年休假。对职工应休未休的年休假天数，单位应当按照该职工日工资收入的 300% 支付年休假工资报酬。"

3. 探亲假。探亲假是指与父母或配偶分居两地的职工所享有的，在一定时期内与父母或配偶团聚的假期。1981 年 3 月 14 日发布施行的《国务院关于职工探亲待遇的规定》对探亲假的享有作了明确规定：

（1）享受探亲假的条件。凡工作满 1 年的职工，与配偶或父母不住在一起，又不能在公休假日团聚的，可以享受探望配偶或父母的探亲假待遇。工作不满 1 年，或可和父或母一方在公休假日团聚的，则不能享受探望父母的探亲假待遇。其中，"不能在公休假日团聚"是指不能利用公休假期在家居住一夜和休息半个白天；其中所称的"父母"是指自幼抚养职工长大、现在由职工供养的亲属，不包括岳父母、公婆。另外，根据此规定，探亲假的适用范围仅限于在国家机关、人民团体和全民所有制企业、事业单位的固定职工。

（2）探亲假假期。①职工探望配偶的，每年给予一方探亲假一次，假期为 30 天；②未婚职工探望父母，原则上每年给假一次，假期为 20 天；如果因工作需要，本单位当年不能给予假期，或职工自愿两年探亲一次的，可以两年给假一次，假期为 45 天；③已婚职工探望父母的，每四年给假一次，假期为 20 天；④凡实行休假制度的职工（如学校的教职工），应在休假期间探亲；若休假较短，可由本单位适当安排，补足其探亲假的天数。上述假期之外，可根据实际需要给予路程假，假期中的公休假日和法定节日不再扣除和另行补假。

（3）探亲假期间待遇。①工资待遇。职工在规定的探亲假期和路程假期内，按照本人的标准工资发给工资。②探亲路费的报销。职工探望配偶和未婚职工探望父母的往返路费，由所在单位负担。已婚职工探望父母的往返路费，在本人月标准工资 30% 以内的，由本人自理，超过部分由所在单位负担。

4. 婚丧假。婚丧假是指劳动者本人结婚或者劳动者的直系亲属死亡时依法享受的假期。婚丧假期间由用人单位如数支付劳动报酬。我国婚丧假的具体规定主要来自于国家劳动总局、财政部《关于国营企业职工请婚丧假和路程假问题的规定》（1980年2月20日发布），主要有如下几点：

（1）职工本人结婚或职工的直系亲属（父母、配偶和子女）死亡时，可以根据具体情况，由本单位行政领导批准，酌情给予1~3天的婚丧假。

（2）职工结婚时双方不在一地工作的；职工在外地的直系亲属死亡时需要职工本人去外地料理丧事的，都可以根据路程远近，另给予路程假。

（3）在批准的婚丧假和路程假期间，职工的工资照发。途中的车船费等，全部由职工自理。

目前国家还没有对非国有企业职工婚假作出具体规定。根据一些省、自治区、直辖市颁布的计划生育条例规定，包括国有企业在内的任何企业的职工结婚，如果属于晚婚的，可以享受奖励婚假。例如，《广东省人口与计划生育条例》对比法定婚龄迟3周年以上初婚的晚婚职工增加婚假10日，达到13天。这些地方性法规的适用范围不限于国有企业的职工，适用范围大大扩展。

5. 产假。产假是我国法律规定的给予生育期女职工的带薪假期。

（1）产假时间。《劳动法》第62条规定："女职工生育享受不少于90天的产假。"2012年4月18日国务院发布的《女职工劳动保护特别规定》第6条第3款、第7条规定，怀孕女职工在劳动时间内进行产前检查，所需时间计入劳动时间。女职工生育享受98天产假，其中产前可以休假15天；难产的，增加产假15天；生育多胞胎的，每多生育1个婴儿，增加产假15天。女职工怀孕未满4个月流产的，享受15天产假；怀孕满4个月流产的，享受42天产假。此外，各省地方性法规对23周岁后怀孕生育头胎子女的晚育情况有增加产假的规定，例如《广东省人口与计划生育条例》第36条以及第38条规定："职工实行晚婚的，增加婚假10日；实行晚育的，增加产假15日。""自愿终身只生育1个子女的夫妻，产妇除享受国家规定的产假外，增加35日的产假；男方享受10日的看护假。产假、看护假期间，照发工资，不影响福利待遇和全勤评奖。"

（2）产假期间待遇。根据《劳动法》第42条以及《女职工劳动保护特别规定》第5条的规定，用人单位不得因女职工怀孕、生育、哺乳降低其工资、予以辞退、与其解除劳动或者聘用合同。《女职工劳动保护特别规定》第8条还规定："女职工产假期间的生育津贴，对已经参加生育保险的，按照用人单位上年度职工月平均工资的标准由生育保险基金支付；对未参加生育保险的，按照女职工产假前工资的标准由用人单位支付。女职工生育或者流产的医疗费用，按照生育保险规定的项目和标准，对已经参加生育保险的，由生育保险基金支付；对未参加生育保险的，由用人单位支付。"

任务四　延长工作时间及其限制

一、延长工作时间的概念

延长工作时间即是我们俗称的加班加点，是指用人单位经过一定程序，要求劳动者超过法律、法规规定的最高限制的日工作时数和周工作天数而工作。延长工作时间通常分为三种类型：日常加班、公休假日加班、节假日加班。日常加班一般被称为加点，是指劳动者在标准工作日以外延时工作，即提前上班或推迟下班。公休假日加班是指劳动者在公休假日继续上班。节假日加班是指劳动者在 11 天法定节假日上班。公休假日、节假日加班是在本不需要上班的时间上班。所以我国对公休假日、法定节假日加班的补偿要比日常加班多，法定节假日加班获得的补偿最多。

二、延长工作时间的限制制度

由于用人单位生产经营的需要，对延长工作时间不可能采取禁止态度，但延长劳动时间直接涉及职工的休息权，若对延长工作时间不加限制，势必会对劳动者的身心健康造成损害，因此《劳动法》第 43 条规定："用人单位不得违反本法规定延长劳动者的工作时间。"《国务院关于职工工作时间的规定》第 6 条规定："任何单位和个人不得擅自延长职工工作时间……"《〈国务院关于职工工作时间的规定〉的实施办法》第 7 条规定："各单位在正常情况下不得安排职工加班、加点……"这些法条说明了我国对延长劳动者工作时间进行严格的限制。我国法律对于延长工作时间的规定主要有：

（一）不受限制的延长工作时间需符合法定的情形

虽然我国法律严格限制延长工作时间，但在特殊情形下，延长工作时间是不可避免的，这些情形一般关乎国家和公共利益，因而延长工作时间不受限制。

1994 年 2 月 8 日原劳动部、原人事部发布的《〈国务院关于职工工作时间的规定〉的实施办法》规定了 5 种情况，用人单位可以要求劳动者加班：①在法定节日和公休假日内工作不能间断，必须连续生产、运输或营业的；②必须利用法定节日或公休假日的停产期间进行设备检修、保养的；③由于生产设备、交通运输线路、公共设施等临时发生故障，必须进行抢修的；④由于发生严重自然灾害或其他灾害，使人民的安全健康和国家资产遭到严重威胁，需进行抢救的；⑤为了完成国防紧急生产任务，或者完成上级在国家计划外安排的其他紧急生产任务，以及商业、供销企业在旺季完成收购、运输、加工农副产品紧急任务的。1995 年实施的《劳动法》第 42 条缩减了上述情况，并明确规定这些情况延时不受协商程序、延时长度条件的限制，具体如下：①发生自然灾害、事故或者因其他原因，威胁劳动者生命健康和财产安全，需要紧急处理的；②生产设备、交通运输线路、公共设施发生故障，影响生产和公众利益，必须及时抢修的；③法律、行政法规规定的其他情形。

（二）延长工作时间的限制条件

1. 延长工作时间须符合法定的条件。《劳动法》第 41 条规定，用人单位由于生产经营需要，经与工会和劳动者协商后，可以延长工作时间。这个法条明确了延长工作时间的适用条件有两点：一是只有生产经营需要才可以延长工作时间，正常情况下不得延长工作时间。生产经营需要是指紧急生产任务，若不如期完成任务，势必影响企业的经济效益和职工的收入，在这种情况下，可以加班。二是延长工作时间需要经过一定程序，即经与工会和劳动者协商，用人单位不能强迫加班。劳动部《关于贯彻执行〈中华人民共和国劳动法〉若干问题的意见》第 71 条进一步明确："……对企业违反法律、法规强迫劳动者延长工作时间的，劳动者有权拒绝。若由此发生劳动争议，可以提请劳动争议处理机构予以处理。"根据这一规定，延长工作时间必须以劳动者同意为条件，否则即构成对劳动者休息权的侵害。

2. 延长工作时间的长度须符合法律的规定。《劳动法》第 41 条规定："用人单位由于生产经营需要，经与工会和劳动者协商后可以延长工作时间，一般每日不得超过 1 小时；因特殊原因需要延长工作时间的，在保障劳动者身体健康的条件下延长工作时间每日不得超过 3 小时，但是每月不得超过 36 小时。"

3. 对特殊劳动者禁止适用延长工作时间。延长工作时间并不是对所有劳动者都适用，一些特殊劳动者被排除在外。根据《劳动法》第 61 条和第 63 条的规定，怀孕 7 个月以上的女职工和哺乳未满 1 周岁的婴儿的女职工，不得安排其延长工作时间。国务院颁布的《女职工劳动保护特别规定》第 6 条第 2 款规定："对怀孕 7 个月以上的女职工，用人单位不得延长劳动时间或者安排夜班劳动……"

（三）延长工作时间的补偿

法律允许在法定限度内延长劳动者的工作时间，但用人单位需对劳动者做出补偿，这就是延长工作时间的补偿制度。这一制度是延长工作时间限制制度的延伸，目的是增大用人单位延长工作时间的人力成本，从经济利益层面促使用人单位尽量减少加班。

1. 延长工作时间的劳动报酬计算标准。《劳动法》第 44 条规定："有下列情形之一的，用人单位应当按照下列标准支付高于劳动者正常工作时间工资的工资报酬：①安排劳动者延长工作时间的，支付不低于工资的150%的工资报酬；②休息日安排劳动者工作又不能安排补休的，支付不低于工资的200%的工资报酬；③法定休假日安排劳动者工作的，支付不低于工资的300%的工资报酬。"对于第一种情况，即加点，用人单位应支付劳动者小时工资的150%。第二种和第三种情况分别是休息日和节假日加班。休息日加班，用人单位应支付劳动者小时工资或日工资的200%。节假日加班，用人单位应支付劳动者小时工资或日工资的 300%。

2. 计算加班工资还需要注意以下几个问题：

（1）对于加班工资的补偿方式：根据《劳动部关于贯彻执行〈中华人民共和国劳动法〉若干问题的意见》第 70 条之规定，对于休息日加班，应先以补休作为补偿，只有在不能补休时，才采取支付加班工资方式进行经济补偿。而对法定休假日的加班，直接采用支付加班工资的补偿形式，不得采用补休方式。

（2）加班工资基数的计算方法：根据《劳动部关于职工工作时间有关问题的复函》的意见和《工资支付暂行规定》第 13 条之规定，对实行标准工时制的用人单位，劳动者的日平均工资为本人月工资收入除以月计薪天数 21.75 天所得的工资额；小时工资为日工资额再除以 8 小时所得的工资额。对实行其他工时制的劳动者，延长工作时间又有不同的补偿标准。对于综合计算工时制的劳动者，在综合计算周期内，某一具体日（或周）的实际工作时间可以超过 8 小时（或 40 小时），但综合计算周期内的总实际工作时间不应超过总法定标准工作时间，超过部分应按 150% 的工资标准支付报酬；其中法定休假日安排劳动者工作的，按 300% 的标准支付工资。对于实行计件工资的劳动者，在完成计件定额任务后，由用人单位安排延长工作时间的，分别按照不低于其本人法定工作时间计件单价的 150%、200%、300% 支付加班、加点工资。对实行不定时工时制劳动者，不执行支付加班工资的规定。另外，劳动者只有在完成劳动定额或规定工作任务后参加用人单位安排的加班、加点，才发给加班、加点工资。企业由于生产任务不足或者未按计划完成生产任务，为了突击完成任务或者突击完成临时承揽的生产任务而加班、加点的，不得发放加班、加点工资。

（四）延长工作时间的法律责任

用人单位承担延长工作时间的法律责任的情况有两种：一是违法延长劳动者工作时间；二是不支付加班费。《劳动法》第 90 条规定："用人单位违反本法规定，延长劳动者工作时间的，由劳动行政部门给予警告，责令改正，并可以处以罚款。"第 91 条第 2 项规定："用人单位拒不支付劳动者延长工作时间工资报酬的，由劳动部门责令支付劳动者的工资报酬、经济补偿，并可以责令支付赔偿金。"劳动者既可到劳动监察部门举报投诉，也可找工会进行维权。

◎【案例分析】

从小杨和某公司签订的劳动合同看，她的岗位实行的是标准工时制度，并且约定按国家和北京市相关规定执行。依据《劳动法》和《国务院关于职工工作时间的规定》内容，标准工时制度是指每日工作 8 小时、每周工作不超过 40 小时。《劳动法》第 38 条规定，用人单位应当保证劳动者每周至少休息 1 日，如果公司每周让员工只休息 1 天，但同时其他 6 天工作时间不超过 40 小时，这样做是可以的。而现在小杨每周工作 48 小时，已超过国家规定的标准，单位既没支付加班工资又没安排补休，所以她现在提出的维权要求是合理合法的。经丰台区总工会的劳动争议调解中心调解，李经理认识到公司的管理制度有悖法律规定，答应回去进行调整，并当场与小杨自愿达成调解协议，同意向其支付加班费等各种赔偿 5 万元。

法条链接

《中华人民共和国劳动法》（1994）

第 36 条　国家实行劳动者每日工作时间不超过 8 小时、平均每周工作时间不超过 44 小时的工时制度。

◎【思考与练习】

1. 我国规定了哪些非标准工作时间制度？分别适用于哪些劳动者？

2. 各国关于工作时间立法的原因及发展趋势是什么？

3. 我国法律对劳动者休息制度是如何规定的？

4. 我国用人单位安排劳动者加班加点应遵循哪些特别规定？

◎【实训】

企业自身能够决定或变更工时制度吗？

情景设计

某外资企业近年来出口量降低。公司因此不得不压缩生产，时常让员工们放假回家。今年春节后，公司接到国外的订单，要求尽快供货。公司总经理考虑到要求交货的期限十分紧张，于是向全体员工宣布："由于公司刚刚接到的这批活儿，时间紧、数量大，为了确保按时向人家交活儿，公司决定，从今天开始的三个月内，全公司每天加班两小时，周六、周日一律不休息。等到完成这批活儿后，公司将按照国家综合计算工时制度的标准，给全体人员放假，让你们大家集中休息一段时间。"经历了一个多月没有休息日的连续工作后，一些员工申请星期天休息，但遭到了公司拒绝，并被告知：谁不来上班，公司将对其按旷工处理，并扣发当月奖金。有些人对公司的做法十分有意见，便来到公司工会反映。工会同意了公司的做法，员工们非常失望。无奈之中，有人提议到劳动仲裁委员会申诉，希望仲裁委员会依法保护他们的休息权。

工作任务

企业自身能够决定或变更工时制度吗？

训练方法

1. 学生分组讨论如何确定企业工时制度。

2. 该企业自己随意变更工时制度合法吗？

考核标准

能准确地理解如果企业因工作性质或生产特点，确需实行综合计算工时或其他工时制度的，也必须经劳动行政部门批准后，方可实施。企业自身无权决定将标准工时制度变更为综合计算工时或其他工时制度。

项目八　工资

知识目标

1. 了解工资的构成和形式；
2. 掌握最低工资的概念和组成、适用范围；
3. 掌握加班加点和其他特殊情况下工资的支付；
4. 了解工资支付的法律保障。

能力目标

1. 能够判断工资的构成和形式；
2. 能够判断工资的最低标准的适用；
3. 能够判断加班加点和特殊情况下工资的计算和支付；
4. 能够判断并运用工资支付的保障的相关措施。

内容结构图

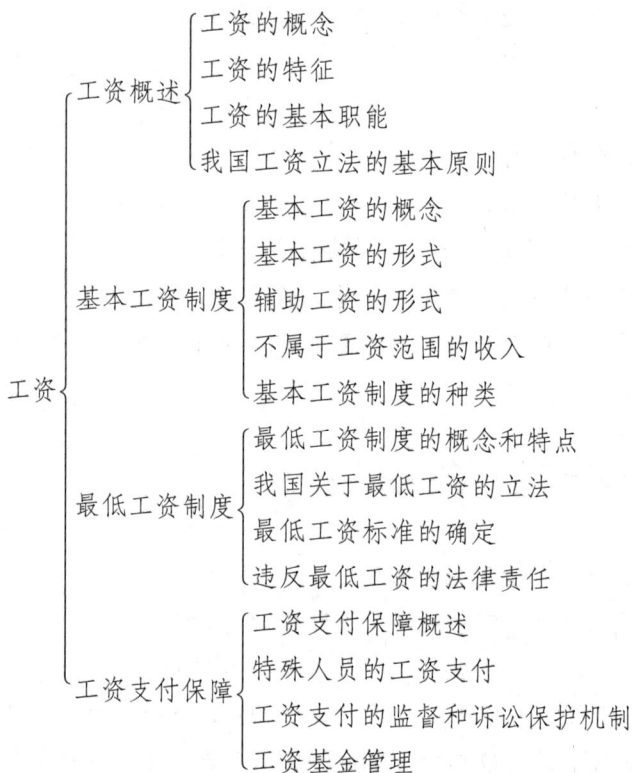

案例导入

2010 年 7 月，顾某与某大型超市订立为期 2 年的劳动合同，担任该超市食品部的售货员，每月工资为1200 元加完成销售额后的提成奖励。去年 4 月底，顾某所在食品部的经理推荐顾某担任超市收银员。顾某认为这是领导对其工作的肯定和信任，就顺利地接受了工作的调整。顾某担任收银员 2 个多月以来，工作没有出现过差错，多次受到经理的好评。但在发工资时，顾某仍然还是每月1200 元（该超市收银员的工资最低为1700 元），并且也没有了原来的提成奖励。顾某咨询财务部门的领导，领导答复说，你与单位之间只是协商变更了工作岗位，但并没有协商变更工资，因而工资仍然要执行原来劳动合同中的工资标准。去年 7 月 30 日劳动合同期满后，顾某即提起劳动争议仲裁申请，要求超市按每月 1700 元的工资标准，补偿少支付的 3 个月工资 1500元。在仲裁委的调解下，双方达成调解协议，超市一次性支付顾某劳动报酬1500 元。[1]

问题：顾某的工作岗位变更后，其工资标准是执行劳动合同工资还是新岗位工资？顾某与单位没有对工作岗位变更后的工资达成一致，其工资标准是否明确？应当如何执行？

● 基本原理

任务一 工资概述

一、工资的概念

工资又称薪水或薪金，有广义和狭义之分。从广义上说，工资是指在劳动关系中，企业、事业、机关、团体等用人单位根据法律规定或劳动合同的约定，以法定方式支付给劳动者的各种形式的劳动报酬，也就是职工的全部劳动所得，也就是指全额工资。从狭义上说，工资是指用人单位依据国家有关规定或劳动合同的约定，以货币形式直接支付给本单位劳动者的劳动报酬，一般包括计时工资、计件工资、奖金、津贴和补贴、延长工作时间的工资报酬以及特殊情况下支付的工资等，但不包括劳动者的保险福利费用及其他未列入工资总额的各种劳动报酬等。我国《劳动法》上的"工资"指的是狭义上的工资概念。

二、工资的特征

工资较之其他劳动报酬或劳务收入（如农民劳动报酬、个体劳动收入、劳务报酬

---

〔1〕 引自"工作岗位调换后工资标准是否变更"，中国劳动争议网，http://www.btophr.com/s__case/case 1866. shtml.

等），具有下述特征：

1. 工资是职工基于劳动关系所获得的劳动报酬。

2. 工资是用人单位对职工履行劳动义务的一种物质补偿。

3. 工资额的确定必须是以劳动法规、劳动政策、集体合同和劳动合同的规定为依据。

4. 工资必须是以法定方式支付。

三、工资的基本职能

1. 分配职能，即工资是向职工分配个人消费品的社会形式，职工所得的工资额也就是社会分配给职工的个人消费品份额。

2. 保障职能，即工资作为职工的生活主要来源，保障职工及其家庭的基本生活需要。

3. 激励职能，即工资是对职工劳动的一种评价尺度或手段，对调动职工的劳动积极性具有激励作用。

4. 杠杆职能，即工资是国家用来进行宏观经济调控的经济杠杆，对劳动力总体布局、劳动力市场、国民收入分配、产业结构变化等都有直接或间接的调节作用。

四、我国工资立法的基本原则

工资立法直接关系到劳动者的切身利益，在我国劳动立法中占有重要的地位。《劳动法》第46条确立了我国工资立法的基本原则："工资分配应当遵循按劳分配原则，实行同工同酬。工资水平在经济发展的基础上逐步提高。国家对工资总量实行宏观调控。"

（一）按劳分配原则

按劳分配是指按照劳动者的劳动数量和质量分配工资，多劳多得，少劳少得。每个劳动者根据自己提供的劳动量，取得与其劳动量相当的个人消费品。

按劳分配原则要求，工资分配除了体现劳动数量的差别外，还要把劳动的"质"的差异区别开来，对脑力劳动和体力劳动、复杂劳动和简单劳动、熟练劳动和非熟练劳动、繁重劳动和简易劳动，要规定不同的工资水平。对生产成绩优秀的集体和个人，要给予物质上的奖励，体现奖勤罚懒、奖优罚劣，这也是贯彻按劳分配原则的客观要求。

实现按劳分配，有利于调动劳动者的生产积极性，促使劳动者提高劳动技能，提高劳动生产率，为国家和社会创造更多的财富。

（二）同工同酬原则

同工同酬是指用人单位对所有劳动者同等价值的劳动应付给同等的劳动报酬。也就是说在同一单位内部，对于从事同种工作、付出相同劳动并取得同等劳绩的劳动者，应支付相同的报酬。同工同酬要求所有职工不分性别、年龄、种族等，一律按其等量劳动获得等量报酬。国际劳工组织 1951 年通过的《对男女工人同等价值的工作赋予同等报酬公约》即规定了同工同酬的原则，我国已批准加入该公约，并将同工同酬原则作为工资分配的基本原则之一。实行同工同酬，也是法律面前人人平等原则的要求，也是实行按劳分配原则的体现。

实行同工同酬，首先必须坚持就业平等、职业教育平等、职务晋升平等，不得因劳动者性别、年龄、民族等方面的差异有任何歧视；其次坚持同工同酬，绝不是要平均主义，用人单位应该制定工资分配的客观标准，对各类工作进行岗位评价，按照各种工作的"相对价值"来确定对所有劳动者"一视同仁"的考核标准和工资标准。

（三）工资水平随经济发展逐步提高的原则

工资水平是指一定时期内职工平均工资的高低程度。工资水平是反映经济发展水平和劳动者物质文化生活水平的一个重要指标，同时也在一定程度上体现着国家、用人单位、劳动者个人三者之间的利益分配关系。工资水平的高低直接关系到职工生活水平的改善。

工资水平随经济发展逐步提高的原则有两层含义：一是职工的工资水平必须建立在发展生产的基础上，劳动生产率提高的速度必须超过工资增长的速度；二是工资水平的增长要与经济发展保持适当的比例关系，也就是工资增长速度必须与劳动生产率提高的速度相适应。

在社会生产总过程中，生产起决定性的作用。它不仅决定着分配的性质和方式，更重要的是，没有产品的生产就没有产品的分配，也就不可能有交换和消费。所以，工资水平及增长只有在经济发展的前提下才能实现。另外，国家为了不断提高人们的生活水平以及安排新生劳动力就业等，都要积累资金，扩大再生产，为了保证社会安定，国民经济稳步发展，就要保证商品可供量和货币流通量相适应。若任意提高工资，必然减少积累，不利于扩大再生产；市场上货币量与商品量比率失调，能引起市场紧张、物价上涨，导致实际工资及生活水平下降。因此，工资水平应在经济发展的基础上逐步提高。

（四）工资总量宏观调控的原则

现代市场经济运行的实践表明，在市场调节工资的基础上，由国家对工资总额进行适度的宏观调控，有利于保护劳动者的经济权益和维护、制约企业的工资分配自主权，有利于控制用工成本和消费基金的上升，保持经济总量平衡，以实现国民经济持续、稳定、协调发展。因此，在制定工资法规时，国家必须从全国人民利益出发，统筹兼顾，给予合理的妥善安排。要正确处理工农之间的关系，也要正确处理脑力劳动者与体力劳动者之间的关系，使他们相互之间的工资水平保持合理的比例，以利于调动各种劳动者的积极性。此外，还要兼顾国家、企业、集体、个人的利益；沿海与内地、边远地区与少数民族地区的生活待遇等。

任务二　基本工资制度

一、基本工资的概念

劳动者的全额工资与基本工资的概念是用人单位与劳动者经常会遇到的两个概念，弄清这两个概念对于用人单位和劳动者都很重要。因为计算劳动者的工资待遇，时常会用到这两个概念。例如：在解除劳动合同计发经济补偿金时，需要用劳动者全额工资的概念，而终止劳动合同和女职工"三期"内计发生活补助费时，需要用劳动者基本工资的概念。如果不准确地理解这些概念，容易因此而发生劳动争议，对劳动关系双方都不利。

通常认为，工资主要由两部分构成：一部分是基本工资（标准工资）；另一部分部分是辅助工资（非标准工资）。

基本工资，是指劳动者在法定工作时间内提供正常劳动所得的报酬，它构成劳动者所得工资额的基本组成部分，是按法律规定或合同约定的标准计算出来的工资，包括基础工资、职务工资和工龄津贴。其中基础工资有计时工资、计件工资等形式。基本工资可以成为确定辅助工资单元数额的计算基准。由于国家、用人单位内部劳动规则和集体合同关于工资标准的规定，一般只限于基本工资，因此，通常将基本工资称为标准工资。

辅助工资又称非标准工资，是指基本工资之外，在工资构成中处于辅助地位的、未列入工资总额统计的货币收入。通常包括奖金、除工龄津贴之外的其他津贴和补贴、加班工资等。

同辅助工资呈现经常变动的状态相反，基本工资相对比较稳定。在一定时期内，如果社会和企业生产经济条件，或者职工个人业务技术水平和所担负的职责没有发生大的变化，基本工资一般不动。这样，企业的工资支付和职工个人工资收入都比较稳定，有利于组织生产和安排家庭生活。但是，它不能及时准确地反映职工在实际劳动和贡献上的具体差别。因此，实行必要的津贴、奖金等辅助工资形式，或者实行联系个人劳动成果的浮动工资制度，有助于弥补基本工资的不足，更好地贯彻按劳分配原则。

二、基本工资的形式

基本工资主要有计时工资、计件工资和年薪三种形式。

（一）计时工资

计时工资是指按计时工资标准和工作时间支付给个人的劳动报酬。工资标准指每个职工在单位时间（月、日或小时）内应得的工资额。根据"各尽所能、按劳分配"原则，对不同职务、不同工种和不同等级的职工，由国家或企业分别规定不同的工资标准。根据计算工资的时间单位的不同，计时工资一般分为月工资标准、日工资标准和小时工资标准。企业职工如果全勤，则按月工资标准支付工资；缺勤则按实际缺勤天数或小时数减发工资。根据劳社部发〔2008〕3号《关于职工全年月平均工作时间和工资折算问题的通知》，按照《劳动法》第51条的规定，法定节假日用人单位应当依法支付工资，即折算日工资、小时工资时不剔除国家规定的11天法定节假日。据此，日工资、小时工资的折算为：日工资＝月工资收入÷月计薪天数；小时工资＝月工资收入÷（月计薪天数×8小时）；月计薪天数＝（365天－104天）÷12月＝21.75天。

计时工资的优点是简单易行，在任何部门、用工单位和岗位（工种）都可适用。缺点是以劳动时间作为计算报酬的依据，不能完全将劳动报酬与劳动的数量和质量挂钩。在实行计时工资的条件下，职工完成法定工作时间和劳动定额后，按本人的工资等级和工资标准领取的工资数额，即为标准工资。

（二）计件工资

计件工资是指根据劳动者生产的合格产品的数量或完成的作业量，按预先规定的计件单价支付给劳动者的劳动报酬。计件单价是根据完成单位工作所需的工时定额，乘以从事该种工作所需要的那一等级工人的每小时工资标准（即小时工资率）计算确定。正是在此意义上，计件工资是计时工资的转化形式。

计件工资的具体形式是由企业根据自己的生产特点与工作需要而制定的。计件工资有多种形式，按参加计件的人员划分，可以分为个人计件工资和集体计件工资。个人计件工资是按职工个人的劳动成果和计件单价计发工资，集体计件工资是以一个集体（车间、班组）为计件单位，工人的工资是根据班组集体完成的合格产品数量或工作量来计算，然后按照每个工人贡献大小进行分配。按对定额和超额部分计发的方式划分，可以分为超额计件工资和累进计件工资。超额计件工资是在劳动定额内，按计时发给标准工资，对超额部分发给计件工资。累进计件工资是在劳动定额内按计件单价计发工资，超额部分在原单价基础上累进单价计发工资，超额越多，单价越高。按工作任务是包工还是提成划分，可以分为包工计件工资和提成计件工资。包工计件工资又称包工工资，是把一定数量和质量的生产或工程任务包给职工个人或集体，并预先规定应完成任务的期限和工资总额，只要包工方按规定完成任务，就可领取全部预定工资。提成计件工资又称提成工资，是按企业的营业额或纯利润的一定比例提取工资总额，然后根据职工的技能水平和实际工作量计发工资。

（三）年薪制

年薪制是指以企业会计年度为时间单位计发的工资收入，年薪制只适用于那些在企业中有实际经营权，并对企业经济效益负有职责的人员，如董事长、经理等企业高级雇员。

年薪制的本质在于它所对应的劳动不只是一般意义的劳动力的支出，而是一种经营活动。年薪制的核心是把企业经营者的劳动收入以年薪的形式发放，是对特殊性质的劳动力支出的一种回报形式。年薪制是一种风险工资制度，依靠激励和约束相互制衡的机制，把经营者的责任和利益、成果和所得紧密结合起来，以保护出资者的利益，促进企业的发展。

三、辅助工资的形式

辅助工资常见的有奖金、津贴、补贴等。

（一）奖金

奖金是工资的补充形式，是指用人单位对劳动者的超额劳动或增收节支实绩所支付的奖励性报酬。奖金有较大的弹性，它可以根据工作需要，灵活决定其标准、范围和奖励周期等，有效地调节企业在生产过程中对劳动数量和质量的需求。奖金更直接地将职工贡献、收入及用人单位效益三者有机结合。奖金随着企业的经济效益而波动，但又能体现个人对企业效益的贡献。

奖金有多种类型，可分为月度奖金、季度奖金和年度奖金；经常性奖金和一次性奖金；集体奖金和个人奖金；综合奖金和单项奖金（如安全奖、节约奖、新产品发明奖、超产奖）等。

奖金的发放条件，除国有用人单位外，一般由用人单位内部劳动规则或集体合同规定。国有单位的奖金分配规则由《关于国营企业发放奖金有关问题的通知》（国办发〔1984〕25号）和《关于合理使用奖励基金的若干意见》（国办发〔1984〕35号）详细规定。

（二）津贴和补贴

津贴和补贴是对劳动者在特殊条件下的额外劳动消耗或额外费用支出，或为了保证劳动者的生活水平不受特殊因素的影响而支付给劳动者的劳动报酬。人们的生产活动多数是在正常劳动条件下进行，但也有很多工作是在特殊条件下进行的。在特殊条件下工作的职工，其劳动消耗及生活费用的支出要大于在正常条件下工作的职工。他们的这种额外支出，应该得到合理的补偿，而基本工资不能反映这种状况，所以，需要采用津贴和补贴来补充。这对于保护职工的身体健康，弥补职工的额外支出，保障职工的生活水平，保证生产的持续发展，是很有必要的。补贴是指为了保障劳动者的生活水平不受物价等特殊因素的影响而支付给劳动者的劳动报酬。补贴与劳动者的劳动没有直接联系，其发放根据主要是国家有关政策规定，如物价补贴、边远地区生活补贴等。

津贴的名目很多，按津贴的性质区分，大体可分为三类。①岗位性津贴，指为了补偿职工在某些特殊劳动条件岗位劳动的额外消耗而建立的津贴。这种类型的津贴具体种类最多，使用的范围最广。例如高温津贴、有毒有害津贴、矿山井下津贴、特殊技术岗位津贴、特重体力劳动岗位津贴、邮电外勤津贴等，都属于岗位性津贴。②地区性津贴，是指为了补偿职工在某些特殊的地理自然条件下生活费用的额外支出而建立的津贴。例如，林区津贴、高寒山区津贴、海岛津贴等。③保证生活性津贴，是指为保障职工实际工资收入和补偿职工生活费用额外支出而建立的津贴。例如，副食品价格补贴、肉价补贴、粮价补贴等。

津贴制度的一个显著特点是，可以随情况的变化，及时调整和改进。过去由于津贴基本上是由国家统一制定和管理，津贴的灵活性特点体现不出来，往往是劳动条件和生活环境已经发生了变化，津贴制度却不能及时做出相应的调整。随着经济体制改革的深入进行，企业进一步扩大了内部分配自主权，可以在按规定提取的本单位工资基金总额内，根据变化了的情况，及时调整和改进自己制定的各种津贴、补贴制度，使之有效地发挥积极作用。但是企业认真贯彻国家、地区有关津贴的政策，必须严格按照统一的津贴制度规定的条件、范围、对象和标准执行，不能擅自扩大实行范围，任意提高津贴标准。否则，将影响津贴的积极作用，还会不合理地增大国家和企业的负担。

（三）加班加点工资

根据《劳动法》第44条的规定，有下列情形之一的，用人单位应当按照下列标准支付高于劳动者正常工作时间的工资报酬：①安排劳动者延长工作时间的，即在日标准工作时间之外加点，按照不低于劳动合同规定的劳动者本人小时工资标准的150%支付劳动者工资。②依法在休息日安排劳动者工作而又不能补休的，按不低于劳动合同规定的劳动者本人日或者小时工资标准的200%支付劳动者工资。③用人单位依法安排劳动者在法定休假日工作的，按照不低于劳动合同规定的劳动者本人日或小时工资标准的300%支付劳动者工资。

对于其他工作时间的加班加点工资问题，应分别按以下原则执行：①实行计件工资的劳动者，在完成计件定额任务后，由用人单位安排延长工作时间的，应按照标准工作时间计付加班工资发放的原则，即分别按照不低于其本人法定工作时间计件单价的150%、200%、300%支付工资。②实行综合工时制的劳动者，其综合计算的工作时间超过法定标准工作时间的部分，应视为延长工作时间，并按劳动者本人日或小时工资标准的150%支付加班工资。③实行不定时工时制的劳动者，不执行加班工资规定。

（四）特殊情况下支付的工资

1. 劳动者的休假期间包括法定休假、年休假、婚丧假、探亲假。劳动者依法享受年休假、探亲假、婚假、丧假期间，用人单位应按劳动合同规定的标准支付劳动者工资。2007 年 12 月 7 日国务院通过的《职工带薪年休假条例》第 5 条第 3 款规定："单位确因工作需要不能安排职工休年休假的，经职工本人同意，可以不安排职工休年休假。对职工应休未休的年休假天数，单位应当按照该职工日工资收入的 300% 支付年休假工资报酬。"另外，劳动者请事假，一般不发给工资，但学徒工请事假的，生活费照发。劳动者旷工，停发工资，并按照规定给予相应的处罚。

2. 履行国家或社会义务期间的工资。根据《劳动法》和原劳动部《工资支付暂行规定》（1994 年），劳动者在法定工作时间内，履行下列国家或社会义务时，用人单位应视同其提供了正常劳动而照发工资：①依法行使选举权或被选举权；②当选代表出席乡（镇）、区以上政府、党派、工会、青年团、妇女联合会等组织召开的会议；③出任人民法庭证明人；④出席劳动模范、先进工作者大会；⑤《工会法》规定的不脱产工会基层委员会委员因工会活动占用的生产或工作时间；⑥其他依法参加的社会活动。

3. 学习和培训期间工资。职工被公派在国（境）外工作、学习期间，其国内工资按国家规定的标准支付。经过用人单位推荐或批准，劳动者临时脱产或半脱产到有关学校参加学习期间，工资照发；经本单位同意脱产参加函授学习的，在规定的脱产函授学习期间，工资照发；经本单位同意脱产参加成人教育学习的，学习期间工资照发。

4. 停工期间的待遇。根据《工资支付暂行规定》和 1995 年国务院《关于工业、基本建设、交通运输工人、职员停工津贴的暂行规定》，非因劳动者的原因造成单位停工、停产在一个工资支付周期内的，用人单位应按用劳动合同规定的标准付给劳动者工资。超过一个工资支付周期的，若劳动者提供了正常劳动，则付给劳动者的劳动报酬不得低于当地的最低工资标准；若劳动者没有提供正常劳动，应按国家有关规定办理。

四、不属于工资范围的收入

根据原劳动部《关于贯彻执行〈中华人民共和国劳动法〉若干问题的意见》（劳部发〔1995〕309 号）规定，劳动者的以下劳动收入不属于工资范围：

1. 单位支付给劳动者个人的社会保险福利费用，如丧葬抚恤救济费、生活困难补助费、计划生育补贴等。

2. 劳动保护方面的费用，如用人单位支付给劳动者的工作服、解毒剂、清凉饮料费用等。

3. 按规定未列入工资总额的各种劳动报酬及其他劳动收入，如根据国家规定发放的创造发明奖、国家星火奖、自然科学奖、科学技术进步奖、合理化建议和技术改进奖、中华技能大奖等。

五、基本工资制度的种类

要确定劳动者公平合理的基本工资计算标准，实在不是一件容易的事。因此，随着社会经济的发展，我国基本工资制度一直在不断演变，从计划经济时代以年功序列工资制为主，发展到今天的岗位工资制、技能工资制、绩效工资制或多种工资制度的组合（如岗位技能工资制）等多种基本工资制度。以下介绍几种最常见的基本工资制度。

（一）岗位技能工资制

岗位技能工资制是岗位工资制与技能工资制的组合，是以工作岗位的价值以及职工的劳动技能等基本劳动要素评价为基础，按照职工实际劳动贡献来确定劳动报酬的企业基本工资制度。它是将岗位等级与技术等级分别作为确定岗位工资和技能工资的因素，实行岗位与技能分别管理的制度。

岗位技能工资制体现了按岗位价值付酬和按能力付酬的思想，对岗不对人、岗变薪变，注重技能提升等优点。但其缺点在于不能直接反映劳动贡献的大小。岗位技能工资制是以劳动技能、工作责任、劳动强度、劳动环境四个方面作为组合尺度测评劳动者可能提供和必须提供的劳动，而不是测评其实际提供的劳动的数量和质量，容易造成实际分配中的不公平，从而最终也就不能体现劳动者的实际劳动贡献差别。其次因为在岗位评价时已经考虑了劳动技能要素，造成对技能要素的重复计量，欠缺公平。此外，岗位工资、技能工资一经评定就固定不变，对职工不能形成有效激励，导致干好干坏一个样。

（二）技能绩效工资制

技能绩效工资制是以职工实际掌握的技能为主，以技能测评、绩效考核为手段，以职工的劳动成果为依据支付劳动报酬，将技能工资与绩效工资作为职工工资的主要组成部分的一种工资制度。技能绩效工资制的优点是，体现了按能力付酬和按实际贡献付酬的思想，体现了按劳分配原则，具有一定的公平性、激励性和团队意识。其缺点在于技能绩效工资制对工资构成因素的选择不够全面，未能体现出岗位的价值。

（三）岗位绩效工资制

岗位绩效工资制是以职工被聘上岗的工作岗位为主，根据岗位工作责任、工作技能、工作强度和工作条件、确定岗位职能等，以企业经济效益和劳动力价值确定工资水平，以职工的劳动成果为依据支付劳动报酬，将岗位工资与绩效工资作为职工工资的主要组成部分的一种工资制度。岗位绩效工资制的优点在于全面体现了工资设计时所考虑的付酬因素。岗位评价是根据岗位工作责任、工作技能、工作强度和工作条件来确定付酬依据，因此体现了按岗位价值付酬和按能力付酬的思想；绩效工资体现了按实际贡献付酬的思想，充分体现了按劳分配的原则，体现了工资分配的补偿功能和激励功能。其缺点是绩效考核难度较大，并且绩效工资过于强调个人的绩效，不利于团队合作。通过以上分析，可以发现岗位绩效工资制的优势明显，它涵盖了岗位、技能、绩效等付酬因素，符合国家现阶段"按劳分配、多劳多得"的分配制度，体现了公平和效率，符合现代人力资源管理思想。当然，没有一种工资制度能够适用于所有的企业，岗位绩效工资也不例外，它只是适合于大多数的企业而已，不同的企业应当根据各自的实际情况，选取符合本企业的工资制度。

任务三　最低工资制度

一、最低工资的概念和特点

（一）最低工资的概念

最低工资又称最低工资标准，是指劳动者在法定工作时间内提供了正常劳动的前提下，由用人单位依据地方人民政府规定的标准支付的保障劳动者个人及其家庭成员基本生活需要的最低劳动报酬。这里的法定工作时间是指国家规定的标准工作时间。根据《最低工资规定》第3条的规定，正常劳动是指劳动者按依法签订的劳动合同约定，在法定工作时间或劳动合同约定的工作时间内从事的劳动。劳动者依法享受带薪年休假、探亲假、婚丧假、生育（产）假、节育手术假等国家规定的假期间，以及法定工作时间内依法参加社会活动期间，视为提供了正常劳动。

根据《最低工资规定》第5条的规定，"最低工资标准一般采取月最低工资标准和小时最低工资标准的形式。月最低工资标准适用于全日制就业劳动者，小时最低工资标准适用于非全日制就业劳动者"。

最低工资与起点工资是两个不同的概念。起点工资是基本工资制度中各工种（岗位）的最低一级工资标准。确定起点工资，除了要考虑职工基本生活需要，还要更多考虑其他因素，如各工种（岗位）的技术业务、劳动强度、职工技能等，因而不同工种（岗位）的起点工资不尽相同。而最低工资仅与职工基本生活需要对应，与其他因素无关，并不因工种（岗位）的不同而有所不同。

（二）最低工资的特点

1. 马克思在《雇佣劳动与资本》一文中，对最低工资的含义做了明确的阐释，即"简单劳动的生产费用就是维持工人生存和延续工人后代的费用。这种维持生存和延续后代的费用的价格就是工资。这样决定的工资就叫作最低工资"。可见，最低工资保障范围，不仅包括劳动者本人的基本生活需要，而且也包括劳动者赡养的家庭成员的生活需要。

2. 最低工资标准是法定的用人单位在支付劳动者工资时的最低限额，用人单位在确定各类劳动者的工资标准时并不受最低工资额的限制，可以超出最低工资的水平，合理地确定最低工资。

3. 最低工资标准只有劳动者在法定工作时间内提供了正常劳动的才能适用。劳动者由于本人原因造成在法定工作时间内或依法签订的劳动合同约定的工作时间内未提供正常劳动的，不能适用最低工资标准。

二、我国关于最低工资制度的立法

最低工资制度强调劳动者按照劳动或工作标准向社会提供了必要的有效劳动，为社会尽了应尽的义务，就有权利得到保证其生存的劳动报酬的基本权利。为了适应社会主义市场经济发展的需要，保障劳动者个人及其家庭成员的基本生活，促进劳动者素质的提高和企业公平竞争，原劳动部曾在 1993 年 11 月 24 日专门制定发布了《企业最低工资规定》，为《劳动法》颁布前实行最低工资提供了法规依据。其后《劳动法》明确规定"国家实行最低工资保障制度"，并对最低工资标准的制定权限、制约因素和法律效力，做了原则性规定。2004 年 1 月 20 日，国家劳动和社会保障部发布了《最低工资规定》，原来的《企业最低工资规定》废止。

三、最低工资标准的确定

（一）最低工资标准的确定因素

《劳动法》第 49 条明确规定确定和调整最低工资标准所应综合参考的各种因素，主要有以下几个方面：

1. 劳动者本人及平均赡养人口的最低生活费用。最低工资标准不应低于劳动者本人及平均赡养人口的最低生活费用。需要明确的是，这里的"最低生活费用"，从其组成项目来看，应当是各种基本生活需要项目的最低费用，也即衣食住行和子女教育所需的最低费用。

2. 社会平均工资水平。最低工资标准应当低于当地社会平均工资水平。对于社会平均工资水平有差别的不同地区来说，其最低工资标准可以有所不同。

3. 劳动生产率。不同地区、不同行业之间，劳动生产率存在差别，也意味着各地区、各行业用人单位对支付最低工资的平均承受能力不一样，因此，最低工资标准可以有所不同。

4. 就业状况。这是一个同劳动者的劳动收入和生活负担相关联，并且影响劳动者的最低工资需求的因素。最低工资标准应当具有与现实失业率相适应的保障作用。

5. 地区之间经济发展水平的差异。在经济发展水平不同的地区，最低工资标准应当有适当的地区差别。《最低工资规定》第 6 条规定："确定和调整月最低工资标准，应参考当地就业者及其赡养人口的最低生活费用、城镇居民消费价格指数、职工个人缴纳的社会保险费和住房公积金、职工平均工资、经济发展水平、就业状况等因素。确定和调整小时最低工资标准，应在颁布的月最低工资标准的基础上，考虑单位应缴纳的基本养老保险费和基本医疗保险费因素，同时还应适当考虑非全日制劳动者在工作稳定性、劳动条件和劳动强度、福利等方面与全日制就业人员之间的差异。"

（二）最低工资标准的适用范围

最低工资标准的适用范围主要是指哪些劳动者应当受到最低工资制度的保障。

对于这一问题，目前各国的立法规定都不尽一致。《最低工资规定》第2条规定："本规定适用于在中华人民共和国境内的企业、民办非企业单位、有雇工的个体工商户（以下统称用人单位）和与之形成劳动关系的劳动者。国家机关、事业单位、社会团体和与之建立劳动合同关系的劳动者，依照本规定执行。"因此，在我国境内只要劳动者在以上用人单位提供正常劳动并取得工资，都必须按规定执行当地最低工资标准。

对于残疾人劳动者是否纳入最低工资保障范围，尽管各国的规定有所不同，但从我国残疾人就业的实际情况来看，应当纳入最低工资保障范围。因为就普通企业或个体经济组织中的残疾劳动者而言，一旦安排了与其身体相适应的工作岗位，通常不会对劳动定额的完成造成大的影响；就残疾人福利企业而言，国家在这类企业开办时，已经通过税收等优惠政策给予了照顾与扶持，因而要求残疾人企业对其劳动者给予最低工资保障，也不会过多增加该企业的负担或影响其实际盈利。况且我国最低工资制度的基本目标就是保障劳动者本人及其赡养人口的最低生活需要，而残疾人在这种需要方面，与其他正常劳动者是没有任何差别的。

（三）最低工资的组成

我国最低工资的组成范围，根据1994年9月5日《劳动部关于〈劳动法〉若干条文的说明》的解释，包括基本工资和奖金、津贴、补贴，但不包括加班加点工资、特殊劳动条件下的津贴，国家规定的社会保险及各项福利待遇均排除在外。根据《最低工资规定》第12条的规定，下列各项不作为最低工资的组成部分：①延长工作时间工资；②中班、夜班、高温、低温、井下、有毒有害等特殊工作环境、条件下的津贴；③法律、法规和国家规定的劳动者福利待遇等。现阶段劳动者福利待遇主要包括用人单位对劳动者进行培训的费用；因执行国家有关劳动安全卫生有关方面的规定而发放给劳动者的防护用品及用人单位自身的各项用品；劳动者所得的计划生育补贴、特别困难补助等，因住房改革发给的劳动者住房补贴；用人单位为劳动者缴纳的社会保险费等。

（四）最低工资标准的确定、发布和调整

在我国现阶段，经济发展和生活水平的地区不平衡性还比较突出，由此决定了难以实行全国统一的最低工资标准。因此，《劳动法》第48条第1款规定："……最低工资的具体标准由省、自治区、直辖市人民政府规定，报国务院备案。"《最低工资规定》第7条规定，省、自治区、直辖市范围内的不同行政区域可以有不同的最低工资标准。由于最低工资标准直接涉及劳动关系双方当事人的切身利益，所以，省级政府应当组织同级的工会组织和用人单位方面代表，参与最低工资标准的制定过程。另外，根据《最低工资规定》相关规定，最低工资标准的确定和调整方案，由省、自治区、直辖市人民政府劳动保障行政部门会同同级工会、企业联合会（企业家协会）研究拟订，并将拟订的方案报送劳动保障部。劳动保障部对方案可以提出修订意见，若在方案收到后 14 日内未提出修订意见的，视为同意。省、自治区、直辖市劳动保障行政部门应将本地区最低工资标准方案报省、自治区、直辖市人民政府批准，并在批准后 7 日内在当地政府公报上和至少一种全地区性报纸上发布。省、自治区、直辖市劳动保障行政部门应在发布后 10 日内将最低工资标准报劳动保障部。用人单位应在最低工资标准发布后 10 日内将该标准向本单位全体劳动者公示。最低工资标准发布实施后，如确定最低工资标准的相关因素发生变化，如本地区职工生活费用价格指数累计变动较大时，应当适时调整。为避免有些地区最低工资标准调整期限过长，还规定最低工资标准每两年至少调整一次。

四、违反最低工资的法律责任

《劳动法》第 91 条规定，用人单位低于当地最低工资标准支付劳动者工资的，由劳动行政部门责令支付劳动者的工资报酬、经济补偿，并可以责令支付赔偿金。2007 年 6 月 29 日颁布的《劳动合同法》第 85 条规定："……劳动报酬低于当地最低工资标准的，应当支付其差额部分；逾期不支付的，责令用人单位按应付金额 50% 以上 100% 以下的标准向劳动者加付赔偿金。"

任务四 工资支付保障

一、工资支付保障概述

工资支付保障，也就是对职工获得全部应得工资及其所得工资支配权的保障。它对劳动者所提供的保护，较之最低工资保障更进一步，因为它所保护的客体已不只限于最低工资，而扩及全部应得工资，它所干预的对象，已由保障工资额扩展到保障工资支付的行为。我国除了在《劳动法》中对工资支付保障作了原则性规定外，劳动部发布了《工资支付暂行规定》（劳部发〔1994〕489 号）和《对〈工资支付暂行规定〉有关问题的补充规定》（劳部发〔1995〕226 号），对工资支付制定了一般规则。此外，我国为了加强对于工资支付的保障，不断探索新的制度和做法，如农民工工资保证金制度以及我国部分地区如深圳、上海已经开始实施的欠薪保障基金制度等，可以预见，随着我国社会经济的发展，工资支付保障方面的制度和立法将会越来越完善。

（一）工资支付的一般规则

1. 货币支付规则，即工资应当以法定货币支付，不得以实物和有价证券替代货币支付。

2. 直接支付规则，即用人单位应当将工资支付给职工本人，但是，职工本人因故不能领取工资时可由其亲属或委托他人代领，用人单位可委托银行代发工资。用人单位必须书面记录支付工资的数额、时间、领取者姓名及其签字，并保存两年以上备查。

3. 全额支付规则，即法定和约定应当支付给职工的工资项目和工资额，必须全部支付，不得克扣。用人单位在支付工资时应当向职工提供一份其个人的工资清单。

4. 定期支付规则，即工资必须在固定的日期支付。工资必须在用人单位与职工约定的日期支付。如遇节假日或休息日，应提前在最近的工作日支付；工资至少每月支付一次，实行周、日、小时工资制的可按周、日、小时支付工资；对完成一次性临时劳动或某项具体工作的职工，用人单位应按协议在完成劳动任务后即行支付；劳动关系依法终止时，用人单位应在终止劳动关系时一次性付清工资，凡拖欠工资的，应当按拖欠日期和拖欠工资额向职工赔偿损失。

5. 优先支付规则，即企业破产或依法清算时，职工应得工资必须作为优先受偿的债权。

6. 紧急支付规则，即在职工因遇有紧急情况致不能维持生活时，用人单位必须向该职工预支其可得工资的相当部分。

（二）禁止非法扣除工资

只有在法定允许扣除工资的情况下，才可以扣除工资；在法定禁止扣除工资的情况下，不得做允许扣除工资的约定；即使在法定允许扣除工资的情况下，每次扣除工资额也不得超出法定限度。我国现行法规中严格限定用人单位可以扣除工资的情形，用人单位未经法律许可不得扣除工资。

根据《工资支付暂行规定》及1982年《企业职工奖惩条例》，用人单位可以从职工的工资中代扣的情况如下：

1. 用人单位代扣代缴的个人所得税，以及应由劳动者个人负担的各种社会保险费用。

2. 因劳动者本人原因给用人单位造成经济损失的，用人单位可按法律规定或劳动合同的约定，要求其赔偿经济损失。赔偿的数额，由企业根据具体情况确定，从劳动者本人的工资中扣除。但每月扣除部分不得超过劳动者当月工资的20%。若扣除后的剩余工资部分低于当地月最低工资标准，则按最低工资标准支付。

3. 依据人民法院已经生效的判决、裁定或其他法律文件，以及仲裁机关已经生效的仲裁文件，从应负法律责任的劳动者工资中扣除其应当承担的抚养费、赡养费、损害赔偿金或者其他款项。但每月扣除时，应保证劳动者的基本生活需要。

4. 依据规定，对于违纪职工，可以由企业处以一次性罚款，从劳动者工资中扣除。但罚款的具体数额一般不超过本人月标准工资的20%。

5. 根据劳动监察法规的规定，由于企业行政领导人员违反劳动保护法规，给国家或劳动者造成损失时，劳动监察机关或监察人员有权根据其所犯错误的性质和情节，对责任者本人处以不超过本人月标准工资的 20% 的罚款，并从其工资中扣除。

6. 法律、法规规定可以从劳动者工资中扣除的其他费用。

二、特殊人员的工资支付

《对〈工资支付暂行规定〉有关问题的补充规定》（劳部发［1995］226 号）规定了特殊人员的工资支付问题。

1. 劳动者受处分后的工资支付：劳动者受行政处分后仍在原单位工作（如留用察看、降级等）或受刑事处分后重新就业的，应主要由用人单位根据具体情况自主确定其工资报酬；劳动者受刑事处分期间，如收容审查、拘留（羁押）、缓刑、监外执行或劳动教养期间，其待遇按国家有关规定执行。

2. 学徒工、熟练工、大中专毕业生在学徒期、熟练期、见习期、试用期及转正定级后的工资待遇由用人单位自主确定。

3. 新就业复员军人的工资待遇由用人单位自主确定；分配到企业的军队转业干部的工资待遇，按国家有关规定执行。

三、工资支付的监督和诉讼保护机制

根据我国有关法律规定，各级劳动行政部门有权监察用人单位工资支付情况。《劳动法》第 91 条和《劳动合同法》第 85 条均规定，用人单位有下列情形之一的，由劳动行政部门责令限期支付劳动报酬、加班费或者经济补偿；劳动报酬低于当地最低工资标准的，应当支付其差额部分；逾期不支付的，责令用人单位按应付金额 50% 以上 100% 以下的标准向劳动者加付赔偿金：①未按照劳动合同的约定或者国家规定及时足额支付劳动者劳动报酬的；②低于当地最低工资标准支付劳动者工资的；③安排加班不支付加班费的；④解除或者终止劳动合同，未依照本法规定向劳动者支付经济补偿的。劳动者与用人单位因工资支付发生劳动争议的，当事人可依法向劳动争议仲裁机关申请仲裁。对仲裁裁决不服的，可以向人民法院提起诉讼。

为了维护劳动者中的弱势群体农民工的合法权益，2006 年 3 月国务院发布《关于解决农民工问题的若干意见》，重点强调了三个方面的政策措施：一是建立工资支付监控制度和工资保证金制度，从根本上解决拖欠农民工工资问题。《若干意见》对农民工工资发放，对政府投资项目拖欠工程款，对建设资金不落实的项目，对恶意拖欠、情节严重的用人单位的处罚等方面，都提出了明确要求。二是合理确定和提高农民工工资水平，规范农民工工资管理，切实改变农民工工资偏低、同工不同酬的状况。三是严格执行劳动合同制度。强调所有用人单位招用农民工都必须依法订立并履行劳动合同，不得滥用试用期侵犯农民工权益；劳动保障部门要制定和推行规范的劳动合同文本，加强对用人单位订立和履行劳动合同的指导和监督。

我国对工资支付的保护力度越来越大，为切实维护劳动者合法权益和社会公平正义，加大侵害劳动者权益的恶意欠薪行为打击力度，2011 年 5 月 1 日起施行的《刑法修正案（八）》第 41 条规定了拒不支付劳动报酬罪：以转移财产、逃匿等方法逃避支付劳动者的劳动报酬或者有能力支付而不支付劳动者的劳动报酬，数额较大，经政府有关部门责令支付仍不支付的，处 3 年以下有期徒刑或者拘役，并处或者单处罚金；造成严重后果的，处 3 年以上 7 年以下有期徒刑，并处罚金。单位犯前款罪的，对单位判处罚金，并对其直接负责的主管人员和其他直接责任人员，依照前款的规定处罚。有前两款行为，尚未造成严重后果，在提起公诉前支付劳动者的劳动报酬，并依法承担相应赔偿责任的，可以减轻或者免除处罚。

四、工资基金管理

工资基金管理是我国特有的保障工资支付的一种手段。所谓工资基金，是指国家要用人单位依法设置的用于一定时期内（通常为 1 年）给全体职工支付劳动报酬的一种专门货币基金。国家对各用人单位工资基金的提取、储存和使用实行统一管理，即工资基金管理。各企业、事业单位、机关和社会团体发给职工的劳动报酬，不论其资金来源如何，凡属于国家规定的工资总额组成范围的，均应纳入工资基金管理的范围。这样，工资基金就成了用人单位支付工资的唯一直接资金来源和可靠保障。

◎ 【案例分析】

顾某与单位之间关于调整工作岗位问题达成一致，说明双方对劳动合同中的岗位通过协商进行了变更。但对到新的岗位后或者说是变更劳动合同后的工资标准，是执行原来劳动合同的标准还是新岗位的标准，顾某与单位之间并没有谈到这个问题，更不要说达成一致意见了。变更工作岗位后，顾某的工资标准与单位之间没有达成一致意见，并不等于顾某同意继续执行原来的工资。因为工资主要针对的是具体的工作岗位，顾某有理由相信其工资会随着工作岗位的变更而变更。这说明，顾某与单位之间关于变更劳动合同后的工资约定是不明确的、有争议的。《劳动法》第 46 条第 1 款规定："工资分配应当遵循按劳分配原则，实行同工同酬。"《劳动合同法》第 18 条规定："劳动合同对劳动报酬和劳动条件等标准约定不明确，引发争议的，用人单位与劳动者可以重新协商；协商不成的，适用集体合同的规定；没有集体合同或者集体合同未规定劳动报酬的，实行同工同酬……"顾某没有与单位之间就新岗位的工资标准协商一致，其所在单位也没有集体合同，因而顾某依法应当与其他收银员同工同酬，即每月1700 元。

法条链接

《中华人民共和国劳动法》（1994）

第 46 条　工资分配应当遵循按劳分配原则，实行同工同酬。

工资水平在经济发展的基础上逐步提高。国家对工资总量实行宏观调控。

第47条 用人单位根据本单位的生产经营特点和经济效益，依法自主确定本单位的工资分配方式和工资水平。

第48条 国家实行最低工资保障制度。最低工资的具体标准由省、自治区、直辖市人民政府规定，报国务院备案。

用人单位支付劳动者的工资不得低于当地最低工资标准。

第49条 确定和调整最低工资标准应当综合参考下列因素：

（一）劳动者本人及平均赡养人口的最低生活费用；

（二）社会平均工资水平；

（三）劳动生产率；

（四）就业状况；

（五）地区之间经济发展水平的差异。

第50条 工资应当以货币形式按月支付给劳动者本人。不得克扣或者无故拖欠劳动者的工资。

第51条 劳动者在法定休假日和婚丧假期间以及依法参加社会活动期间，用人单位应当依法支付工资。

【思考与练习】

1. 举例说明劳动者常见的劳动所得中哪些属于工资？哪些不属于工资？为什么？

2. 工资分配时应当遵循哪些基本原则？相互之间的关系是什么？

3. 最低工资制度的适用范围是什么？举例说明哪些劳动者不适用？为什么？

4. 按我国现行法律应如何计算加班加点工资？请举例说明。

5. 如何确保劳动者及时、全额地获得工资？

【实训】

公司因装修停工而扣发员工工资合法吗？

情景设计

小常被某餐饮公司聘为服务员并签订了试用合同。适逢公司办公室装修，老板给职工们放假11天。当职工领到当月工资时，发现工资是按全勤来支付的，都很高兴。可没过几天，公司通知职工必须用休息日加班的形式补回这11天假期。而此时，小常已经辞职离开了公司，由于那11天假期还没来得及补，所以公司就扣除了他11天的工资1000元钱。小常觉得因为公司装修放假11天，不应该扣除他的工资。而公司坚称这是规定。无奈之下，小常拨打热线咨询。

工作任务

公司能否扣除小常的工资，依据是什么？

训练方法

1. 学生分组讨论停工期间，不同的停工情形及其工资待遇问题。

2. 遇到用人单位非法扣除工资的情形，劳动者该如何维护自己的合法权益？

考核标准

能准确地理解非因劳动者原因造成单位停工、停产在一个工资支付周期内的，用人单位应按劳动合同规定的标准支付劳动者的工资。超过一个工资支付周期的，若劳动者提供了正常劳动，则支付给劳动者的劳动报酬不得低于当地的最低工资标准；若劳动者没有正常劳动，应按国家有关规定办理。

项目九　劳动安全卫生

知识目标

1. 掌握劳动安全卫生制度的含义、特征及我国安全卫生制度的内容；

2. 掌握劳动安全技术规程含义、内容；

3. 掌握劳动卫生规程含义、内容；

4. 了解劳动安全卫生管理制度的含义、相关制度。

能力目标

了解劳动安全卫生制度的相关范围、立法概况和法律体系，掌握对劳动安全、卫生的相关内容，学习分析劳动安全卫生保护的案例。

内容结构图

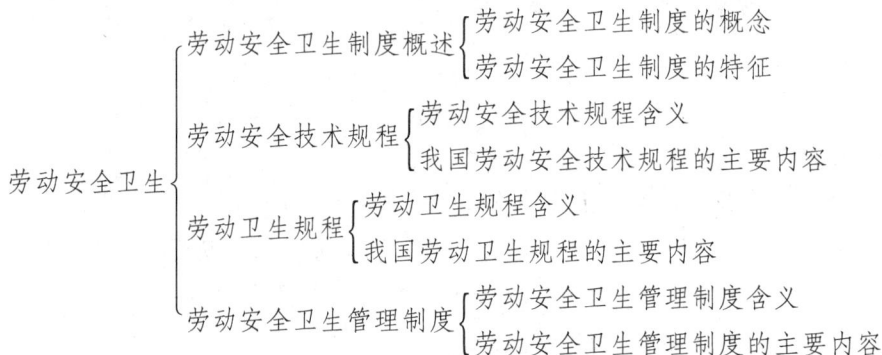

案例导入

湖南某大型企业多年来招聘噪声岗位务工人员时未组织上岗前体检，近年来，不断有员工反映：上班以来听力急剧下降。2012 年该企业对噪声作业人员进行了首次在岗体检，检查 2000 余人，发现过半员工听力损伤，部分员工达到噪声聋诊断标准。"机械制造是很多二线城市的主导产业，需要大量的钳工、铆工、打磨工、调试工、切割工人，这些工种也是噪声危害较大的工种。轻度耳聋、高频听力下降、Ⅱ期和Ⅲ高血压和器质性心脏病者都是噪声作业的职业禁忌，进行岗前体检可进行筛查。"当地劳动部门建议，上岗前职业健康检查包含针对职业性有害因素的体检项目，如"电测听"检测听力曲线异常的劳动者，体检报告中会提示该劳动者不宜从事噪声作业。劳动者因长期从事噪声作业导致职业性噪声聋，必须出示上岗前健康检查材料方可申请职业病诊断。

现多名工人已将该企业作为被告，向当地劳动仲裁委员会提出仲裁申请，要求享受工伤待遇。

问题：如果企业未对入职员工进行全面岗前职业健康体检，是否侵害入职员工权利？

● 基本原理

任务一 劳动安全卫生制度概述

一、劳动安全卫生制度的概念

劳动安全卫生制度，是以保护劳动者的生命安全和身体健康为目的而设立的劳动保护法律制度，具体包括劳动安全技术规程、劳动卫生规程。一方面，劳动安全卫生制度是劳动者在生产和工作过程中应得到的生命安全和身体健康基本保障的制度，劳动安全卫生是劳动者实现宪法赋予的生命权、健康权的具体保障。同时，劳动安全与卫生，两者既相互联系又彼此独立，共同组成劳动者劳动保护的屏障。其中，劳动安全重在要求用人单位应保证劳动场所无危及劳动者生命安全的伤害事故发生，而劳动卫生则侧重于用人单位应保证劳动场所无危及劳动者身体健康的慢性职业危害发生。另一方面，劳动法中的劳动安全卫生是基于劳动关系而产生的保护关系，区别于社会上一般的安全、防病及卫生保健工作，其旨在为劳动者创造安全、卫生、舒适的劳动工作条件，消除和预防劳动生产过程中可能发生的伤亡、职业病和急性职业中毒，保障劳动者以健康的劳动力参加社会生产，进而促进劳动生产率的提高，保证企业生产的顺利进行。

二、劳动安全制度的特征

（一）劳动安全卫生制度的保护对象具备特定性与首要性

劳动安全卫生制度保护的对象是特定的，即首要保护的是劳动者在生产、劳动过程中的生命安全和健康。劳动者的生命安全与健康是社会生产力提升的源泉和保障，社会资源分配的不均衡特性，使国家意志不得不通过法律的方式干预企业对劳动者潜在生产能力的过度透支和侵害，使劳动者在普通公民权利之外，享受更多保障性权利，维持社会生产力的稳定与持续发展。

（二）劳动安全卫生制度具备强制性

劳动安全卫生制度依靠国家强制性实施，排除了用人单位可通过协商方式免除或放弃的可能。具体表现为：①保护的全面性和系统性。将职业中各种危险因素的防范和治理均纳入法律调整的框架之内，包括意外事故、职业病预防、诊疗与康复。②强化劳动者权利主体地位。在法律中直接规定劳动者享有工作环境权，使其由被动权利主体转变为主动权利主体。③强调工作环境权实现中的劳资合作，赋予劳动者参与所在企业安全卫生条件改善的决策权。④权利内容体系进一步完善。包括与劳动安全相关的劳动者的参与权、知情权、安全代表的紧急处置权、拒绝权、培训权等。⑤工伤保险权中的保险对象进一步扩大，更加有效地对劳动者提供物质帮助。

（三）劳动安全卫生制度具备较强技术性与专业性

各国对本国各行业、各种不同的生产岗位、工种均作出具体的保护要求。通常情况下，由于劳动者不能得到企业劳动安全情况的充分信息，也不能完全了解工作的危险水平，使得劳动者在患上一些潜伏期较长的职业病（如尘肺病）后，无法获得相应的补偿费用，劳资双方法益出现失衡，进而影响市场充分有效的运行，这使得政府不得不针对各类行业出台规制措施，强制性要求企业和劳动者遵守。以我国为例，在劳动安全技术规程方面主要有：建筑物和道路的安全措施，电气设备的安全措施，锅炉和气瓶的安全措施。而劳动卫生方面主要有：预防和消除职业病、职业中毒和其他职业危害而制定的各种法律规范，如防止粉尘危害的卫生措施，防止有毒、有害气体和液体的卫生措施，防止噪音和强光刺激的卫生措施，关于降温和取暖的卫生措施，关于通风和照明的卫生措施，以及个人防护用品的供应等相关规章制度。

任务二　劳动安全技术规程

一、劳动安全技术规程含义

劳动安全技术规程是指国家为了保护劳动者在劳动过程中的生命和健康安全，防止由于工作场所以外各种物理性质或化学性质危害引发劳动者伤亡事故而制定的各种法律规章制度。政府作为劳动安全技术规程的制定者和实施主体，其主要目的在于减少劳动者工作中的不安全因素，提高企业对劳动风险的认识，并对不遵守法规的企业进行处罚。目前我国涉及劳动安全技术规程的法律规范性文件，主要以劳动安全的国家标准和行业标准为主，主要有《中华人民共和国安全生产法》、《中华人民共和国建筑法》、《建设工程质量管理条例》、《建设工程安全生产管理条例》、《中华人民共和国矿山安全法》、《中华人民共和国矿山安全法实施条例》、《乡镇煤矿管理条例》、《乡镇煤矿管理条例实施办法》、《矿山生产法》、《起重机械安全规程》、《剪切机械安全技术规程》、《磨削机械安全规程》、《压力机的安全安置技术条件》、《木工机械安全装置技术条件》、《煤气安全规程》、《橡胶工业静电安全规程》、《工业企业厂内运输生产规程》、《爆破安全规程》等法律规章制度。

二、我国劳动安全技术规程的主要内容

劳动过程中的复杂性，决定了劳动设备、劳动条件也具有复杂性。由于各行各业的生产特点和工艺过程有所不同，需要解决的劳动安全技术问题也有所不同。因此，国家针对不同的劳动设备和条件以及不同行业的生产特点，规定了适合各行业的安全技术规程。由于各个行业的特点不同，我国现阶段各种安全技术规程也各不相同，主要有：工厂安全技术规程、建筑安装工程技术规程和矿山安全技术规程三个方面。

（一）工厂安全技术规程

《劳动法》第53条规定："劳动安全卫生设施必须符合国家规定的标准。新建、改建、扩建工程的劳动安全卫生设施必须与主体工程同时设计、同时施工、同时投入生产和使用。"《工厂安全卫生规程》明确规定了生产过程中必须达到的安全卫生标准。具体又有四个方面的内容：工作场所的安全要求、机器设备的安全要求、电器设备的安全要求、动力锅炉和压力容器的安全要求。

（二）建筑安装工程技术规程

建筑安装工程具有高空作业、露天作业、流动性大、劳动强度大、可变因素多和劳动条件差等特点。各施工单位必须严格执行国家有关建筑安装工程安全技术规程的规定，具体要求有：对于从事高空作业的工人，必须进行身体检查，不适宜在高空作业的人，禁止从事高空作业。遇有六级以上强风时，禁止露天进行起重工作和高空作业。施工现场应符合安全卫生标准，脚手架的负荷量，每平方米不能超过270公斤。进行土方工程前，应做好必要的地质、水文和地下设备的调查和勘察工作。挖掘土方应从上而下施工，禁止采用挖空底脚的操作方法，并且应该做好排水措施。拆除工程的施工，必须在工程负责人员的统一领导和经常监督下进行。拆除建筑物，应该自上而下顺序进行，禁止数层同时拆除。

（三）矿山安全技术规程

矿山生产作业中，由于自然条件的限制，存在着许多不安全和不卫生的因素，容易对劳动者的安全和健康造成威胁。为了保障矿山生产的安全，国家以《中华人民共和国矿山生产法》为蓝本，制定了一系列矿山安全的措施：

1. 矿山设计的安全要求：矿山设计的主要项目必须符合矿山安全规程和行业技术规程，包括通风系统、供电系统、提升运输系统、防火灭火系统、防水排水系统、防瓦斯系统、防尘系统等，矿山建设工程必须按照管理矿山企业的主管部门批准的设计

文件施工，竣工后，由主管部门验收，并须有劳动行政主管部门参加。

2. 矿山开采的安全要求：矿山开采必须具备保障安全生产的条件，应按开采的矿种不同分别遵守相应的矿山安全规程和行业技术规程。矿山适用有特殊安全要求的设备、器材、防护用品和安全测试仪器，必须符合国家标准或行业安全标准。

3. 作业场所的安全要求：矿山企业必须对作业场所中的有毒有害物质和井下空气含氧量进行检测，保证符合安全要求，防止矿井滑落、瓦斯爆炸、井喷、水灾等严重安全隐患。

任务三　劳动卫生规程

一、劳动卫生规程的含义

劳动卫生规程亦称工业卫生规程，是指国家为了改善劳动条件，保障职工在生产过程中的健康，防止、消除职业病和职业中毒而规定的各种法律规范。主要包括各种生产卫生、医疗预防、健康检查等方面的内容。其立法目的是保护劳动者身体健康，且内容具体，可操作性强，并具有与时俱进的特点。

二、我国劳动卫生规程的主要内容

中华人民共和国成立后，国家为贯彻安全生产方针，改善劳动条件，保护职工的身体健康，公布了一系列劳动卫生规程，主要有六个方面：

1. 防止粉尘危害。劳动卫生规程要求各生产单位，凡是有粉尘作业环境的，要努力实现生产设备的机械化、密闭化，设置吸尘、滤尘和通风设备。国务院1956年颁布的《关于防止厂矿企业中矽尘危害的决定》，要求各厂、矿企业根据实际条件，采取各种防尘措施。

2. 防止有毒物质的危害。在劳动生产过程中，有毒有害的气体和液体的长期影响会严重地损害工人的安全和健康。因此，劳动卫生规程严格规定了车间作业环境中有害有毒物质的最高容许浓度，例如国务院在1956年批准由原劳动部公布的《关于防止沥青中毒的办法》，要求在沥青的装卸、搬运和使用过程中，采取各种有效防护措施，预防沥青中毒。

3. 防止噪声和强光刺激。在从事衔接、锻压、电焊、冶炼等作业环境中所产生的噪音和强光，对作业工人的视觉和听觉都有不良影响。劳动卫生规程要求作业环境要有消音设备，工人操作时要配备个人防护用品，如国务院在1956年颁布的《工厂安全卫生规程》中，对发生强烈噪声的生产，要求其尽可能在设有消声设备的单独工作房中进行；在有噪音、强光、辐射热和飞溅火花、碎片、刨屑的场所操作的工人，应分别供给护耳器、防护眼镜、面具和帽盔等。

4. 个人防护用品的供应。从事有灼伤、烫伤或者容易发生机械外伤等危险的操作，在强烈辐射热或者低温条件下的操作，散放毒性、刺激性、感染性物质或者大量粉尘的操作，经常使衣服腐蚀、潮湿或者特别肮脏的操作，都要按照规定发工作服、工作帽、口罩、手套、护腿、鞋盖、防护眼镜、防毒面具、防寒用品等防护用品。除《工厂安全卫生规程》第十章对供应条件、管理制度所作原则性规定之外，劳动部1963年公布的《国营企业职工个人防护用品发放标准》，具体规定了发放防护用品的原则、标准和保管、发放制度等。

5. 劳动卫生的管理。包括业务性和专业性的规则、规定、标准和办法，由国家有关部门规定和发布。如《工业企业设计卫生标准》、《工业企业噪声卫生标准》、《工业企业人工照明暂行标准》、《关于加强农药安全管理的规定》等。

6. 劳动卫生方面的国家技术法规。如自吸过滤式防尘口罩标准（GB2626~81）于1982年1月公布施行，过滤式防毒面具标准（GB2890~82）于1982年10月公布施行。

任务四　劳动安全卫生管理制度

一、劳动安全卫生管理制度含义

劳动安全卫生管理制度，是指为了保障劳动者在劳动过程中的安全和健康，用人单位根据国家有关法规的规定，结合本单位的实际情况所制定的劳动安全卫生规章制度。

二、劳动安全卫生管理制度的主要种类

劳动安全卫生管理制度主要有：安全生产责任制度、劳动安全技术措施计划制度、劳动安全生产教育制度、劳动安全卫生标准制度、安全卫生认证制度、安全卫生设施"三同时"制度、安全卫生检查与监察制度、伤亡事故报告和处理制度。

（一）安全生产责任制度

安全生产责任制度指企业各级领导、职能科室人员、工程技术人员和生产工人在劳动过程中应负安全责任制度。具体内容包括：

1. 规定各级人民政府及其职能部门以及行业主管部门在安全生产中的责任。主要是监督、检查以及事故报告处理方面的责任。

2. 规定用人单位在安全生产方面的责任。用人单位在安全生产中必须建立健全劳动安全卫生制度。

3. 规定了领导人员在安全生产中的责任。包括在安全生产责任制建立方面的责任、违章指挥生产的责任、安全生产管理失误以及失职产生的责任等。

4. 规定了在特殊工作岗位工作的劳动者的责任和安全检查人员应负的责任，如特

种作业人员操作规程及违章操作的责任、安全检查人员的责任。

（二）劳动安全技术措施计划制度

企业在编制年度生产、技术、财务计划的同时，必须编制以改善劳动条件、防止和消除伤亡事故和职业病为目的的技术措施计划的管理制度。主要包括内容：安全技术措施，劳动卫生措施，辅助性设施建设、改善设施以及劳动安全卫生宣传教育措施。

（三）劳动安全生产教育制度

劳动安全生产教育制度是企业对劳动者进行安全技术知识、安全技术法制观念的教育、培训和考核制度，是防止发生工伤事故的重要措施。内容一般分为思想教育、法规教育、安全技术教育三种。

安全生产教育培训制度是预防工伤事故发生的重要措施。我国十分重视安全卫生教育培训，《劳动法》规定，用人单位必须"对劳动者进行安全卫生教育"；"从事特种作业的劳动者必须经过专门培训并取得特种作业资格"。《安全生产法》第21条、第22条对职工安全生产教育培训作了明确具体的规定。对劳动者进行安全生产教育培训是用人单位的一项基本义务和责任。

（四）劳动安全卫生认证制度

安全卫生认证制度，是指在生产经营过程进行之前，依法对参与生产经营活动的主体能力、资格以及其他安全卫生因素进行审查、评价并确认资格或条件的制度。安全卫生认证制度，是一项预防事故，防止职业伤害的重要制度，也是我国以预防为主的劳动卫生制度指导思想的具体反映。

我国现行的安全卫生认证，主要包括对企业资格的认证、有关人员资格的认证和对特殊产品的认证。对企业安全卫生生产资格的认证主要有以下几种：①煤矿企业安全认证。②建筑企业安全认证。③压力容器设计、制造企业安全认证。④职业安全卫生检测检验站资格认证。对特殊岗位或特种作业人员的资格认证主要有以下几种：①对企业领导人员安全管理资格的认证。②对特种作业（"特种作业"是指容易发生人员伤亡事故，对操作者本人、他人及周围设施的安全可能造成重大危害的作业）人员的安全资格认证。对特殊设备和产品的安全认证主要有以下几种：①压力容器安全认证。②漏电保护器安全认证。③劳动防护用品安全质量认证。④客运架空索道安全认证。

（五）劳动安全卫生标准制度

劳动安全卫生标准是指国家制定的劳动安全卫生技术规范，是保障劳动者安全健康的重要手段和执行安全卫生监督的法定技术依据。安全卫生标准制度是劳动安全卫生的一项基础性制度，劳动安全卫生标准主要包括七类：①劳动安全及劳动卫生工程技术标准；②工业产品在设计、生产、检验、储运、使用过程中的安全卫生标准；

③特种设备（锅炉、压力容器、起重机械等）安全技术标准、安全附件安全技术标准；④工矿企业工作条件及工作场所的安全卫生标准；⑤职业安全卫生管理和特种作业人员安全技能考核标准；⑥气瓶产品标准；⑦劳动防护用品标准。

（六）劳动安全卫生设施"三同时"制度

安全卫生设施"三同时"制度是指通过立法规定的，在我国境内的一切生产性建设项目的安全卫生设施，都必须与主体工程同时设计、同时施工、同时投入生产和使用的制度。"三同时"制度的基本内容包括：①建设单位在申报建设项目时，应按规定同时提出安全卫生设施的方案，所需经费应纳入总投资计划。审批部门应一并审批下达。②设计单位在设计主体工程项目时应同时编制《职业安全卫生篇》，详细说明可能产生的职业危害和应采取的措施及其预期效果等，并严格规定与主体工程同时设计。③施工单位对安全卫生设施应按设计要求与主体工程同时施工，并保证质量。④工程项目竣工后，当地劳动、卫生等有关部门应对工程的安全卫生设施进行试运行和验收。凡验收不合格的，工程不得投入使用。⑤对违反"三同时"制度规定的，应当依法追究责任者的法律责任。

（七）劳动安全卫生检查与监察制度

1. 劳动安全卫生检查制度是指国家有关行政部门以及企业本身对企业执行劳动安全卫生法规情况定期或不定期的检查制度。检查内容一般包括：①安全卫生措施的计划和完成情况；②各种安全技术、工业卫生规程的执行情况；③各项安全卫生设施的运行、检修情况；④各种机械设备、厂房建筑和安全设备的技术情况；⑤个人防护用品的保管和使用情况等。

2. 劳动安全卫生监察制度是指国家劳动行政部门和其他有关部门对劳动安全卫生进行检查监督，并对违法行为进行制止和处罚的制度。

（八）伤亡事故报告和处理制度

伤亡事故的报告和处理制度是对劳动者在劳动过程中发生伤亡事故进行统计报告、调查、分析和处理的制度。其目的在于及时统计、报告、调查和处理伤亡事故，积极采取预防措施，防止和减少伤亡事故的危害。

☆【案例分析】

某集团的做法侵犯了入职员工的健康权，某集团必须承担赔偿责任。从事接触职业病危害作业是指劳动者所从事的工种存在职业危害，会给身体造成较大损害，而本案的工作及环境当属其列。《职业病防治法》第36条第1款已明确规定："对从事接触职业病危害的作业的劳动者，用人单位应当按照国务院安全生产监督管理部门、卫生行政部门的规定组织上岗前、在岗期间和离岗时的职业健康检查，并将检查结果书面告知劳动者。职业健康检查费用由用人单位承担。"该法第38条第2款又规定："对遭受或者可能遭受急性职业病危害的劳动者，用人单位应当及时组织救治、进行健康检查和医学观察，所需费用由用人单位承担。"

另据《劳动合同法》的相关规定，对于从事接触职业病危害作业的劳动者未进行离岗前职业健康检查，或者疑似职业病病人在诊断或者医学观察期间的，用人单位不得解除劳动合同。即对从事有毒有害等特殊岗位的劳动者给予离岗前健康检查，是用人单位的法定义务。

根据以上法律规定，某集团未对入职员工进行入职体检，使员工权利遭受损害的，依法应当承担相应民事赔偿责任。

法条链接

《中华人民共和国职业病防治法》（2012年修订）

第36条 对从事接触职业病危害的作业的劳动者，用人单位应当按照国务院安全生产监督管理部门、卫生行政部门的规定组织上岗前、在岗期间和离岗时的职业健康检查，并将检查结果书面告知劳动者。职业健康检查费用由用人单位承担。

☺【思考与练习】

对未出台相关劳动安全与卫生标准的新兴行业，员工如何保障自身权利？

☺【实训】

工作场所不符合法律规定的安全条件，员工有没有权利要求改进？

情境设计

某照明厂员工付某等6人以"工作场所采光差、通风差、卫生条件差"等理由向当地劳动争议仲裁委员会提出申诉。申诉书称：申诉人长期在不符合国家规定的工作场所从事劳动，严重影响身体健康，该厂所属的电器组装车间厂房近400平方米，四周墙壁只有一排不到1米高的小窗户且用塑料板遮挡着；车间里，工作台与成品、半成品、废料的堆放杂乱；没有通风设施；没有洗手的水龙头；公司领导则以"车间是60年代建厂时设计的，虽然现已破旧，但从勤俭上看还可以使用"为理由不予改善，申诉人请求公司改变工作场所采光差、通风差、卫生差的状况，保证职工身体健康。

工作任务

照明厂员工申诉理由是否成立？

训练方法

学生分组讨论，分析用人单位是否违反劳动安全卫生制度？

考核标准

能准确地理解工作场所的采光、通风、用水、取暖、防冻、消毒、清扫，等等，都是劳动安全卫生的重要内容，对职工身体健康有着直接的影响，职工长期在采光不足、通风不好、卫生条件很差的环境下工作，会产生各种各样的疾病，甚至出现伤亡事故。

项目十 女职工和未成年工的特殊保护

知识目标

1. 掌握女职工和未成年工特殊保护的含义、意义；
2. 掌握女职工特殊保护的内容；
3. 了解未成年工特殊保护的内容。

能力目标

了解女职工和未成年工特殊保护的各项具体规定。

内容结构图

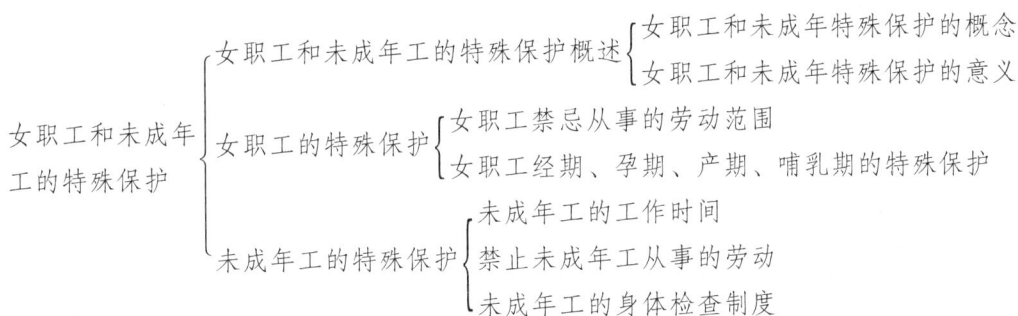

女职工和未成年工的特殊保护
- 女职工和未成年工的特殊保护概述
  - 女职工和未成年特殊保护的概念
  - 女职工和未成年特殊保护的意义
- 女职工的特殊保护
  - 女职工禁忌从事的劳动范围
  - 女职工经期、孕期、产期、哺乳期的特殊保护
- 未成年工的特殊保护
  - 未成年工的工作时间
  - 禁止未成年工从事的劳动
  - 未成年工的身体检查制度

案例导入

2011 年 11 月 24 日，杨某进入某公司工作，担任公司实验室的资料员。杨某在公司正常满勤上班月工资为 2150 元。杨某入职后，公司却未与其签订合同，也未给其缴纳社会保险。杨某从 2012 年 4 月 16 日起离开工作岗位怀孕待产，2012 年 4 月 20 日，某公司发文《关于辞退临时工杨某的决定》，给予杨某作辞退处理，并于当日发出《辞退员工通知书》，通知杨某到公司办理辞退手续。2012 年 5 月 24 日~28 日，杨某在县人民医院住院，期间于 5 月 25 日生育小孩，住院总金额 8576.50 元，其中新农合记账 4338.50 元，共支付现金 4238 元。2012 年 7 月 26 日，杨某以公司未与其签订劳动合同，未给其交纳社会保险费以及其在生育小孩期间不发工资为由，向县劳动人事争议仲裁委员会申请仲裁。

问题：女职工孕期能否被辞退？

● 基本原理

任务一　女职工和未成年工的特殊保护概述

一、女职工和未成年工特殊保护的概念

（一）女职工特殊保护的含义

女职工特殊保护，是指在通常的劳动保护之外，根据女职工身体结构、生理机能的特点以及生育子女的特殊需要，适用于女职工的一种特殊的劳动保护。女职工包括从事体力劳动和脑力劳动的一切女性劳动者。其主要法律依据是《劳动法》第七章和《女职工劳动保护特别规定》、《妇女权益保障法》、《女职工禁忌劳动范围的规定》等法规。

（二）未成年工特殊保护的含义

未成年工特殊保护的含义，是指在通常的劳动保护之外，根据未成年人的身体发育尚未成型的身体和生理特点而在劳动过程中采取的特殊保护。在我国，未成年工是指年满16周岁未满18周岁的劳动者。其主要法律依据是《未成年人保护法》、《劳动法》、《未成年工特殊保护规定》。

二、女职工和未成年工特殊保护的意义

在我国的现实生活中，歧视妇女的现象仍然存在，自改革开放以来，这种现象还有蔓延和发展的趋势。有些单位招工中重男轻女，一些企业在实行承包时排斥女工。妇女的哺乳休息时间和经期、孕期的保护措施在一些单位中被非法取消。有的女职工在孕期、产期被企业以种种理由非法辞退；还有的单位在提高工资时排斥女工，不实行同工同酬。一些企业对于未成年工的保护也未予以应有的重视，有的企业往往对未成年工不加以区别，和成年工一样使用。

在我国社会主义制度的条件下，对女职工和未成年工进行特殊的保护，具有重要的意义。

1. 对女职工和未成年工进行特殊保护体现了社会主义制度的优越性。我国是以工人阶级领导的，以工农联盟为基础的，人民民主专政的国家。人民是国家的主人，对女职工和未成年工进行特殊保护反映了人民的意志，是符合人民利益的。

2. 对女职工和未成年工进行特殊保护对于促进我国生产力发展具有重要的意义。妇女是一种伟大的人力资源。在我国，妇女参加的工作和劳动范围很广，遍布各个行业，为了使女职工有充沛的、持久的精力，以使她们在各项建设事业中充分发挥作用，必须关心她们的疾苦，认真做好女职工劳动保护工作。这是调动广大女职工积极性的

一项重要措施。未成年工正处在生长发育期，对他们进行特殊保护实际上就是对生产力的保护。

3. 对女职工和未成年工进行特殊保护，关系到中华民族的兴旺发达和民族的优秀身体素质的延续和提高。妇女担负着孕育下一代的特殊义务，对女职工的特殊保护不仅是对女职工本身的保护，而且也是对下一代的安全和健康的保护。例如，女职工从事特别繁重的体力劳动和有毒有害作业，将会影响到胎儿和婴儿的发育和成长，甚至会造成流产、早产、胎儿的中毒死亡和畸形等。因此，为了使下一代具备优秀的身体素质，必须从法律上保障怀孕和哺乳期的女职工在劳动过程中的安全与卫生，保障未成年工在劳动期间的正常发育。

任务二　女职工的特殊保护

女职工的特殊保护是世界各国劳动法和劳动保护工作的一个重要组成部分。我国法律规定中所指的女职工，包括所有从事体力劳动和脑力劳动的已婚、未婚的女性职工。为保证女职工在劳动过程中的安全和健康，就应当为女职工提供特殊的劳动保护。

一、女职工禁忌从事的劳动范围

《劳动法》第 59 条明确规定，"禁止安排女职工从事矿山井下、国家规定的第四级体力劳动强度的劳动和其他禁忌从事的劳动"。

《体力劳动强度分级》标准中规定：第四级体力劳动强度的劳动，是 8 小时工作日平均耗能值为 2700 千卡/人，劳动时间率为 77%，即净劳动时间为 370 分钟。相当于"很重"强度的劳动。所以，《劳动法》规定，禁止女职工从事国家规定的第四级体力劳动强度的劳动。

《劳动法》还规定，禁止安排女职工从事其他禁忌性劳动。按照原劳动部发布的《女职工禁忌劳动范围的规定》，这些禁忌从事的劳动除矿山井下作业和《体力劳动强度分级》标准中第四级体力劳动强度的作业外，主要还包括：森林采伐作业（归楞及流放）；建筑业脚手架的组装和拆除作业；电力、电信行业的高处架线作业；连续负重（指每小时负重次数在 6 次以上）、每次负重超过 20 公斤，间断负重每次负重超过 25 公斤的作业。

二、女职工经期、孕期、产期、哺乳期的特殊保护

女职工的月经期、怀孕期、生育期、哺乳期是完成人类自身再生产重担所必不可少的时期，因此，在女职工生理机能发生变化的期间，更需要对女职工加以特殊的保护。

（一）经期保护

《劳动法》第 60 条规定："不得安排女职工在经期从事高处、低温、冷水作业和国

家规定的第三级体力劳动强度的劳动。"女职工在月经期间禁忌从事《高处作业分级》国家标准中二级（含二级）以上的作业，即高处作业高度在 5 米以上的作业；不得安排月经期间的女职工在食品冷冻库内及冷水等低温作业；不得安排月经期间的女职工从事《体力劳动强度分级》国家标准中的第三级体力劳动强度的劳动。

（二）孕期保护

《劳动法》第 61 条规定："不得安排女职工在怀孕期间从事国家规定的第三级体力劳动强度的劳动和孕期禁忌从事的劳动，对怀孕 7 个月以上的女职工，不得安排其延长工作时间和夜班劳动。"对于怀孕 7 个月以上（含 7 个月）的女职工，用人单位不得安排其从事夜班劳动。夜班劳动是指在当日 22 点至次日 6 点时间从事劳动或者工作。用人单位也不得安排其在正常劳动时间以外延长劳动时间。对不能胜任原劳动的怀孕女职工，应当根据医务部门的证明予以减轻劳动量或者安排其他劳动，并在劳动时间内应当安排一定的休息时间。怀孕的女职工在劳动时间内需要进行产前检查的，应算作劳动时间，不能按病假、事假、旷工处理。对在生产第一线的女职工，要相应减少生产定额，以保证产前检查时间。

（三）产期保护

产期保护是指女职工在生育期间的保护。女职工在产期内，享受一定时期的生育假和生育待遇。《劳动法》第 62 条规定："女职工生育享受不少于 90 天的产假。"国家规定产假，是为了保证产妇恢复身体健康，享受产假不能提前或推后。《女职工劳动保护特别规定》第 7 条规定，女职工生育享受 98 天产假。女职工如果是难产，增加产假 15 天。多胞胎生育的，每多生育一个婴儿，增加产假 15 天。产假期满恢复工作时，应允许有 1～2 周的时间逐步恢复原定额工作量。

女职工怀孕流产的，其所在单位应当根据医务部门的证明，给予一定时间的产假。女职工流产具体休假办法，目前是按照《关于女职工生育待遇若干问题的通知》执行，即"女职工怀孕不满 4 个月流产时，应当根据医务部门的意见，给予 15～30 天的产假；怀孕满 4 个月以上流产者，给予 42 天产假。产假期间，工资照发"。

（四）哺乳期保护

哺乳期是指女职工用于哺乳其婴儿的时间。《劳动法》第 63 条规定，用人单位不得安排女职工在哺乳未满 1 周岁的婴儿期间，从事国家规定的第三级体力劳动强度的劳动和哺乳期禁忌从事的其他劳动，不得安排其延长工作时间和夜班劳动。有不满 1 周岁婴儿的女职工，其所在单位应当给予女职工每班两次，每次不少于 30 分钟的哺乳时间（含人工喂养）。多胞胎生育的，每多哺乳一个婴儿，每次哺乳时间增加 30 分钟。女职工每班劳动时间内的两次哺乳时间，可以合并使用，哺乳时间和在本单位内哺乳往返途中的时间，算作劳动时间。女职工哺乳婴儿满周岁后，一般不再延长哺乳期。如果婴儿身体特别虚弱，经医务部门证明，可将哺乳期酌情延长。如果哺乳期满正值夏季，也可延长一两个月。其他有条件的企业事业单位，也可以根据具体情况适当延长女职工的哺乳期。

三、女职工工作场所的"性骚扰"

性骚扰，是指以性欲为出发点的骚扰，以带性暗示的言语或动作针对被骚扰对象，引起对方的不悦感，通常是加害者肢体碰触受害者性别特征部位，妨碍受害者行为自由并引发受害者抗拒反应。性骚扰表现形式尚无统一界定，一般认为有口头、行动、人为设立环境3种方式。在很多国家，性骚扰是一种不法的行为，常见于职场性骚扰，例如上司对下属性骚扰，同事性骚扰。

《女职工劳动保护特别规定》第11条明确规定，在劳动场所，用人单位应当预防和制止对女职工的性骚扰。这一项法律制度，堪称保障女职工人格尊严和工作环境权的一项重大突破，填补了国家性骚扰立法的一项空白，首次在劳动法领域确立此项制度，在法制建设历程中具有里程碑意义。

目前我国尚无国家层面的立法界定"性骚扰"，仅在地方立法中以列举方式界定。例如，北京市2009年9月25日修订的《实施〈中华人民共和国妇女权益保障法〉办法》第33条规定："禁止违背妇女意志，以具有性内容或者与性有关的语言、文字、图像、电子信息、肢体行为等形式对妇女实施性骚扰。""劳动场所"是指员工因工作而需要在场或前往、并在雇主直接或间接控制之下的一切地点，包括日常办公场所和其他履行职责的场所，还包括本职工作的适当延伸场所，例如，公司组织的旅行、社交活动、下班后的聚会等场所。

劳动场所"性骚扰"的形式一般有以下两种：①有报酬性的性骚扰。通过明示或者暗示性方面的要求，作为员工或者求职者取得职务、丧失职务、变更其劳动条件的交换。一般都发生在有监督管理权能的上司对待其下属的情况中。如果拒绝上司或者雇主的性要求，就可能会丧失工作，或者得不到晋升的机会，甚至会遭受到降级、减薪或者受到其他报复。②敌意的工作环境。这种性骚扰通常是发生在同事之间，但也可能是由于雇主的主顾或者顾客所实施的，如在职场中以与"性"有关的语言、举动或者其他方法对员工或者求职者造成困扰。雇主实际已知悉这种情况，但不采取防范及纠正的措施的，应当承担法律责任。

用人单位在实践中可以采取下列措施防治职场性骚扰：①依法制定明确的防治职场性骚扰的规章制度，包括界定什么是性骚扰。②设置便于投诉或举报的专门机构，负责受理投诉与调查工作；开展防治职场性骚扰政策的宣传教育活动，定期进行防治职场性骚扰的培训。③管理者接到性骚扰投诉或者发现性骚扰行为时，应当及时妥善处理，根据具体情形采取对受害人的补救措施和对加害人的惩戒措施，并尽可能采取保密和防止报复措施。其中惩处加害人的方式可以包括：警告、降级、调离、停职停薪或开除等。即使骚扰者没被开除，也要参加防治工作场所性骚扰的学习班。一定要确保举报者不受同一人继续骚扰，包括对两人进行永久性隔离以避免再次接触，等等。

女职工遭遇职场性骚扰后，应当积极向本单位受理投诉的机构或者个人投诉。如果没有专门的机构或者个人，就向工会、市或区妇女儿童工作委员会、妇联等机构投诉，还可以向民间社团求助，获得他们的法律援助。如果性骚扰构成了违反治安管理法的行为，受害人可以提请公安机关对违法行为人依法给予罚款、拘留等行政处罚。如果性骚扰演变成强制猥亵妇女罪、强奸罪或者故意伤害罪等犯罪行为，则应当及时向当地公安机关报案，依法追究其刑事责任。受害人还可以直接向法院起诉，把骚扰者及其所在单位作为共同被告，要求被告停止侵害、赔礼道歉、赔偿经济损失并支付精神损害抚慰金。

任务三　未成年工的特殊保护

法律规定中所指的未成年工，是年满 16 周岁未满 18 周岁的劳动者。未成年工的特殊劳动保护，是指根据未成年工的身体发育尚未定型的特点，对未成年工在劳动过程中特殊权益的保护。

一、最低就业年龄

《劳动法》第 15 条规定："禁止用人单位招用未满 16 周岁的未成年人。文艺、体育和特种工艺单位招用未满 16 周岁的未成年人，必须依据国家有关规定，履行审批手续，并保障其受义务教育的权利。"也就是说，我国规定的最低就业年龄为 16 岁。未成年工是指 16～18 周岁的劳动者。

二、未成年工的工作时间

为保障未成年工的正常发育和身体健康，一般情况下，对未成年工实行缩短工作时间，并不得安排未成年工从事夜班工作及加班加点工作。我国劳动法虽然尚无缩短未成年工劳动时间的强制性规定，但在相关的法律法规中，要求用人单位为未成年工安排适当的工间休息时间，并不得安排其加班加点和从事夜班劳动。如《私营企业劳动管理暂行规定》第 23 条规定禁止安排未成年工加班加点。

三、禁止未成年工从事的劳动

未成年人从事的劳动范围受到严格的限定。任何组织或者个人按照国家有关规定招用已满 16 周岁未满 18 周岁的未成年人的，应当执行国家在工种、劳动时间、劳动强度和保护措施等方面的规定，不得安排其从事过重、有毒、有害等危害未成年人身心健康的劳动或者危险作业。《劳动法》第 64 条规定："不得安排未成年工从事矿山井下、有毒有害、国家规定的第四级体力劳动强度的劳动和其他禁忌从事的劳动。"《娱乐场所管理条例》规定，娱乐场所不得招用未成年人；《船员条例》规定，申请船员注册，应当年满 18 周岁。《未成年工特殊保护规定》第 3 条规定，用人单位不得安排未成年工从事以下范围的劳动：①《生产性粉尘作业危害程度分级》国家标准中第一级以上的接尘作业；②《有毒作业分级》国家标准中第一级以上的有毒作业；③《高处作业分级》国家标准中第二级以上的高处作业；④《冷水作业分级》国家标准中第二级以上的冷水作业；⑤《高温作业分级》国家标准中第三级以上的高温作业；⑥《低温作业分级》国家标准中第三级以上的低温作业；⑦《体力劳动强度分级》国家标准中第四级体力劳动强度的作业；⑧矿山井下及矿山地面采石作业；⑨森林业中的伐木、流放及守林作业；⑩工作场所接触放射性物质的作业；⑪有易燃易爆、化学性烧伤和热烧伤等危险性大的作业；⑫地质勘探和资源勘探的野外作业；⑬潜水、涵洞、涵道作业和海拔 3000 米以上的高原作业（不包括世居高原者）；⑭连续负重每小时在 6 次以上并每次超过 20 公斤，间断负重每次超过 25 公斤的作业；⑮使用凿岩机、捣固机、气镐、气铲、铆钉机、电锤的作业；⑯工作中需要长时间保持低头、弯腰、上举、下蹲等强迫体位和动作频率每分钟大于 50 次的流水线作业；⑰锅炉司炉。第 4 条规定，未成年工患有某种疾病或具有某些生理缺陷（非残疾型）时，用人单位不得安排其从事以下范围的劳动：①《高处作业分级》国家标准中第一级以上的高处作业；②《低温作业分级》国家标准中第二级以上的低温作业；③《高温作业分级》国家标准中第二级以上的高温作业；④《体力劳动强度分级》国家标准中第三级以上体力劳动强度的作业；⑤接触铅、苯、汞、甲醛、二硫化碳等易引起过敏反应的作业。

四、未成年工的身体检查制度

为了保护未成年工的身体健康，按法定年龄招收未成年工时，应当进行全面的健康检查，取得身体合格证明以后，才能够正式被录用。未成年工被录用后，要依据《劳动法》第 65 条的规定"用人单位应当对未成年人定期进行健康检查"。用人单位在未成年人安排工作岗位之前；工作满 1 年；年满 18 周岁，距前一次的体检时间已经超过半年要进行健康检查。未成年工的健康检查，应按《未成年工健康检查表》列出的项目进行。用人单位应该根据未成年工的健康检查结果安排其从事合适的劳动，对于不能胜任原劳动岗位的，应该根据医务部门的证明，予以减轻劳动量或者安排其他劳动。

五、未成年工使用和特殊保护登记

用人单位招收使用未成年工，除符合一般的用工要求之外，还必须向所在地县级以上劳动行政部门办理登记。劳动行政部门根据《未成年工健康检查表》、《未成年工登记表》以及劳动部的有关规定，审核体检情况和拟定安排的劳动范围，核发国务院劳动行政部门统一印刷的《未成年工登记证》。未成年工必须持《未成年工登记证》上岗。未成年工体检和登记，由用人单位统一办理并承担所需费用。

⊛ **【案例分析】**

国务院 2012 年发布的《女职工劳动保护特别规定》第 5 条规定："用人单位不得因女职工怀孕、生育、哺乳降低其工资、予以辞退、与其解除劳动或者聘用合同。"《劳动法》第 29 条也规定，女职工如果在孕期、产期、哺乳期内的，即使《劳动法》第 26、27 条规定的情形出现，用人单位也不得与之解除劳动合同。可见，孕期的女职工是受到法律保护的，用人单位不能随意辞退怀孕期间的女职工。

法条链接

《女职工劳动保护特别规定》(2012)

第 3 条 用人单位应当加强女职工劳动保护，采取措施改善女职工劳动安全卫生条件，对女职工进行劳动安全卫生知识培训。

第 4 条 用人单位应当遵守女职工禁忌从事的劳动范围的规定。用人单位应当将本单位属于女职工禁忌从事的劳动范围的岗位书面告知女职工。

女职工禁忌从事的劳动范围由本规定附录列示。国务院安全生产监督管理部门会同国务院人力资源社会保障行政部门、国务院卫生行政部门根据经济社会发展情况，对女职工禁忌从事的劳动范围进行调整。

第 5 条 用人单位不得因女职工怀孕、生育、哺乳降低其工资、予以辞退、与其解除劳动或者聘用合同。

第 6 条 女职工在孕期不能适应原劳动的，用人单位应当根据医疗机构的证明，予以减轻劳动量或者安排其他能够适应的劳动。

对怀孕 7 个月以上的女职工，用人单位不得延长劳动时间或者安排夜班劳动，并应当在劳动时间内安排一定的休息时间。

怀孕女职工在劳动时间内进行产前检查，所需时间计入劳动时间。

第 7 条 女职工生育享受 98 天产假，其中产前可以休假 15 天；难产的，增加产假 15 天；生育多胞胎的，每多生育 1 个婴儿，增加产假 15 天。

女职工怀孕未满 4 个月流产的，享受 15 天产假；怀孕满 4 个月流产的，享受 42 天产假。

第 8 条 女职工产假期间的生育津贴，对已经参加生育保险的，按照用人单位上年度职工月平均工资的标准由生育保险基金支付；对未参加生育保险的，按照女职工产假前工资的标准由用人单位支付。

女职工生育或者流产的医疗费用，按照生育保险规定的项目和标准，对已经参加生育保险的，由生育保险基金支付；对未参加生育保险的，由用人单位支付。

第 9 条 对哺乳未满 1 周岁婴儿的女职工，用人单位不得延长劳动时间或者安排夜班劳动。

用人单位应当在每天的劳动时间内为哺乳期女职工安排 1 小时哺乳时间；女职工

生育多胞胎的，每多哺乳 1 个婴儿每天增加 1 小时哺乳时间。

第 10 条　女职工比较多的用人单位应当根据女职工的需要，建立女职工卫生室、孕妇休息室、哺乳室等设施，妥善解决女职工在生理卫生、哺乳方面的困难。

◎【思考与练习】

女职工孕期内严重违纪，用人单位可否解除劳动合同？

◎【实训】

用人单位能否以女职工超生为由解除劳动关系？

情景设计

沈某自 2005 年 7 月份入职北京某报社，负责编辑工作，月薪 4500 元。2012 年 5 月以来，因沈某二胎怀孕，相关领导多次找沈某谈话，但未能说服沈某，2012 年 7 月 13 日，某报社以沈某违反《中华人民共和国人口与计划生育法》为由向沈某出具劳动合同解除通知书。沈某要求单位支付相应赔偿，遭到单位的拒绝，最后沈某提起劳动仲裁。

工作任务

报社能否以沈某超生为由解除劳动关系？

训练方法

学生分组讨论此案的法律依据。

考核标准

能够了解对于以"超生"为由与女职工解除劳动关系问题是否合法所存在的两种不同观点。一种观点认为，超生违反了《中华人民共和国人口与计划生育法》等国家法律法规，因此用人单位完全可以违反计划生育规定为由解除劳动合同；另一种观点则认为，国家法律没有明确规定未婚先孕、超生要受到解除劳动合同的处分，《婚姻法》、《人口与计划生育法》等法规都没有这方面的规定，用人单位无权解除劳动合同。

项目十一　职业培训

✎ 知识目标

1. 掌握职业培训的含义、特征和意义；

2. 掌握职业培训的主要形式；

3. 职业技能鉴定的概念、管理体制、主要对象和职业资格证书制度。

▪ 能力目标

了解职业培训的主要形式、职业资格证书制度。

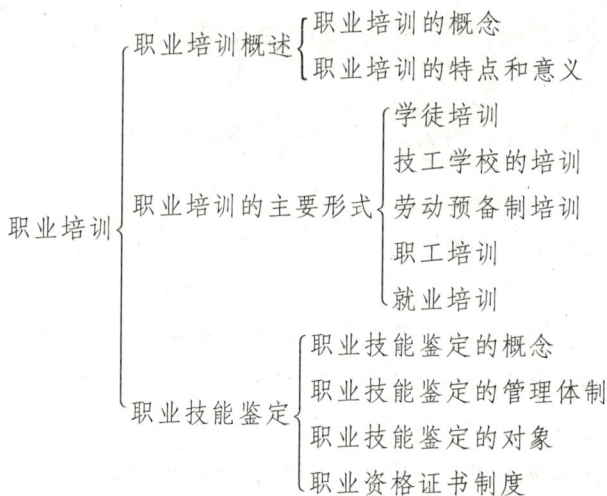

内容结构图

案例导入

2012 年 1 月，赵某加盟某投资公司从事项目管理工作，双方签订了为期 3 年的劳动合同。公司业务繁忙，经常出现超时工作。有一次，赵某忍不住在公司上网与朋友评论此事，被公司人力资源部门发现。2012 年 11 月，公司突然通知赵某不用上班了，公司将与其解除劳动合同，原因是赵某在上班时间上网聊天，严重违反了公司的规章制度。但赵某从未见过公司有此类规定，在极为不满之下，向当地劳动争议仲裁委员会提起仲裁，请求恢复劳动关系。

问题：入职培训重不重要？

● 基本原理

任务一　职业培训概述

一、职业培训概念

职业培训，又称职业技能培训和职业技术培训，是指根据社会职业的需求和劳动者从业的意愿和条件，按照一定标准，对劳动者进行的旨在培养和提高其职业技能的教育训练活动。国际劳工组织对职业培训的定义为：职业指导和培训系指指导和培训的目的在于确定和开发人类从事生产性和令人满意的职业生活的能力，通过接受不同形式的教育，提高个人的理解能力，并通过个人或者集体，去影响工作和环境。

职业是个人在社会中所从事的作为主要生活来源的工作。职业培训是一种按照不同职业岗位的要求，对接受培训的人员进行职业知识与实际技能培训和训练的职业教育活动。其目标在于把求职人员培养训练成为具有一定文化知识和技术技能素质的合格的劳动者，把具备一定职业经历的劳动者训练成为适应职业岗位需要的劳动者，以适应转换职业和继续就业的需要。

职业是社会分工的产物。在现代社会里，劳动者需要通过从事某种具体的职业，即实现就业，来达到其谋生和向社会作出贡献的目的。每一种职业都有具体的职业岗位，都对从事该职业的劳动者有特殊的素质要求，其中包括知识结构、技术技能、生理心理、道德品质等。这些要求，实质上是对准备从事该职业的人员提出的必须具备的条件。凡是专门直接为实现这些要求和创造这种条件，并且按照规定的不同职业（工种）与不同层次的目标要求所进行的各种培训，如就业前培训、在职培训、转岗转业培训等，都属于职业培训的范畴。

职业培训的目的是增强劳动者的素质，提高其就业能力和适应职业转换的能力，促进经济与社会发展。因此，职业培训是人力资源开发的重要组成部分，是劳动就业工作的基础。我国《劳动法》和《职业教育法》都明确规定了职业培训的法律地位。职业培训的种类包括：就业前培训、转业培训、学徒培训、在岗培训、转岗培训及其他职业性培训。依据职业技能标准，职业培训的层次又分为初级、中级、高级培训。

职业培训是国民教育的一个重要组成部分。它同普通教育既有联系，又有区别。两者都是开发智力、培养人才，但是职业培训是直接培养劳动者，使其掌握从事某种职业的必要的专门知识和技能。

现代化的企业广泛采用机器和机器体系生产，工艺技术十分严密，劳动者不但需要熟练地掌握操作技能，而且需要深刻地理解专门知识。因此，培训和提高劳动者的知识和技能，是发展社会生产力的客观要求。

在社会主义条件下，加强职业培训有利于加速培养技术业务骨干和熟练工人，以满足国民经济发展对专门人员的需要；有利于提高劳动者的文化素质和技术水平，促进劳动生产率和经济效益的提高。

中华人民共和国建立以来，通过各种职业培训形式，培养和造就了大批技术工人、工程技术人员、管理人员和其他专业人员，推动了生产建设的发展。在全国工作重点转移到社会主义现代化建设上以后，加强职业培训受到了国家和企业更大的重视。

职业培训是劳动和社会保障工作的重要组成部分，而且其地位愈来愈重要。由于职业培训同就业和企业劳动管理具有密不可分的内在联系，因此，世界上绝大多数国家都是由劳动部门负责职业培训的管理，并且将职业培训作为积极的劳动力市场政策的重要内容。国际劳工组织设有专门的培训机构，负责调查、了解与交流各成员国职业培训的工作情况，并对发展中国家和地区进行技术上的援助，各国职业培训的具体模式和操作方法虽各有特点，但致力于提高劳动者素质、促进就业的目标则是基本一致的。

二、职业培训的特点和意义

（一）职业培训的特点

我国职业培训工作由劳动行政部门管理的体制一直是基本稳定的。根据我国《劳动法》的规定，国家通过各种途径，采取各种措施，发展职业培训事业，开发劳动者的职业技能，提高劳动者素质，增强劳动者的就业能力和工作能力。职业培训不同于学历教育，具有以下的特点：

1. 具有较强的针对性与实用性。职业培训以直接培养和提高劳动者的职业技能为目的，其目标是使受训者成为一定劳动领域的专门人才，以满足现代社会职业和劳动力供求双方的需要，具有较强的针对性和实用性。职业培训的目标、专业设置、教学内容等均根据职业技能标准、劳动力市场需求和用人单位的实际要求确定。经过职业培训的毕（结）业生可上岗作业。

2. 具有较强的灵活性。在培训形式上可采取联合办学、委托培训、定向培训等方式；在培训期限上采取长短结合的方式，可以脱产也可以半脱产；在培养对象上依据岗位的实际需要灵活确定；在教学形式上不受某种固定模式的限制，根据职业标准的要求采取多种形式的教学手段。

3. 培训与生产相结合。主要体现在一方面培训教学要紧紧围绕生产实际进行，另一方面要结合企业实际需求，在培训方法上强调理论知识教育与实际操作训练相结合，突出技能操作方法，加强生产实习训练，通过教学与生产实际相结合，推动职业培训与使用相结合。

4. 培训方法上强调理论知识教育与实际操作训练相结合，突出技能操作训练。职业培训突出专业技术知识和实际操作技能的培养和提高，在教育内容上更侧重于实践性和应用型。

（二）职业培训的意义

1. 加强职业培训是我国实施"科教兴国"战略的重要环节。当今世界，人类社会已经进入知识爆炸的时代，以信息技术为主要标志的科技进步日新月异，国家之间的竞争归根到底是科学技术的竞争。"科教兴国"战略是我国政府在深刻分析世界科技革命发展进程和我国社会主义现代化建设实际于1995年作出的重大决策。1996年5月15日颁布的《中华人民共和国职业教育法》（1996年9月1日起施行）第1条规定："为了实施科教兴国战略，发展职业教育，提高劳动者素质，促进社会主义现代化建设，根据教育法和劳动法，制定本法。"因此，加强职业培训是我国实施"科教兴国"战略的重要环节。

2. 加强职业培训有利于提高劳动者素质和全民族的素质。劳动者的素质包括思想品德和职业能力两个方面。一方面，劳动者素质的培养和提高是一个持续的过程，在普通教育阶段获得的知识和技能需要不断地更新，职业培训是劳动者素质持续培养和提高的主要途径；另一方面，劳动者是社会成员的主体部分，他们的素质决定着代表着全民族的素质。因此，加强职业培训关系到劳动者素质和全民族的素质的提高问题，从而成为关系社会经济发展的战略重点。

3. 加强职业培训有利于劳动权的实现和保障。职业技能或者职业能力是劳动者实现劳动权的基础。而职业培训的主要任务就是帮助劳动者获得必要的职业能力，为其进入劳动力市场准备条件；同时，职业培训还可以帮助失业劳动者通过职业培训转业训练，等等，尽快掌握新知识新技术，实现再就业，以保障劳动者的劳动权的持续实现。

4. 职业培训是人力资源开发的重要组成部分。目前在国际上，人力资源已经成为企业乃至整个国家的第一资源，各国都非常重视人力资源的开发。职业培训是人力资源开发的重要组成部分。当前，越来越多的拥有先进管理技术的跨国公司都把培训看成一种"超前性投资"它们在充分了解员工个人需求和职业发展愿望的基础上，制定出系统的科学的动态的员工职业生涯规划，并为员工提供适合其自身要求的多个发展渠道和学习深造的机会，期望培训不仅能够提高员工自身的专业知识和技能，而且能够形成市场竞争优势，并支持其长期的发展战略和变革。人力资源开发对我国同样具有非常重要的作用和意义。我国政府高度重视职业培训工作，明确了职业培训的法律地位，通过推进素质教育，深化职业培训机构改革，完善技术技能人才培养体系等措施，不断扩大职业培训规模，提高培训质量，加快人力资源的开发，促进社会经济发展。

任务二　职业培训的主要形式

一、学徒培训

学徒是指在作坊、工厂和商店中从事劳动和学习技术、业务的人。学徒培训指学徒在师傅的带领下，通过实际生产劳动，学习、掌握技术和业务的一种培训形式。在古希腊和罗马，培训学徒相当普遍。中世纪西欧的行会手工业中，已有一套完整的培训学徒的制度。在近代，对学徒制度进行法律调整，各国采用的方式不同，英国是由双方当事人签订契约，规定师徒之间的权利、义务关系，法律上并不限制，发生纠纷时由法院解决；法国、美国、意大利、西班牙、瑞士等国对师徒契约、学徒资格、学徒培训期等都制定有专门法律。

中国殷周时的作坊中，已使用学徒。唐、宋时，学徒制度盛行。在整个封建制时期，手工业者、商人收学徒，一般是为辅助劳动和家务役使的需要，附带传授技术，学徒期一般3~4年，由业主供给食宿和少量月规钱。学徒对业主具有一定的人身依附关系。学徒出师后，一般要给业主帮工若干年，才能到别的业主处做帮工或自己开业。

1840 年鸦片战争后，中国资本主义有所发展，使用机器生产的近代化工厂也采用学徒制度。20 世纪 20 年代后，有的改为训练班、养成工等名称。中华人民共和国成立后，国务院在 1958 年颁布了关于国营、公私合营、合作社营、个体经营的企业和事业单位的学徒的学习期限和生活补贴的暂行规定，对学徒（练习生）的招收、培养、学习期限和生活补贴等问题，都作了明确规定。招收学徒的单位和学徒、师傅和学徒之间，均应订立合同，写明学习期限、学习内容、学习期间的生活待遇以及双方的权利和义务。学徒的年龄一般在 16 周岁以上，学习期限一般为 3 年。

学徒关系具有以下特征：①学徒关系不是劳动关系。在培训期间，用人单位与劳动者确立的仅仅是以传授学习技艺为内容的学徒关系，只有学徒学艺期满，符合用人单位的录用条件，双方在平等自愿协商一致的原则下，签订劳动合同，才能确立劳动关系。②建立学徒培训关系的目的，旨在建立正式的劳动关系，受训者是否达到预期的培训要求，是决定能否建立劳动关系的主要根据。

二、技工学校的培训

技工学校的培训是指技工学校招收学生并对其进行系统的职业技能和文化教育，以培养合格的中级技术工人。这种劳动教育制度最早起源于英国，1799 年在安德森大学内设立特别工艺班，专门培训技术工人，1823 年独立成为工艺学院，其后陆续成立了类似性质的学院。19 世纪中叶以后，英国又出现了工人大学、技术学校、夜校、补习班、训练班等形式，主要由慈善团体、宗教团体、工会、公司、企业家等主办，政府通过由教育部门分发津贴、视察等方式进行监督。

中国从清末到中华民国时期，没有真正为培养技术工人而设的学校，只有一些私立的职业学校，训练打字、会计等人员。中华人民共和国成立后，随着生产建设的发展，需要的技术工人日益增多，专门培养技术工人的技工学校也大批建立和发展起来。国家劳动总局在 1986 年 11 月颁发《技工学校工作条例》，对技工学校的性质任务、招生对象、学制以及学校规模和专业设置、办学条件等都作了具体规定。

技工学校主要招收初中毕业生，个别工种或者专业确实需要的，也可以招收高中毕业生，但必须经过省级劳动行政部门批准；被招收者必须身体健康，未婚，年龄一般为 15 ~ 22 周岁。技校入学前是初中毕业生的，学制为 3 年；入学前是高中毕业生的，学制一般为 2 年。经过考试合格证发给毕业证书，同时经技术技能考核合格者发给相应技术等级证书。

三、劳动预备制培训

劳动预备制度是国家为提高青年劳动者素质，培养劳动后备军而建立和推行的一项新型培训制度。从 1999 年起，在全国城镇普遍推行劳动预备制度，这一制度的基本内容是组织新生劳动力和其他求职人员，在就业前接受 1 ~ 3 年的职业培训和职业教育，使其取得相应的职业资格或掌握一定的职业技能后，在国家政策的指导和帮助下，通过劳动力市场实现就业。实行劳动预备制度的主要对象是城镇未能继续升学并准备就业的初、高中毕业生，以及农村未能升学并准备从事非农产业工作或进城务工的初、高中毕业生。对准备从事农业生产劳动的初、高中毕业生，各地可从本地实际出发，另行制定培训办法。各地还可根据实际情况引导城镇失业人员和国有企业下岗职工参加劳动预备制培训。

劳动预备制培训人员学习期满，经考试合格，可以获得劳动预备制培训合格证书；参加技术工种培训，取得劳动预备制培训合格证书后，经职业技能鉴定合格者可获得相应职业资格证书；达到中级技能水平的优秀学员，可通过相应考试，获得技工学校毕业证。就业服务机构应当把取得上述证书的劳动预备制培训人员纳入劳动力信息资源管理系统，根据国家就业方针和劳动力市场需求，组织双向选择，优先推荐就业。

四、职工培训

职工培训又称为职工教育或者在职培训，是指为了使职工在原有的知识技能的基础上得到提高或者更新，按照工作需要对职工进行思想政治、职业道德、管理知识、业务技术、操作技能等方面的教育和训练活动。职工培训应当以培养有理想、有道德、有文化、有纪律掌握职业技能的职工队伍为目标，促进职工队伍整体素质的提高；应该贯彻按需施教、学用结合、定向培训的原则。

职工培训的形式，可以分为两种：

1. 离岗专门培训。即脱产学习，是指职工在一定期限内脱离工作岗位，进入学校或者其他单位，带薪或者不带薪参加培训。这种培训形式投资较大，培训对象有严格限制，培训效果更好。其具体形式主要是委托代培。

2. 在岗业余培训。是指职工基本不脱离工作岗位，在坚持正常工作的情况下参加培训。这种培训形式对于用人单位而言，可以在既不缺员又不增人的情况下获得提高劳动力质量的效果；对于职工而言，不受年龄和人数的限制，可以普遍适用。其具体形式有岗位训练、短期培训班、专题讲座、自学、函授，等等。

五、就业培训

就业培训是指就业训练实体对求职人员在就业或者上岗前所进行的、以培训具有初级职业技能水平的劳动者为主的培训形式。它包括就业前培训和转业培训。就业训练实体，包括劳动行政部门举办的就业训练中心和非劳动行政部门举办的就业训练实体。后者需经过当地县级以上劳动就业服务管理机构核准，并领取"就业训练资格证"。就业训练对象包括：初次求职人员、失业人员、在职人员、转岗转业人员、出国劳务人员、境外就业人员、个体劳动者以及农村中向非农产品转移的人员、农村向城镇流动就业的劳动者；需要提供专门的职业技能培训的妇女、残疾人、少数民族人员以及复转军人等特殊群体；其他需要学习和提高职业技能的劳动者。

任务三　职业技能鉴定

一、职业技能鉴定的概念

职业技能鉴定是一种特殊的考试形式，是指按照国家规定的职业技能标准或任职资格条件，通过政府认定的考核鉴定机构，对劳动者的技能水平或职业资格进行客观公正、科学规范的评价与认证的活动。职业技能鉴定是国家职业资格证书制度的重要组成部分，劳动者通过鉴定合格后取得的职业资格证书是表明其职业技能水平的凭证。主要包括：初、中、高级技术等级考核和技师、高级技师资格考评。

我国现行的职业技能鉴定制度是在工人技术等级考核制度基础上逐步建立和发展起来的。新中国成立以来，我国工人考核制度为适应不同历史阶段的需要，不断调整、充实和完善，并随着国家经济体制的改革与变化，逐步发展和演变成为今天的国家职业技能鉴定制度。

我国目前的职业技能鉴定制度与过去相比，有五个新的特点：①制度的依据发展到国家的法律规定；②考核鉴定的目的由单纯的强化企业内部劳动工资管理，发展到客观评价劳动者技能水平，为适应劳动力市场发展、劳动者择业和单位用人提供社会服务；③考核的标准由工资等级直接对应的八级技术等级标准，发展成为一个独立的标准体系；④考核的对象范围由企业学徒、工人扩展为全社会劳动者；⑤考核管理体系，由企业内部组织管理发展到政府下的社会化管理体制。我国职业技能鉴定制度沿革所经历的这几个阶段，是随着社会客观重要任务不断变化而发展和完善的，同社会经济、科技的发展和以市场为导向的改革相一致，对保证和提高我国劳动者素质有着重要意义。

二、劳动技能鉴定的管理机制

在我国，职业技能鉴定采取的是政府指导下的社会化管理体制，就是在国家法律、政策指导下，在政府劳动保障行政部门领导下，由职业技能鉴定中心组织，职业技能鉴定所（站）实施的评价和认定劳动者职业技能水平的工作体制。它包括政策法规、组织实施、质量保证和监督检查四个体系。

（一）政策法规体系

建立和完善职业技能鉴定政策法规体系，是保障职业技能鉴定工作健康发展的重要基础。从 1987 年以来，国家在这方面已经颁布了一系列法律、法规、规章，特别是近些年来相继颁布的《劳动法》、《职业教育法》确立了职业技能鉴定的法律地位。随着经济体制改革的不断深化和职业技能鉴定工作的不断发展，职业技能鉴定的政策法规体系将不断完善。今后一个时期的主要任务是要建立和完善以《劳动法》、《职业教育法》为主要依据，以职业技能鉴定相关条例为主体，国家法律、行政法规、部门规章和地方性法规衔接配套的政策法规体系，实现职业技能鉴定依法行政。

（二）组织实施体系

职业技能鉴定的组织实施体系主要包括两部分：一是职业技能鉴定的行政管理系统；二是职业技能鉴定的技术管理系统。

职业技能鉴定的行政管理系统主要包括各级政府劳动保障行政部门和国务院有关部门劳动保障工作机构。其中，通用工种的职业技能鉴定以各级劳动保障行政部门或职业技能鉴定中心为主进行管理，行业特有工种的职业技能鉴定以行业部门劳动保障工作机构或职业技能鉴定中心为主进行管理。

职业技能鉴定的技术管理系统，实质上是职业技能鉴定工作的技术支持和服务系统，主要包括职业技能鉴定中心、职业技能鉴定所（站）和职业技能鉴定考评和管理人员队伍。

（三）质量保证体系

质量是职业技能鉴定工作的生命线。建立和完善职业技能鉴定的质量保证体系是保障职业技能鉴定工作健康发展的重要基础。我国职业技能鉴定的质量保证体系的基本内容包括五个方面：一是鉴定所（站）的规划、建设与管理，实行职业技能鉴定许可证制度；二是加强考评人员队伍的建设与管理，提高考评人员的素质，实行职业技能鉴定考评人员资格证书制度；三是建立和完善国家职业技能鉴定试题库网络系统，实现鉴定命题的统一；四是统一职业技能鉴定的考务管理；五是统一证书核发程序，加强证书管理。

（四）监督检查系统

职业技能鉴定作为一种国家的考核制度应建立起相应的监督机制，否则就无法保证其客观公正。从监督的形式讲，可分为行政监督与技术监督。行政监督主要是上级劳动保障部门对下级劳动保障部门、劳动保障行政部门对鉴定机构执行国家法律、法规的情况进行监督；技术监督主要是指职业技能鉴定中心对鉴定所（站）实施鉴定过程以及考评人员的工作行为进行监督。

三、职业技能鉴定的主要对象

参加职业技能鉴定的主要人员有：实行毕业证与职业资格证书双证制度的职业（技术）院校、职业技能培训机构应当组织毕（结）业生参加职业技能鉴定；企业中从事国家规定实行职业资格证书制度的职业（工种）的从业人员，必须参加职业技能鉴定；其他人员可以自愿申请职业技能鉴定。

对职业技能鉴定合格者，经劳动保障行政部门核准，发给相应的《职业资格证书》。

四、职业资格证书制度

职业资格是指对劳动者从事某一职业所必备的学识、技术和能力的基本要求，包括从业资格和职业资格。职业资格证书是表明劳动者具有从事某一职业所必备的学识和技能的证明。它是劳动者求职、任职、开业的资格凭证，是用人单位招聘、录用劳动者的主要依据，也是境外就业、对外劳务合作人员办理技能水平公证的有效证件。职业资格证书制度是劳动就业制度的一项重要内容，是指按照国家制定的职业技能标准或任职资格条件，通过政府认定的考核鉴定机构，对劳动者的技能水平或职业资格进行客观公正、科学规范的评价和鉴定，对合格者授予相应的国家职业资格证书。

实行职业技能鉴定，推行职业资格证书制度，是我国人力资源开发的一项战略措施，是培育和发展劳动力市场的重大举措，对提高劳动者就业能力和工作能力，促进劳动者素质整体提高，改善我国劳动力素质结构具有重要意义，具有深远影响。

我国技术性职业（工种）的职业资格证书沿用技术等级证书的标准，分为五个层次：

1. 初级。要求：在同一职业（工种）岗位上连续工作2年以上或累计工作5年以上或经过初级技能培训并取得毕（结）业证书的可以申报初级工。

2. 中级。要求：取得申报职业（工种）初级职业资格等级证书后，连续工作3年以上或取得申报职业（工种）初级职业资格证书并经过中级技能培训取得毕（结）业证书的以及具有所申报职业（工种）大专以上学历均可申报中级工。

3. 高级。要求：取得申报职业（工种）中级职业资格证书满5年的，或是取得申报职业（工种）的职业资格证书并经过高级技能培训并取得了毕（结）业证书的，可申报高级工。

4. 技师。要求：取得申报职业（工种）高级职业资格证书满2年的可以申请技师鉴定。

5. 高级技师。要求：具有技师资格满3年，可以申请高级技师鉴定。

◎【案例分析】

规章制度的制定是法律赋予用人单位的权利，用人单位制定的规章制度，其内容只要不违背国家相关法律法规，不有悖常理，就可以在本单位执行，其所具有的法律效力，是通过依法履行公示、告知程序而得来的。所以，对于用人单位而言，通过对劳动者的入职培训，将公司的规章制度进行告知是非常必要的，只有这样，才能使公司的规章制度合法合理的执行，具有约束力。还有一些入职培训也应该引起重视，例如应当进行劳动保护、商业秘密的相关培训。通过这些培训，能够为劳动者树立行为规范，这既是用人单位应尽的义务，又可以为日常管理带来巨大的帮助。

该用人单位为劳动者办理入职手续时，忽视了入职培训工作的重要性，没有做好入职培训工作，没有依法履行规章制度的告知程序。所以，单位在发现赵某上网与朋友聊天的行为后，按照规章制度规定，以劳动者严重违纪为由与赵某解除劳动关系，就导致了缺乏《劳动合同法》相关规定依据，不被法律支持的后果。

法条链接

《中华人民共和国劳动法》（1994）

第66条　国家通过各种途径，采取各种措施，发展职业培训事业，开发劳动者的职业技能，提高劳动者素质，增强劳动者的就业能力和工作能力。

第67条　各级人民政府应当把发展职业培训纳入社会经济发展的规划，鼓励和支持有条件的企业、事业组织、社会团体和个人进行各种形式的职业培训。

第68条　用人单位应当建立职业培训制度，按照国家规定提取和使用职业培训经费，根据本单位实际，有计划地对劳动者进行职业培训。

从事技术工种的劳动者，上岗前必须经过培训。

第69条　国家确定职业分类，对规定的职业技能标准，实行职业资格证书制度，由经过政府批准的考核鉴定机构负责对劳动者实施职业技能考核鉴定。

○【思考与练习】

用人单位招用哪些劳动者必须从取得相应职业资格证书的人员中录用？

◎【实训】

占有休息时间搞培训违反《劳动法》吗？

情景设计

丽影装修公司因市场竞争日趋激烈，为提高员工素质，增强公司的竞争力，经常在节假日和员工下班之后组织员工培训。员工苦不堪言，纷纷反对。于是，公司又出台规定：不参加培训者扣除年终奖。

工作任务

丽影公司能否在休息时间组织员工培训？

训练方法

学生分组讨论休息期间搞培训是否违反《劳动法》？

考核标准

能准确地理解用人单位应当建立职业培训制度，按国家规定提取和使用职业培训经费，根据本单位实际，有计划地对劳动者进行职业培训。培训应在生产时间进行。确因生产的特殊性需利用业余时间培训的，必须征求职工的意见，不得强迫。

项目十二　社会保险和福利

知识目标

1. 掌握社会保险、社会保险法及社会福利的基本内容；

2. 掌握养老保险、失业保险、工伤保险、医疗保险和生育保险的制度构建和基本内容；

3. 了解职工福利的主要内容。

能力目标

对我国的社会保险和福利制度有整体的把握并掌握养老保险、失业保险、工伤保险、医疗保险和生育保险的基本内容。

内容结构图

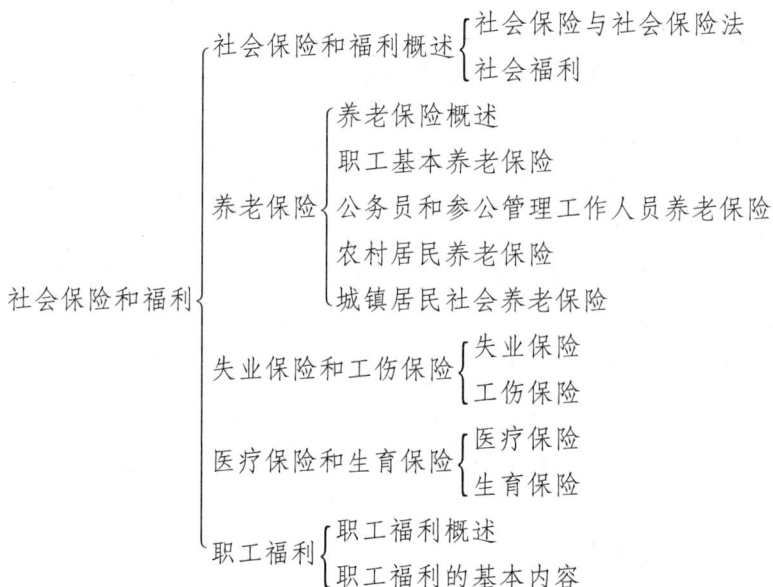

社会保险和福利 {
　社会保险和福利概述 { 社会保险与社会保险法 ／ 社会福利
　养老保险 { 养老保险概述 ／ 职工基本养老保险 ／ 公务员和参公管理工作人员养老保险 ／ 农村居民养老保险 ／ 城镇居民社会养老保险
　失业保险和工伤保险 { 失业保险 ／ 工伤保险
　医疗保险和生育保险 { 医疗保险 ／ 生育保险
　职工福利 { 职工福利概述 ／ 职工福利的基本内容
}

案例导入

2006 年 8 月 23 日 7 时 10 分，某建筑集团有限公司的员工孙某在工作过程中突发疾病。2006 年 8 月 23 日 8 点 30 分，医院诊断孙某为脑出血破入脑室和脑疝并确认其脑死亡，仅凭呼吸机维持生理机能。其家属王某于 2006 年 8 月 25 日放弃治疗，凌晨 1 时孙某死亡。王某申请工伤认定，市劳动和社会保障局认为孙某是在工作时间和工作岗位突发疾病，根据《工伤保险条例》第 15 条第 1 款之规定，即"职工在工作时间和工作岗位，突发疾病死亡或者在 48 小时之内经抢救无效死亡的，应视同工伤"，认定孙某的死亡应视同工伤。孙某所在公司则认为孙某的死亡是由于王某主动放弃治疗所致而非抢救无效，不应认定为工伤，遂向当地法院提起诉讼，要求撤销市劳动和社会保险局作出的工伤认定决定。

问题：在工作时间突发疾病死亡能否认定工伤？

● 基本原理

任务一　社会保险和福利概述

一、社会保险与社会保险法

（一）社会保险

1. 社会保险的概念与特性。社会保险是指国家通过立法手段，在劳动者因年老、患病、工伤、失业、生育及死亡等原因，暂时或永久失去生活来源的时候，依法给予一定的物质帮助，保证劳动者的基本生活需要的一种社会保障制度。

通常认为，社会保险具有以下几个特性：

（1）保障性。实施社会保险的根本目的，就是保障劳动者在失去劳动能力之后的基本生活，从而维护社会稳定。

（2）法定性。社会保险由国家立法强制实施，保险待遇的享受者及其所在单位双方都必须按照规定参加并依法缴纳社会保险费，不能由其自主选择。

（3）普遍性。社会保险具有保障社会安定的职能，其范围比较广泛，包括社会上不同层次、不同行业、不同职业的劳动者。

（4）互济性。社会保险是用统筹调剂的方法集中和使用资金，以解决劳动者由于生、老、病、死、伤残、失业等造成的生活困难。

（5）福利性。社会保险以帮助劳动者摆脱生活困难为目的，属于非盈利性、公益性服务事业，交纳保险费的多少不完全取决于风险发生的概率，享受保险待遇的水平也不完全取决于缴纳保险费多少，而主要是依据基本生活需要确定。国家对保险所需资金负有一定的支持责任。

2. 社会保险与其他社会保障形式的区别。社会保障，是指为了使社会成员共同享受社会经济发展的成果，运用国家和社会的力量，通过国民收入的分配和再分配，给社会成员提供基本生活保障的一种制度，它主要由社会保险、社会福利和社会救济所组成。社会保险在整个社会保障体系中处于核心地位，它与其他社会保障形式的不同之处在于：

（1）保障对象不同。凡是参与劳动关系的劳动者都是社会保险的保障对象，而社会福利的保障对象仅限于处于特殊境况者，社会救济的保障对象仅限于无力维持最低生活者。

（2）保障水平不同。社会福利的标准是维持或略高于一般生活水平；社会救济的资助额度仅限于维持最低生活需要，且属于临时性短期补助；社会保险待遇则在保障劳动者基本生活需要的前提下，略低于或不低于劳动者原有生活水平，并且属于经常性、长期性的物质帮助。所以，社会保险与社会福利和社会救济相比，保障水平更高，对社会成员生活、社会安定和经济发展具有更强的保障作用。

（3）基金筹集的方式不同。社会保险基金由国家、集体、个人三方共同负担，其中主要由国家和集体负担，个人也要缴纳一定比例的费用，才能享受社会保险待遇。其他社会保障不要求保障对象缴费，主要由国家财政拨款进行保障。

3. 社会保险与商业保险的区别。社会保险也不同于商业保险。主要表现在：

（1）性质不同。社会保险具有保障性，不以营利为目的；商业保险具有经营性，以追求经济效益为目的。

（2）建立基础不同。社会保险建立在劳动关系基础上，只要形成了劳动关系，用人单位就必须为职工办理社会保险；商业保险自愿投保，以合同契约形式确立双方权利义务关系。

（3）对象不同。参加社会保险的对象是劳动者，其范围由法律规定，受资格条件的限制；商业保险的对象是自然人，投保人一般不受限制，只要自愿投保并愿意履行合同条款即可。

（4）保险原则不同。前者实行强制原则、非营利原则、物质帮助原则和偏重公平原则，后者实行自愿原则、营利原则、经济补偿原则和偏重效率原则。

（5）保险费负担不同。前者的保险费来自多层次、多方面，国家、企业和个人都要负担一部分，后者的保险费则来自投保人的缴纳，而不由国家负担。

（6）管理体制不同。前者由政府部门进行管理，而后者则由金融企业经营管理。

（二）社会保险法概述

1. 社会保险法的调整对象及性质。社会保险法的调整对象是社会保险关系，即保险人、投保人、被保险人和受益人之间，因社会保险费用的缴纳、支付、管理和监督所形成的社会关系，可以分为养老保险关系、医疗保险关系、失业保险关系、工伤保险关系和生育保险关系。

作为调整社会保险关系的法律规范，社会保险法具有社会法的属性：从利益本位来看，社会保险法以社会利益为本位；从法的价值来看，社会保险法以实质正义为价值追求；从调整手段来看，社会保险法以强制为主。

2. 社会保险法的基本方针。2011 年 7 月 1 日起正式实施的《社会保险法》第 3 条明确了社会保险制度的基本方针，即"广覆盖、保基本、多层次、可持续"：

（1）广覆盖，是要求把城乡各类劳动者和居民全部纳入相应的社会保险制度内，努力实现制度无缺失、覆盖无遗漏、衔接无缝隙，使全体人民在养老、医疗等方面都有基本保障，无后顾之忧，共享改革发展的成果。

（2）保基本，即社保以保障公民基本生活和需要为主，这是由我国经济发展水平相对落后所决定的。

（3）多层次，即除了基本养老保险、基本医疗保险外，还有补充养老保险、补充医疗保险以及补充性的商业保险。

（4）可持续，主要是社保基金收支能够平衡，自身能够良性运作，在人口老龄化来临时基本养老保险制度能够持续，不给财政造成过大的压力，不给企业和个人造成太大的缴费压力。

3. 社会保险法律关系。社会保险法律关系是社会保险法律规范在调整人们行为的过程中所形成的权利义务关系。社会保险法律关系有广义和狭义之分：广义的社会保险法律关系是指社会保险关系的主体，在社会保险活动中，依据社会保险法形成的权利义务关系；而狭义的社会保险法律关系则仅指社会保险基础法律关系，即社会保险的被保险人与保险人之间依法形成收取和缴纳社会保险费、支付和享受社会保险待遇的相互权利义务关系。

（1）社会保险法律关系的主体。社会保险法律关系的主体包括：保险人、被保险人、投保人和受益人。

保险人，又称承保人，我国称之为社会保险经办机构，是指依法经办社会保险业务的主体。其主要职责有：保险费征缴、保险待遇给付、保险基金管理和日常服务。

被保险人，又称受保人，是直接对社会保险标的享有保险利益的主体。一般指已由用人单位为其投保或已由本人投办社会保险的劳动者。

投保人，又称要保人，是为被保险人利益向保险人投办社会保险的主体，一般为用人单位。在有的情况下，劳动者也是投保人。

受益人，是基于同被保险人的一定关系而享有一定保险利益的主体。可成为受益人的，一般只限于法定范围内的被保险人亲属。

（2）社会保险法律关系的客体。社会保险法律关系的客体是社会保险法律关系主体的权利与义务所指向的对象，这个对象可以是资金、物，也可以是服务行为。如养老保险中缴纳的养老保险费和支付的养老保险待遇、失业保险中的失业保险金和就业服务项目、医疗保险中的医疗津贴和医疗服务，等等。

（3）社会保险法律关系的内容。社会保险法律关系的内容是指社会保险法律关系主体在社会保险活动中依法所享有的权利义务。主要包括两个方面，即社会保险费用的缴纳请求权和缴纳义务、社会保险待遇的给付请求权和给付义务。

4. 享受社会保险待遇的条件。

（1）具备享受社会保险待遇的主体资格；

（2）实际发生法定的社会保险事故；

（3）履行缴纳保险费义务。

5. 社会保险基金。社会保险基金是指为了保障保险对象的社会保险待遇，按照国家法律、法规，由缴费单位和缴费个人分别按缴费基数的一定比例缴纳以及通过其他合法方式筹集的专项资金。社会保险基金包括基本养老保险基金、基本医疗保险基金、工伤保险基金、失业保险基金和生育保险基金。

社会保险基金具有以下特点：

（1）法定性，社会保险基金依据国家法律法规设立，严格按照法律的规定筹集、运营、管理和使用；

（2）目的性，社会保险基金是专项基金，必须专款专用，必须根据特定的用途筹集、运用和管理；

（3）储备性，社会保险基金是社会保险制度得以顺利推行的物质基础，它由国家筹集，以备暂时或永久丧失劳动能力和劳动机会的劳动者使用；

（4）互济性，在国民收入的分配与再分配中，社会保险费用由国家、用人单位和个人三方共同负担，基金来源于社会统筹，用于社会成员，体现了"一人为众，众人为一"的互助互济性。

社会保险基金的管理包括基金的筹集、使用和保值增值。其管理应遵循的原则是：分账管理、专款专用；收支平衡、留有结余；投储结合、保值增值；透明管理、安全管理。

6. 社会保险的管理和监督。国家对社会保险负有管理的职责。国务院社会保险行政部门负责全国的社会保险管理工作，国务院其他有关部门在各自的职责范围内负责有关的社会保险工作。县级以上地方人民政府社会保险行政部门负责本行政区域的社会保险管理工作，县级以上地方人民政府其他有关部门在各自的职责范围内负责有关的社会保险工作。

《社会保险法》还以专章的形式对社会保险监督作了明确规定。根据该法规定，社会保险的监督主要包括权力机关的监督、社会保险行政部门的监督、财政部门和审计机关的监督、社会保险监督委员会的监督和群众监督。

二、社会福利

（一）社会福利的概念和特征

社会福利是指国家和社会通过举办各种福利事业和采取各种福利措施，为社会成员提供基本生活需要并不断改善生活状况的一种社会保障制度。社会福利具有以下几个特征：

1. 对象的普遍性。社会福利是国家和社会向社会全体成员提供的一种福利，任何人都有权享受。

2. 目的的公平性。社会福利是一种典型的国民收入再分配方式，是对社会财富分配的必要补充，它通过对全体社会成员或部分社会群体提供福利设施和服务，来共同分享社会发展的成果，满足社会成员的需要。

3. 高层次性。社会福利较社会保险而言，是较高层次的社会保险制度，它是在国家财力允许的范围内，在既定的生活水平的基础上，尽力提高被服务对象的生活质量，可以说，社会福利是社会保障体系中的最高纲领。

4. 资金来源的单向性。与社会保险费用实行三方负担原则不同，社会福利的资金来源于国家和社会，社会成员享受各种社会福利无须缴费。

（二）社会福利的内容

按照福利层次划分，社会福利可分为公共福利、职业福利、专门福利和社区服务四类。有关职业福利的内容本书会在之后进行专门介绍，故此处主要介绍公共福利、专门福利和社区服务。

公共福利是指国家和社会为满足全体社会成员的物质生活和精神生活基本需要而举办的公益性设施和提供的相关服务。公共福利是社会福利的重要项目，内容十分广泛，教育福利、卫生福利、文化康乐福利、住房福利和环境福利都属于公共福利。

专门福利也称特殊群体福利，是国家和社会向社会特定群体提供的福利形式，其内容主要包括老年人福利、妇女和儿童福利和残疾人福利。

社区服务是由政府倡导和组织，以社区为依托而建立的小型多样的社会福利和社会服务体系，主要包括为老年人提供的福利服务、为残疾人和精神疾病患者提供的福利服务以及为社区成员提供的便民利民服务等。

任务二　养老保险

一、养老保险概述

（一）养老保险的概念和特征

养老保险又称为老年保险或者年金保险，是指国家通过立法强制建立养老保险基金，使劳动者在达到法定的退休年龄并退出劳动岗位时，可以从养老保险基金中领取养老金，以保证其基本生活的一种社会保险制度。

养老保险作为社会保险的组成部分，除了具备社会保险的基本特性外，还具有以下几个特征：

1. 应对的社会风险具有确定性。劳动者达到法定年龄并退出劳动岗位，是享受养老保险待遇的法定条件，也是养老保险所要应对的社会风险，更是养老保险区别于其他社会保险的主要特征，而对于一个正常度过一生的人来说，必然要经历年老的过程，因此，养老保险所应对的社会风险具有确定性。

2. 待遇的给付具有持续性。养老保险的目的是为退出劳动领域后的劳动者提供稳定可靠的经济来源，以保障其退休后的基本生活，因此，养老保险待遇一旦开始，就需持续给付直至劳动者离世，与失业、工伤、医疗和生育保险的阶段性给付相比，它具有持续性和稳定性。

（二）多层次的养老保险制度体系

多层次的养老保险制度体系是指我国在经济不发达的情况下，为了使养老保险既能发挥保障生活和安定社会的作用，又能适应不同经济条件的需求，以利于劳动生产率的提高，而建立的国家基本养老保险与企业补充养老保险和职工个人储蓄性养老保险相结合的制度体系。

1. 基本养老保险，是按国家统一政策规定强制实施的，原则上适用于城镇各类企业的，为保障广大离退休人员基本生活需要的一种养老保险制度。它在我国养老保险制度体系中占据着第一层次和最高层次的位置。

2. 企业补充养老保险，是指由企业根据自身经济承受能力，在国家规定的实施政策和实施条件下自愿为本企业职工所建立的一种辅助性的养老保险。这种由国家宏观调控、企业内部决策执行的企业补充养老保险在我国养老保险制度体系中居于第二层次的位置。

3. 个人储蓄性养老保险，是指在国家宏观调控下，劳动者个人基于自身经济能力和为了满足更高的生活需求，自愿参加、自愿选择经办机构的一种养老保险方式。它在我国养老保险制度体系中居于第三层次的位置。

实行多层次的养老保险制度的意义在于：它可以在不降低职工退休后基本生活水平的同时，适当控制国家法定基本养老保险待遇水平的增长，从而维系一个能健康运行、长远发展的养老保险制度。

二、职工基本养老保险

（一）职工基本养老保险的适用范围和基金构成

《社会保险法》第 10 条规定："职工应当参加基本养老保险，由用人单位和职工共同缴纳基本养老保险费。无雇工的个体工商户、未在用人单位参加基本养老保险的非全日制从业人员以及其他灵活就业人员可以参加基本养老保险，由个人缴纳基本养老保险费。公务员和参照公务员法管理的工作人员养老保险的办法由国务院规定。"

2008 年，国务院原则通过了《事业单位工作人员养老保险制度改革试点方案》，确定在山西、上海、浙江、广东、重庆 5 省市先期开展事业单位工作人员养老保险制度改革试点，与事业单位分类改革配套推进。2009 年 1 月，国务院要求 5 个试点省份正式启动此项改革，实现企业与机关事业单位之间制度能够衔接，事业单位养老保险制度改革与企业基本一致。

因此，我国职工基本养老保险的适用范围包括：用人单位及其职工；无雇工的个体工商户、未在用人单位参加基本养老保险的非全日制从业人员以及其他灵活就业人员；试点地区的事业单位及其工作人员。

基本养老保险的基金构成则包括：用人单位和个人缴费、基本养老保险费利息和其他收益、财政补贴、滞纳金和其他可以纳入基本养老保险基金的资金。

（二）基本养老保险待遇

根据我国现行规定，基本养老保险待遇的给付条件是：达到国家规定的退休条件并办理相关手续；按规定缴纳基本养老保险费累计缴费年限满15年。

基本养老保险待遇的给付内容包括：基本养老金；丧葬补助金和抚恤金；病残津贴。

对于基本养老保险待遇的给付标准，我国的做法是以《国务院关于建立统一的企业职工基本养老保险制度的决定》（国发〔1997〕26号）和《国务院关于完善企业职工基本养老保险制度的决定》（国发〔2005〕38号）为衡量基准，区分情况区别对待。

1. "新人新办法"。国发〔1997〕26号实施后参加工作、缴费年限（含视同缴费年限，下同）累计满15年的人员，退休后按月发给基本养老金。退休时的基础养老金月标准以当地上年度在岗职工月平均工资和本人指数化月平均缴费工资的平均值为基数，缴费每满1年发给1%。个人账户养老金月标准为个人账户储存额除以计发月数，计发月数根据职工退休时城镇人口平均预期寿命、本人退休年龄、利息等因素确定。

2. "老人老办法"。国发〔2005〕38号实施前已经离退休的人员，仍按国家原来的规定发给基本养老金，同时执行基本养老金调整办法。

3. "中人中办法"。国发〔1997〕26号文件实施前参加工作，国发〔2005〕38号实施后退休且缴费年限累计满15年的人员，在发给基础养老金和个人账户养老金的基础上，再发给过渡性养老金。各省、自治区、直辖市人民政府要按照待遇水平合理衔接、新老政策平稳过渡的原则，在认真测算的基础上，制订具体的过渡办法，并报劳动保障部、财政部备案。国发〔2005〕38号实施后到达退休年龄但缴费年限累计不满15年的人员，不发给基础养老金；个人账户储存额一次性支付给本人，终止基本养老保险关系。

（三）基本养老保险关系的转移、接续

社会保险实行属地管理，用人单位应参加单位所在地的社会保险统筹。一旦更换工作单位或者工作单位转移搬迁，就会产生养老保险的转移、续接问题，具体说来，主要有用人单位社会保险关系的转移和个人社会保险关系的转移两种类型。

基本养老保险关系的转移、接续的适用对象是参加城镇企业职工基本养老保险的所有人员，包括农民工。已经按国家规定领取基本养老保险待遇的人员，不再转移基本养老保险关系。

1. 基本养老保险关系的转移、接续。参保人员跨省流动就业的，由原参保所在地社会保险经办机构开具参保缴费凭证，其基本养老保险关系应随同转移到新参保地。参保人员达到基本养老保险待遇领取条件的，其在各地的参保缴费年限合并计算，个人账户储存额（含本息）累计计算；未达到待遇领取年龄前，不得终止基本养老保险关系并办理退保手续；其中出国定居和到香港、澳门、台湾地区定居的，按国家有关规定执行。

2. 资金的转移、接续。参保人员跨省流动就业转移基本养老保险关系时，按下列方法计算转移资金：①个人账户储存额：1998年1月1日之前按个人缴费累计本息计算转移，1998年1月1日后按计入个人账户的全部储存额计算转移。②统筹基金（单位缴费）：以本人1998年1月1日后各年度实际缴费工资为基数，按12%的总和转移，参保缴费不足1年的，按实际缴费月数计算转移。

三、公务员和参公管理工作人员养老保险

（一）公务员和参公管理工作人员养老保险概述

公务员，是指依法履行公职、纳入国家行政编制、由国家财政负担工资福利的工作人员。参公管理工作人员是指法律、法规授权的具有公共事务管理职能的事业单位中除工勤人员以外的工作人员，经批准参照公务员法进行管理。

《社会保险法》明确规定，公务员和参照公务员法管理的工作人员养老保险的办法由国务院规定。根据这一规定，不难看出，我国对公务员和参照公务员法管理的工作人员的养老保险采用的是与职工基本养老保险不同的制度，这也就是我们通常所说的"养老金双轨制"。

1. "养老金双轨制"。"养老金双轨制"，是指机关事业单位退休人员与企业退休人员实行不同的养老金制度。新中国成立至改革开放前期我国在退休政策上实行的是一轨制，1995年，国家率先对企业养老制度进行社会保障改革，实行企业和个人共同承担为内核的"统账结合"模式。机关和事业单位未列入改革范围，依旧由国家财政完全拨付。这就形成了在养老制度上，企业和机关事业单位两种截然不同的"双轨"模式。

2. 公务员和参公管理工作人员养老保险的特点。

（1）国家财政补贴。与职工基本养老保险不同，公务员和参公管理工作人员养老保险由财政统一筹资、统一支付，享受了国家财政补贴。

（2）待遇优厚。在企业，退休金按照其交纳的养老保险费以及当年的社会平均工资等因素计发；而机关和事业单位，则依据其工龄和退休前的工资计发。因此，公务员和参公管理工作人员的养老金标准远远高于职工基本养老保险。

（二）公务员和参公管理工作人员养老制度的基本内容

1. 领取养老金的基本条件。公务员和参公管理工作人员领取养老金的基本条件是

退休。此外，对于新中国成立前参加革命工作的老干部，在其到达一定年龄后也允许其离职休养，这就是我们通常所说的离休。

2. 公务员和参公管理工作人员养老保险待遇。公务员和参公管理工作人员退休后，享受国家规定的退休金和其他待遇，国家为其生活和健康提供必要的服务和帮助。

离休后的待遇是：基本政治待遇不变，生活待遇略为从优。离休后工资照发，并按照参加革命工作的不同时间，每年增发 1~2 个月的本人标准工资作为生活补贴。享受上述待遇的离休干部，一律不再发给任何形式的奖金。另外，对老干部离休后的医疗、住房、用车、生活用品供应及其他有关生活待遇，都有相应规定。

四、农村居民养老保险

（一）新型农村社会养老保险的概念

新型农村社会养老保险，简称"新农保"，是指以农村非城镇户籍的居民为保险对象的养老保险制度。与 1991 年部分农村地区开始进行的养老保险制度试点（以下简称"老农保"）相比，"新农保"具有以下不同之处：

1. 筹资的结构不同。"老农保"主要依靠农民自己缴费，实际上是自我储蓄的模式，而"新农保"则采取的是个人缴费、集体补助和政府补贴相结合的筹资办法，有三个筹资渠道，特别是中央财政对地方进行补助，并直接补贴给农民，是一项重大的惠农政策。

2. 支付结构不同。"老农保"主要是建立农民的账户，而"新农保"在支付结构上的设计是两部分：一部分是基础养老金，一部分是个人账户的养老金，其基础养老金部分由国家财政全部保证支付。

（二）新型农村社会养老保险的制度构建

1. "新农保"基本原则和参保范围。"新农保"基本原则是"保基本、广覆盖、有弹性、可持续"。年满 16 周岁（不含在校学生）、未参加城镇职工基本养老保险的农村居民，可以在户籍地自愿参加"新农保"。

2. 资金来源和个人账户。"新农保"的基金由个人缴费、集体补助、政府补贴构成。国家为每个新农保参保人建立终身记录的养老保险个人账户。个人缴费，集体补助及其他经济组织、社会公益组织、个人对参保人缴费的资助，地方政府对参保人的缴费补贴，全部记入个人账户。个人账户储存额目前每年参考中国人民银行公布的金融机构人民币一年期存款利率计息。

3. 养老金待遇。养老金待遇由基础养老金和个人账户养老金组成，支付终身。国家根据经济发展和物价变动等情况，适时调整全国新农保基础养老金的最低标准。

年满 60 周岁、未享受城镇职工基本养老保险待遇的农村有户籍的老年人，可以按月领取养老金。"新农保"实施时，已年满 60 周岁、未享受城镇职工基本养老保险待遇的，不用缴费，可以按月领取基础养老金，但其符合参保条件的子女应当参保缴费；距领取年龄不足 15 年的，应按年缴费，也允许补缴，累计缴费不超过 15 年；距领取年龄超过 15 年的，应按年缴费，累计缴费不少于 15 年。

4. 与"老农保"的衔接。原来已开展"老农保"的地区，要在妥善处理老农保基金债权问题的基础上，做好与"新农保"的衔接。在"新农保"试点地区，凡已参加了"老农保"、年满 60 周岁且已领取老农保养老金的参保人，可直接享受新农保基础养老金；对已参加"老农保"、未满 60 周岁且没有领取养老金的参保人，应将老农保个人账户资金并入新农保个人账户，按新农保的缴费标准继续缴费，待符合规定条件时享受相应待遇。

（三）特殊农民群体的养老保险

1. 失地农民的养老保险。失地农民养老保险，是国家为保障失地农民的权益而出台的养老政策。失地农民指因政府统一征收农村集体土地而导致失去全部或部分土地，且征地时对所征土地享有承包经营权的人员。下列人员不属于失地农民养老保险保障的范畴：①因非依法征地导致失去土地的人员；②享有土地承包经营权但所承包土地被其出租、转租的人员；③被录用为国家机关事业单位工作人员的失地农民；④参军入伍后转为军官、享受城镇职工基本养老保险的人员。

为从根本上保障被征地农民的长期基本生活，《社会保险法》第 96 条明确规定，"征收农村集体所有的土地，应当足额安排被征地农民的社会保险费，按照国务院规定将被征地农民纳入相应的社会保险制度"。

2. 进城务工的农村居民的养老保险。进城务工的农村居民养老保险是指以进城务工人员为保险对象的养老保险制度。进城务工人员是指具有农村户籍，从事非农业生产并长期在城市就业的人员。进城务工农村居民的养老保险主要有以下内容：

（1）进城务工的农村居民依照《社会保险法》规定参加社会保险，其中，与用人单位建立了劳动关系的农民工应当参加职工基本养老保险。

（2）农民工中断就业或返乡没有继续缴费的，由原参保地社保经办机构保留其基本养老保险关系，保存其全部参保缴费记录及个人账户，个人账户储存额继续按规定计息。

（3）农民工返回城镇就业并继续参保缴费的，无论其回到原参保地就业还是到其他城镇就业，均按前述规定累计计算其缴费年限，合并计算其个人账户储存额，符合待遇领取条件的，与城镇职工同样享受基本养老保险待遇。

（4）农民工不再返回城镇就业的，其在城镇参保缴费记录及个人账户全部有效，并根据农民工的实际情况，或在其达到规定领取条件时享受城镇职工基本养老保险待遇，或转入新型农村社会养老保险。

（5）农民工在城镇参加企业职工基本养老保险与在农村参加新型农村社会养老保

险的衔接政策，另行研究制定。

五、城镇居民社会养老保险

（一）城镇居民社会养老保险的概念与特点

城镇居民社会养老保险，是针对未参加其他社会养老保险制度、未就业的城镇居民所建立的一项社会养老保险制度。它与职工基本养老保险、新型农村社会养老保险共同构成基本养老保险制度体系。

城镇居民社会养老保险具有以下特点：

1. 资金来源除个人缴费外，还有政府对参保人缴费给予的补贴，个人缴费越多，政府补贴也越多，而且个人缴费和政府补贴全部计入参保人的个人账户。

2. 养老金由个人账户养老金和基础养老金两部分构成，个人账户养老金水平由账户储存额即个人缴费和政府补贴总额决定。

（二）城镇居民社会养老保险的制度构建

1. 城镇居民社会养老保险的基本原则和适用范围。城镇居民养老保险试点的基本原则是"保基本、广覆盖、有弹性、可持续"。具体说来，就是要从城镇居民的实际情况出发，低水平起步，筹资标准和待遇标准要与经济发展及各方面承受能力相适应；个人（家庭）和政府合理分担责任，权利与义务相对应；政府主导和居民自愿相结合，引导城镇居民普遍参保；中央确定基本原则和主要政策，地方制定具体办法，并实行属地管理。

年满16周岁（不含在校学生）、不符合职工基本养老保险参保条件的城镇非从业居民，可以在户籍地自愿参加城镇居民养老保险。

2. 基金筹集与个人账户。城镇居民养老保险基金主要由个人缴费和政府补贴构成，同时鼓励其他经济组织、社会组织和个人为参保人缴费提供资助。

国家为每个参保人员建立终身记录的养老保险个人账户。个人缴费、地方人民政府对参保人的缴费补贴及其他来源的缴费资助，全部记入个人账户。个人账户储存额目前每年参考中国人民银行公布的金融机构人民币一年期存款利率计息。

3. 养老金待遇。养老金待遇由基础养老金和个人账户养老金构成，支付终身。参加城镇居民养老保险的城镇居民，年满60周岁，可按月领取养老金。城镇居民养老保险制度实施时，已年满60周岁，未享受职工基本养老保险待遇以及国家规定的其他养老待遇的，不用缴费，可按月领取基础养老金；距领取年龄不足15年的，应按年缴费，也允许补缴，累计缴费不超过15年；距领取年龄超过15年的，应按年缴费，累计缴费不少于15年。

4. 相关制度衔接。有条件的地方，城镇居民养老保险应与"新农保"合并实施。其他地方应积极创造条件将两项制度合并实施。城镇居民养老保险与职工基本养老保险等其他养老保险制度的衔接办法，由人力资源社会保障部会同财政部制定。要妥善做好城镇居民养老保险制度与城镇居民最低生活保障、社会优抚等政策制度的配套衔接工作，具体办法由人力资源社会保障部、财政部会同有关部门研究制定。

<h2 style="text-align:center">任务三　失业保险和工伤保险</h2>

一、失业保险

（一）失业保险的概念与特点

失业保险，是指国家通过立法强制建立社会统筹基金，对因失业而暂时中断生活来源的劳动者在法定期间内提供物质帮助，以维持其基本生活需要的一项社会保险制度。

失业保险具有以下特点：

1. 失业保险的对象为非自愿失业者，不包括自愿放弃工作机会而不愿意寻找工作的自愿失业者。

2. 失业保险中的物质帮助，不仅指失业救济金，还包括组织生产自救、转业训练等其他物质帮助形式。

3. 失业保险的目的具有双重性，即既保障失业者的基本生活，又促进失业者实现再就业，从而减少失业。

4. 失业保险待遇的给付具有期限性，劳动者只能在法定的期限内享受失业保险待遇，一旦超过期限，即使劳动者没有找到工作，也不能再享受失业保险待遇。

（二）失业保险基金

1. 失业保险基金的概念。失业保险基金是指依照国家法律、法规，按一定比例缴纳的，为失业职工提供生活救济及促进失业职工再就业而筹集的专项基金。失业保险基金是社会保险基金中的一种专项基金，具有强制性、无偿性和固定性。

2. 失业保险基金的筹集。失业保险基金的筹集是指社会保险经办机构依法通过收取失业保险费等方式筹措、聚集资金。建立失业保险基金是失业保险制度的重要内容。

我国失业保险基金的来源主要有：

（1）用人单位和职工缴纳的失业保险费；

（2）失业保险基金利息收入；

（3）财政补贴；

（4）依法纳入失业保险基金的其他资金，如按规定加收的滞纳金和应当纳入失业保险基金的其他资金等。

（三）失业保险待遇

1. 失业保险待遇的享受条件。失业人员符合下列条件的，从失业保险基金中领取失业保险金：①失业前用人单位和本人已经缴纳失业保险费满一年的；②非因本人意愿中断就业的；③已经进行失业登记，并有求职要求的。失业人员在领取失业保险金期间，按照规定同时享受其他失业保险待遇。

此外，根据国务院于 1999 年颁布的《失业保险条例》之规定，农民合同制工人连续工作满 1 年，用人单位已经缴纳了失业保险费，在劳动合同终止或提前解除时，可以一次性领取失业救济金。

2. 失业保险待遇的内容。失业保险待遇主要包括：①失业保险金，即失业者在规定的失业期间领取的生活费；②基本医疗保险待遇、一次性丧葬补助金和抚恤金；③领取失业保险金期间接受职业培训、职业介绍的补贴；④国务院规定或者批准的与失业保险有关的其他费用。

3. 失业保险待遇的给付。失业保险待遇的给付有货币和非货币给付之分。货币给付是由失业保险经办机构从失业保险基金中直接给付失业者作为失业保险待遇的一定数额货币。非货币给付，一般是由某种就业服务机构和职业培训机构向失业者提供特定的非货币的失业保险待遇（如培训），其费用则由失业保险经办机构从失业保险基金中开支。

4. 停止享受失业保险待遇的法定情形。失业人员在领取失业保险金期间有下列情形之一的，停止领取失业保险金，并同时停止享受其他失业保险待遇：①重新就业的；②应征服兵役的；③移居境外的；④享受基本养老保险待遇的；⑤无正当理由，拒不接受当地人民政府指定部门或者机构介绍的适当工作或者提供的培训的。

二、工伤保险

（一）工伤保险的概念与特征

工伤保险，又称为职业伤害保险，是指劳动者在工作过程中或者在法定的情形下因工作原因发生事故或因接触职业性有害因素，导致劳动者暂时或长期丧失劳动能力、死亡时，对劳动者本人或其供养亲属给予物质帮助和经济补偿等必要物质帮助的一项社会保险制度。

工伤保险除了具备社会保险的基本特性外，还具有以下特征：

1. 工伤保险所遭受的是职业危险，是在生产工作中发生的工伤事故和职业性有害因素对职工健康和生命造成的危险，这种危险具有客观性，危险的发生与否具有不确定性；

2. 它是基于对工伤职工的赔偿责任而设立的一种社会保险，其他社会保险则是基于对职工生活困难的帮助和补偿责任而设立的；

3. 它是由用人单位承担全部责任的一种社会保险，职工个人不负缴纳保险费的义务，因此投保人为用人单位，被保险人为与该用人单位建立劳动关系的职工，而不论职工的用工形式，也不论是正式职工还是临时工、学徒工和试用期职工；

4. 其赔偿责任实行无过错责任原则，即发生工伤事故，只要不是职工的故意行为所致，无论受到伤害的职工是否有过失，都应当享受工伤保险待遇，因此其与一般民事赔偿责任是不同的；

5. 保险待遇相对较高，工伤保险待遇的享受条件不受年龄、缴费期限的限制，待遇项目齐全，且其标准普遍高于其他社会保险待遇标准；

6. 其目的不仅在于对受伤害者的事后救济，而且还注重对职业伤害的预防。

（二）工伤保险的适用范围

从权利主体角度看，凡是中华人民共和国境内的企业、事业单位、社会团体、民办非企业单位、基金会、律师事务所、会计师事务所等组织的职工和个体工商户的雇工，均享有工伤保险待遇的权利；从义务主体角度看，企业、事业单位、社会团体、民办非企业单位、基金会、律师事务所、会计师事务所等组织和有雇工的个体工商户都应当依照条例为本单位全部职工或者雇工缴纳工伤保险费。

（三）工伤保险基金

1. 工伤保险基金的概念。工伤保险基金是为了建立工伤保险制度，使工伤职工能够得到及时的救助和享受工伤保险待遇而筹集的资金，具有强制性、共济性和固定性的特点。

2. 工伤保险基金的构成。工伤保险基金由用人单位缴纳的工伤保险费、工伤保险基金的利息和依法纳入工伤保险基金的其他资金构成。

3. 工伤保险费率。工伤保险费率是指工伤保险费的缴纳比例，其高低直接决定了工伤保险基金的规模。我国工伤保险费根据以支定收、收支平衡的原则，确定费率。

4. 工伤保险费的缴纳。工伤保险费的缴费主体是用人单位，其应按时缴纳工伤保险费。职工个人不缴纳工伤保险费。

5. 工伤保险基金的支付。工伤保险基金存入社会保障基金财政专户，用于支付以下费用：①工伤保险待遇；②劳动能力鉴定费；③工伤预防的宣传、培训等费用；④法律、法规规定的用于工伤保险的其他费用。

（四）工伤认定

工伤，又称为产业伤害、职业伤害、工业伤害、工作伤害，是指劳动者在从事职业活动或者与职业活动有关的活动时所遭受的不良因素的伤害和职业病伤害。工伤认定是劳动行政部门依据法律的授权对职工因事故伤害（或者患职业病）是否属于工伤或者视同工伤给予定性的行政确认行为，它的认定结果关系着职工能否享受工伤保险待遇，因而是工伤保险制度中非常重要的一环。

1. 工伤的几种典型情形。

（1）在工作时间和工作场所内，因工作原因受到事故伤害的；

（2）工作时间前后在工作场所内，从事与工作有关的预备性或者收尾性工作受到事故伤害的；

（3）在工作时间和工作场所内，因履行工作职责受到暴力等意外伤害的；

（4）患职业病的；

（5）因工外出期间，由于工作原因受到伤害或者发生事故下落不明的；

（6）在上下班途中，受到非本人主要责任的交通事故或者城市轨道交通、客运轮渡、火车事故伤害的；

（7）法律、行政法规规定应当认定为工伤的其他情形。

2. 视同工伤的几种情形。

（1）在工作时间和工作岗位，突发疾病死亡或者在48小时之内经抢救无效死亡的；

（2）在抢险救灾等维护国家利益、公共利益活动中受到伤害的；

（3）职工原在军队服役，因战、因公负伤致残，已取得革命伤残军人证，到用人单位后旧伤复发的。

3. 不得认定为工伤或者视同工伤的情形。

（1）故意犯罪的；

（2）醉酒或者吸毒的；

（3）自残或者自杀的。

（五）工伤保险待遇

工伤保险待遇实质上是对遭受职业伤害者的赔偿，也是工伤保险的核心内容，它包括工伤医疗待遇、工伤致残待遇和因工死亡待遇三类。

1. 工伤医疗待遇。职工因工作遭受事故伤害或者患职业病进行治疗，享受工伤医疗待遇，具体项目包括：

（1）治疗工伤所需费用；

（2）职工住院治疗工伤的伙食补助费；

（3）经医疗机构出具证明，报经办机构同意，工伤职工到统筹地区以外就医所需的交通、食宿费用；

（4）工伤职工到签订服务协议的医疗机构进行工伤康复所发生的符合规定的费用；

（5）工伤职工在停工留薪期满后仍需治疗的，继续享受工伤医疗待遇。

此外，职工因工作遭受事故伤害或者患职业病需要暂停工作接受工伤医疗的，在停工留薪期内，原工资福利待遇不变，由所在单位按月支付。停工留薪期一般不超过12个月。伤情严重或者情况特殊，经设区的市级劳动能力鉴定委员会确认，可以适当延长，但延长不得超过12个月。工伤职工评定伤残等级后，停发原待遇，按照本章的有关规定享受伤残待遇。生活不能自理的工伤职工在停工留薪期需要护理的，由所在单位负责。

2. 工伤致残待遇。工伤经过治疗而没有恢复劳动能力的可以享受伤残待遇，伤残待遇可以分为三类：

（1）工伤护理费；

（2）残疾辅助器具费；

（3）伤残抚恤金等费用。

3. 因工死亡待遇。职工因工死亡，其近亲属可从工伤保险基金中领取丧葬补助金、供养亲属抚恤金和一次性工亡补助金。伤残职工在停工留薪期内因工伤导致死亡的，其近亲属可享受丧葬补助金。一级至四级伤残职工在停工留薪期满后死亡的，其近亲属可以享受丧葬补助金和供养亲属抚恤金。

4. 特殊情形下的工伤保险待遇。职工因工外出期间发生事故或者在抢险救灾中下落不明的，从事故发生当月起 3 个月内照发工资，从第 4 个月起停发工资，由工伤保险基金向其供养亲属按月支付供养亲属抚恤金。生活有困难的，可以预支一次性工亡补助金的 50%。职工被人民法院宣告死亡的，按照职工因工死亡待遇处理。

职工原在军队服役，因战、因公负伤致残，已取得革命伤残军人证，到用人单位后旧伤复发的。按照《工伤保险条例》的有关规定享受除一次性伤残补助金以外的工伤保险待遇。

5. 停止享受工伤保险待遇情形。

（1）丧失享受待遇条件的；

（2）拒不接受劳动能力鉴定的；

（3）拒绝治疗的。

任务四　医疗保险和生育保险

一、医疗保险

（一）医疗保险和概念与特征

本文所述的医疗保险为基本医疗保险，是人们非因工患病或负伤需要治疗时，由国家或社会为其提供必需的医疗服务及物质帮助的一种社会保险制度，它是社会保险制度中最重要的险种之一。

医疗保险具有以下特征：

1. 广泛性，即用人单位和职工，不论是国家机关、企业单位，还是私营企业、个体劳动者，都在基本医疗保险的范围之内。

2. 共济性，即所有用人单位和职工按规定缴纳了医疗保险费后，一旦生病住院或患长期慢性病，医疗费用由统筹基金按比例报销。医疗费不与单位经济效益挂钩，费用的风险由全部参保单位和人员共同分担。

3. 强制性，即按照法律规定，全部城镇用人单位和职工都必须参加基本医保，因此它不同于任何商业保险的自愿参加行为。

（二）城镇职工基本医疗保险

城镇职工基本医疗保险是一项通过用人单位和个人缴费，建立医疗保险基金，在参保人员患病就诊发生医疗费用后给予一定经济补偿，以避免或减轻劳动者因患病、治疗等所承受的经济风险的社会保险制度。

1. 城镇职工基本医疗保险的适用范围和缴费办法。

（1）职工。职工必须参加职工基本医疗保险，其保险费由用人单位和职工按照国家规定共同缴纳。

（2）无雇工的个体工商户、未在用人单位参加职工基本医疗保险的非全日制从业人员以及其他灵活就业人员。这类人员则可自主选择是否参加职工基本医疗保险，其保险费由个人按照国家规定缴纳。

参加职工基本医疗保险的个人，达到法定退休年龄时累计缴费达到国家规定年限的，退休后不再缴纳基本医疗保险费，按照国家规定享受基本医疗保险待遇；未达到国家规定年限的，可以缴费至国家规定年限。

2. 城镇职工基本医疗保险基金。

（1）基金的构成。基本医疗保险基金由统筹基金和个人账户构成。职工个人缴纳的基本医疗保险费，全部计入个人账户。用人单位缴纳的基本医疗保险费分为两部分，一部分用于建立统筹基金，一部分划入个人账户。

（2）基金的使用。统筹基金和个人账户要划定各自的支付范围，分别核算，不得互相挤占。要确定统筹基金的起付标准和最高支付限额，起付标准原则上控制在当地职工年均工资的 10% 左右，最高支付限额原则上控制在当地职工年平均工资的 4 倍左右。起付标准以下的医疗费用，从个人账户中支付或由个人自付。起付标准以上、最高支付限额以下的医疗费用，主要从统筹基金中支付，个人也要负担一定比例。超过最高支付限额的医疗费用，可以通过商业医疗保险等途径解决。

3. 特殊情况的处理。

（1）新旧医疗保险制度的过渡。为确保新旧医疗保险制度的平稳过渡，《关于建立城镇职工基本医疗保险制度的决定》规定：离休人员、老红军的医疗待遇不变，医疗费用按原资金渠道解决，支付确有困难的，由同级人民政府帮助解决。离休人员、老红军的医疗管理办法由省、自治区、直辖市人民政府制定；二等乙级以上革命伤残军人的医疗待遇不变，医疗费用按原资金渠道解决，由社会保险经办机构单独列账管理。医疗费支付不足部分，由当地人民政府帮助解决。

（2）特殊人群参保的规定。退休人员参加基本医疗保险，个人不缴纳基本医疗保险费。对退休人员个人账户的计入金额和个人负担医疗费的比例给予适当照顾。

国有企业下岗职工的基本医疗保险费，包括单位缴费和个人缴费，均由再就业服务中心按照当地上年度职工平均工资的 60% 为基数缴纳。

国家公务员在参加基本医疗保险的基础上，享受医疗补助政策。具体办法另行制定。

（3）补充医疗保险。为了不降低一些特定行业职工现有的医疗消费水平，在参加基本医疗保险的基础上，作为过渡措施，允许建立企业补充医疗保险。企业补充医疗保险费在工资总额 4% 以内的部分，从职工福利费中列支，福利费不足列支的部分，经同级财政部门核准后列入成本。

4. 医疗费用的支付。符合基本医疗保险药品目录、诊疗项目、医疗服务设施标准以及急诊、抢救的医疗费用，按照国家规定从基本医疗保险基金中支付。参保人员医疗费用中应当由基本医疗保险基金支付的部分，由社会保险经办机构与医疗机构、药品经营单位直接结算。

下列医疗费用不纳入基本医疗保险基金支付范围：①应当从工伤保险基金中支付的；②应当由第三人负担的；③应当由公共卫生负担的；④在境外就医的。

医疗费用依法应当由第三人负担，第三人不支付或者无法确定第三人的，由基本医疗保险基金先行支付。基本医疗保险基金先行支付后，有权向第三人追偿。

（三）城镇居民基本医疗保险

城镇居民医疗保险是以没有参加城镇职工医疗保险的城镇未成年人和没有工作的居民为主要参保对象的医疗保险制度。凡不属于城镇职工基本医疗保险制度覆盖范围的中小学阶段的学生（包括职业高中、中专、技校学生）、少年儿童和其他非从业城镇居民都可自愿参加城镇居民基本医疗保险。

城镇居民基本医疗保险实行个人缴费和政府补贴相结合。有条件的用人单位可以对职工家属参保缴费给予补助。国家对个人缴费和单位补助资金制定税收鼓励政策。

享受最低生活保障的人、丧失劳动能力的残疾人、低收入家庭 60 周岁以上的老年人和未成年人等所需个人缴费部分，由政府给予补贴。

（四）新型农村合作医疗保险

新型农村合作医疗保险，简称新农合，是由政府组织、引导、支持，农民自愿参加，个人、集体和政府多方筹资，以大病统筹为主的农民医疗互助共济制度。该制度适用于具有农业户口的所有农村居民，实行个人缴费、集体扶持和政府资助相结合的筹资机制，并遵循自愿参加，多方筹资；以收定支，保障适度；先行试点，逐步推广的原则。

农村合作医疗基金是由农民自愿缴纳、集体扶持、政府资助的民办公助社会性资金，要按照以收定支、收支平衡和公开、公平、公正的原则进行管理，必须专款专用，专户储存，不得挤占挪用。

农村合作医疗基金主要补助参加新型农村合作医疗农民的大额医疗费用或住院医疗费用。有条件的地方，可实行大额医疗费用补助与小额医疗费用补助结合的办法，既提高抗风险能力又兼顾农民受益面。对参加新型农村合作医疗的农民，年内没有动用农村合作医疗基金的，要安排进行一次常规性体检。

（五）流动就业人员基本医疗保障关系的转移接续

随着经济和社会的发展，城乡间流动就业人员大量增加，《流动就业人员基本医疗保障关系转移接续暂行办法》对这部分人的基本医疗保障关系的转移接续问题作出规范。

1. 基本原则。

（1）不得重复参保。城乡各类流动就业人员按照现行规定相应参加城镇职工基本医疗保险、城镇居民基本医疗保险或新型农村合作医疗，不得同时参加和重复享受待遇。各地不得以户籍等原因设置参加障碍。

（2）农村流动就业户籍人员自愿选择参保。农村户籍人员在城镇单位就业并有稳定劳动关系的，由用人单位按照《社会保险登记管理暂行办法》的规定办理登记手续，参加就业地城镇职工基本医疗保险。其他流动就业的，可自愿选择参加户籍所在地新型农村合作医疗或就业地城镇基本医疗保险，并按照有关规定到户籍所在地新型农村合作医疗经办机构或就业地社会（医疗）保险经办机构办理登记手续。

2. 转移接续的具体内容。

（1）跨制度的转移接续办法。新型农村合作医疗参合人员参加城镇基本医疗保险后，由就业地社会（医疗）保险经办机构通知户籍所在地新型农村合作医疗经办机构办理转移手续，按当地规定退出新型农村合作医疗，不再享受新型农村合作医疗待遇。

由于劳动关系终止或其他原因中止城镇基本医疗保险关系的农村户籍人员，可凭就业地社会（医疗）保险经办机构出具的参保凭证，向户籍所在地新型农村合作医疗经办机构申请，按当地规定参加新型农村合作医疗。

（2）跨统筹地区的转移接续办法。城镇基本医疗保险参保人员跨统筹地区流动就业，新就业地有接收单位的，由单位按照《社会保险登记管理暂行办法》的规定办理登记手续，参加新就业地城镇职工基本医疗保险；无接收单位的，个人应在中止原基本医疗保险关系后的 3 个月内到新就业地社会（医疗）保险经办机构办理登记手续，按当地规定参加城镇职工基本医疗保险或城镇居民基本医疗保险。

城镇基本医疗保险参保人员跨统筹地区流动就业并参加新就业地城镇基本医疗保险的，由新就业地社会（医疗）保险经办机构通知原就业地社会（医疗）保险经办机构办理转移手续，不再享受原就业地城镇基本医疗保险待遇。建立个人账户的，个人账户原则上随其医疗保险关系转移划转，个人账户余额（包括个人缴费部分和单位缴费划入部分）通过社会（医疗）保险经办机构转移。

二、生育保险

（一）生育保险的概念与特征

生育保险是指针对妇女生育及其特点，通过国家强制的方式筹集生育保险基金，为怀孕和分娩的参保妇女提供收入补偿、医疗服务和生育休假，以确保参保妇女在生育期间的生活维持和健康养护，从而维持社会人口再生产的一项社会保障制度。

生育保险具有以下特征：

1. 享受生育保险的对象主要是女职工，因而待遇享受人群相对比较窄。

2. 待遇享受对象必须是合法婚姻者，即必须符合法定结婚年龄、按婚姻法规定办理了合法手续，并符合国家计划生育政策等。

3. 无论女职工妊娠结果如何，均可以按照规定得到补偿。

4. 生育期间的医疗服务主要以保健、咨询、检查为主，与医疗保险提供的医疗服务以治疗为主有所不同。

5. 产假有固定要求。产假要根据生育期安排，分产前和产后。产前假期不能提前或推迟使用。产假也必须在生育期间享受，不能积攒到其他时间享用。

6. 生育保险待遇有一定的福利色彩。生育期间的经济补偿高于养老、医疗等保险，生育津贴一般为生育女职工的原工资水平，也高于其他保险项目。另外，职工个人不缴纳生育保险费，而是由参保单位按照国家规定缴纳。

（二）生育保险的基本内容

1. 生育保险的适用范围。

（1）女职工，即达到法定结婚年龄的已婚女职工，且还必须符合国家计划生育的规定。不符合法律规定的已婚妇女劳动者生育、妇女劳动者非婚生育，均不得享受生育保险待遇。

（2）男职工的未就业配偶，按照国家规定，这部分人群可以享受生育医疗费用待遇。

2. 生育保险基金的筹集。生育保险基金是专门为生育职工支付有关待遇的款项，在筹集时，应当坚持"以支定收，收支平衡"和专款专用原则。生育保险基金由以下几个部分构成：

（1）用人单位缴纳的生育保险费。

（2）生育保险基金的利息收入。

（3）滞纳金。企业必须按期缴纳生育保险费，对逾期不缴纳的，按日加收2‰的滞纳金，滞纳金转入生育保险基金。

（4）其他依法应当纳入生育保险基金的资金。

3. 生育保险待遇。生育保险待遇主要包括生育休假、生育医疗费用和生育津贴。

申请生育保险待遇，必须符合以下条件：已参加生育保险；符合计划生育规定；申请人建立了合法有效的婚姻关系；符合生育保险规定的项目和标准。

申领生育保险待遇的基本程序为：女职工生育或流产后，由本人或所在企业持当地计划生育部门签发的计划生育证明，婴儿出生、死亡或流产证明，到当地社会保险经办机构办理手续，领取生育津贴和报销生育医疗费。

任务五　职工福利

一、职工福利概述

（一）职工福利的概念和特征

1. 职工福利的概念。职工福利，又称职业福利或劳动福利、集体福利，是国家和用人单位为满足劳动者生活的共同需要和特殊需要，在工资和社会保险之外向职工及其亲属提供的各种福利设施和福利项目的总称。

2. 职工福利的特征。

（1）补偿性。即职工福利是对劳动者所提供的劳动的一种物质补偿，享受职工福利须以履行劳动义务为前提。

（2）均等性。即企业职工福利在职工之间的分配和享受，具有一定程度的机会均等和利益均沾特点。

（3）补充性。即职工福利是对按劳分配的补充。

（4）集体性。职工福利的主要形式是举办集体福利事业，职工主要是通过集体消费和共同使用公共设施的方式分享职工福利。虽然某些职工福利项目要分配给个人，但这不是福利的主要部分。

（5）差别性。在不同的用人单位之间，职工福利由于同经济效益相联系而有一定差别；在同一用人单位的各个职工之间，因某些职工福利项目同个人劳动贡献相联系有一定差别。

（二）职工福利与公共福利的区别

社会福利体系主要由公共福利和职工福利所构成，二者都是以满足社会成员的物质和精神生活需要和提高社会成员的生活质量为基本任务，以实现社会公平为主要价值目标的物质帮助形式；并且，在职工福利社会化的过程中，职工福利设施可以兼有一定的公共福利职能，公共福利设施可以承担一定的职工福利任务。职工福利与公共福利的主要区别在于：前者由主要由用人单位举办和负担费用，后者由国家和社会举办和负担费用；前者的享受主体只限于特定用人单位的职工（包括退休人员）及其亲属，后者的享受主体则是全社会成员。

二、职工福利的基本内容

（一）职工集体福利

职工集体福利，是指用人单位举办或者通过社会服务机构举办的供职工集体享用的福利性设施和服务。其内容包括物质生活福利和精神生活福利。职工福利的发展方向表明，集体福利应当成为职工福利的主要形式。

1. 职工集体生活福利。职工集体生活福利的主要项目有：①职工食堂；②托幼设施；③卫生设施；④文娱体育设施。这些福利设施，在其各自营业范围内为职工集体免费或者低费提供服务。

2. 职工住宅。职工住宅是职工及其家属休息和生活的场所，属于必需的基本生活资料。传统的职工住宅福利表现为：国家和用人单位拿出一定的积累基金和福利基金进行住房建设，然后低租金分配给职工居住，并且对部分职工发放房租补贴。其特点可概括为低房租、高补贴、分配制。

职工住宅制度改革的方向，是逐步实现职工住宅商品化，具体应通过职工购买住宅和逐步提高房租来进行。但在职工住宅商品化过程中，仍保留一定的福利性，即对职工购房和房租在较长时间内给予一定的福利补贴，并最终用职工住房补贴取代职工住房福利。同时，积极推行住房公积金制度。

（二）职工个体福利。

职工个体福利，是指由职工福利基金和其他有关经费中开支的，主要以货币形式直接支付给职工个人的福利待遇。它作为工资的补充形式构成职工个人收入。

职工个体福利主要有：

1. 职工探亲补贴；

2. 职工上下班交通费补贴；；

3. 职工冬季宿舍取暖补贴和防暑降温补贴；

4. 职工生活困难补助；

5. 职工住房补贴；

6. 其他福利补贴如生活消费品价格补贴、独生子女补贴、婚丧假和年休假工资、安家费、职工因公外地就医费用、未实行医疗统筹企业职工医疗费用、职工供养直系亲属医疗补贴、丧葬补助费和抚恤费等。

◎【案例分析】

孙某在工作时间突发疾病死亡应认定为工伤。我国工伤认定机构是用人单位所在地统筹地区的社会保险行政部门，本案中的工伤认定机构即市劳动和社会保障局，其根据王某的申请对孙某死亡是否属于工伤作出认定的行为是在履行自己的职责。根据《工伤保险条例》的规定，职工或者其近亲属认为是工伤，用人单位不认为是工伤的，由用人单位承担举证责任。孙某所在公司认为孙某的死亡是由于王某主动放弃治疗所致而非抢救无效，不应认定为工伤，但未提出任何证据证明。而在孙某脑死亡仅靠呼吸机维持而救治无望的情况下，其亲属王某放弃治疗实为无奈之举，并不违反法律禁止性规定，应属抢救无效死亡，故孙某在工作时间和工作岗位突发疾病且在48小时内经抢救无效死亡的情形，符合《工伤保险条例》规定的视同工伤的情形，市劳动和社会保险局作出的工伤认定决定正确，法院应维持该工伤认定决定。

法条链接

《工伤保险条例》（2010）

第 15 条 职工有下列情形之一的，视同工伤：①在工作时间和工作岗位，突发疾病死亡或者在 48 小时之内经抢救无效死亡的；②在抢险救灾等维护国家利益、公共利益活动中受到伤害的；③职工原在军队服役，因战、因公负伤致残，已取得革命伤残军人证，到用人单位后旧伤复发的。

◎【思考与练习】

社会保险法律关系的构成要素有哪些？

◎【实训】

高薪能否取代社会保险？

情景设计

张某系北京市某通信技术公司（以下简称技术公司）高薪聘用的员工。在签订劳动合同时，技术公司对张某说，可以给你较高的工资，但除了工资以外，公司不再提供任何的福利待遇。以后若因医疗、养老、失业等问题，应由自己解决，公司不再承担任何责任。由于张某对社会保险不太了解，便同意了单位提出的条件，与技术公司签订了为期 3 年的劳动合同。合同明确约定，公司不为张某缴纳社会保险费。工作以后，张某为解决自己的后顾之忧，每月从工资中拿出一部分钱，向保险公司投保了一份商业保险。后来，张某通过法律咨询才知道，企业为职工缴纳各项社会保险费是企业的法定义务，因此，张某要求技术公司为他缴纳社会保险。技术公司以劳动合同有约定，张某已经向保险公司投保了商业保险为由，拒绝了张某的请求，张某遂向劳动争议仲裁委员会申请仲裁。

工作任务

技术公司是否应当为张某缴纳社会保险？

训练方法

1. 学生分组讨论社会保险的基本特征。

2. 理解用人单位的缴费义务及社会保险与商业保险的区别。

考核标准

能准确地理解用人单位作为投保人应履行的义务。用人单位和劳动者必须依法参加社会保险，缴纳社会保险费。劳动者自己向保险公司投保的商业保险，不能代替社会保险。

单 元 三

法律救济

项目十三　劳动争议处理

知识目标

1. 了解劳动法律关系程序保护的含义；

2. 掌握劳动争议的概念、分类和特征，明确我国劳动争议调解、仲裁、诉讼程序的区别。

能力目标

熟悉各种劳动争议处理方式的特点及其适用性。

内容结构图

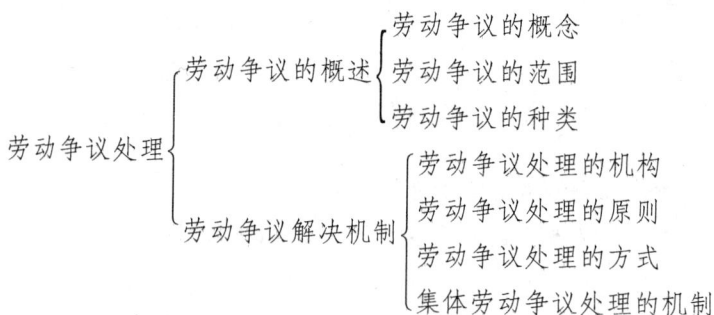

案例导入

肖某是甲公司的一名职员，在 2011 年 12 月 17 日出差时不慎摔伤，住院治疗两个多月，花费医疗费若干。甲公司认为，肖某伤后留下残疾已不适合从事原岗位的工作，于 2012 年 4 月 9 日解除了与肖某的劳动合同。因与公司协商无果，肖某最终于 2012 年 11 月 27 日向甲公司所在地的某省 A 市 B 区法院起诉，要求甲公司继续履行劳动合同并安排其工作、支付其住院期间的医疗费、营养费、护理费、住院期间公司减发的工资、公司 2011 年三季度优秀员工奖奖金等共计 3.6 万元。

B 区法院受理了此案。之后，肖某向与其同住一小区的 B 区法院法官赵某进行咨询。赵某对案件谈了几点意见，同时为肖某推荐律师李某作为其诉讼代理人，并向肖某提供了本案承办法官刘某的手机号码。肖某的律师李某联系了承办法官刘某。刘某在居住的小区花园，听取了李某对案件的法律观点，并表示其一定会依法审理此案。两天后，肖某来到法院找刘某说明案件的其他情况，刘某在法院的谈话室接待了肖某，并让书记员对他们的谈话内容进行了记录。

本案经审理，一审判决甲公司继续履行合同，并支付相关费用。肖某以各项费用判决数额偏低为由提起上诉。二审开庭审理时，由于一名合议庭成员突发急病住院，法院安排法官周某临时代替其参加庭审。在二审审理中，肖某提出了先予执行的申请。2013 年 5 月 12 日，二审法院对该案作出了终审判决，该判决由原合议庭成员署名。履行期届满后，甲公司未履行判决书中确定的义务。肖某向法院申请强制执行，而甲公司则向法院申请再审。

问题：

1. 纠纷发生后，肖某与甲公司可以通过哪些方式解决他们之间的纠纷？

2. 诉讼中，肖某与甲公司分别应当对本案哪些事实承担举证责任？

3. 二审中，肖某依法可以对哪些请求事项申请先予执行？对该申请应当由哪个法院审查作出先予执行的裁定？该裁定应当由哪个法院执行？

4. 若执行中甲公司拒不履行法院判决，法院可以采取哪些与金钱相关的执行措施？对甲公司及其负责人可以采取哪些强制措施？

5. 根据案情，甲公司可以根据何种理由申请再审？可以向何法院申请再审？甲公司申请再审时，已经开始的执行程序如何处理？

6. 本案中，有关法官的哪些行为违反了法官职业道德？

● **基本原理**

任务一 劳动争议的概述

一、劳动争议的概念

劳动争议，又称劳动纠纷，国外亦称劳资争议或劳资纠纷。广义的劳动争议，泛指以劳动关系为中心所发生的一切争议，包括关于劳动关系的争议和关于与劳动关系密切联系的其他社会关系的争议。狭义的劳动争议，专指劳动关系双方当事人或其团体之间关于劳动权利和劳动义务的争议。在劳动法规和劳动法学中，一般取其狭义。

二、劳动争议的范围

劳动争议存在的基础是劳动关系，这是区分劳动争议与非劳动争议的关键。劳动争议既可以发生在劳动关系的建立过程中，也可以发生在劳动关系的实现过程中。根据《劳动争议调解仲裁法》的规定，劳动争议的范围包括：

1. 因确认劳动关系发生的争议；
2. 因订立、履行、变更、解除和终止劳动合同发生的争议；
3. 因除名、辞退和辞职、离职发生的争议；
4. 因工作时间、休息休假、社会保险、福利、培训以及劳动保护发生的争议；
5. 因劳动报酬、工伤医疗费、经济补偿或者赔偿金等发生的争议；
6. 法律、法规规定的其他劳动争议。

另外，2009 年 1 月 1 日起实施的《劳动人事争议仲裁办案规则》扩大了争议仲裁的范围，包括了一些人事争议。

三、劳动争议的种类

（一）权利争议和利益争议

按照争议标的性质的不同，劳动争议可以分为权利争议和利益争议两类。

权利争议，又称实现既定权利的争议，是指因实现劳动法规、集体合同和劳动合同所规定的权利和义务所发生的争议。利益争议，又称确定权利的争议，是指因主张有待确定的权利和义务所发生的争议。国际劳工组织认为，利益争议源于集体谈判的失败，即当有关当事人为签订、更新、修改或扩充一项集体协议进行的谈判最终陷入僵局而产生的争议。权利争议和利益争议的划分，其法律意义在于，处理争议所适用的程序有所不同，权利争议一般通过调解、仲裁、诉讼程序解决，利益争议主要是在政府干预下由双方协商解决。

（二）个人争议、集体争议和团体争议

按照劳动争议一方劳动者人数的多少，可分为个人争议、集体争议和团体争议。个人争议，又称个别争议，是指发生在单个劳动者与用人单位之间的劳动争议。集体争议，又称多人争议，是指劳动者一方的人数达到法定人数以上并且基于共同理由与用人单位发生的劳动争议。《劳动争议调解仲裁法》第 7 条规定："发生劳动争议的劳动者一方在 10 人以上，并有共同请求的，可以推举代表参加调解、仲裁或者诉讼活动。"团体争议，又称集体合同争议，是指代表和维护全体职工共同利益的工会与用人单位由于签订集体合同而发生的争议。团体争议并不是个体劳动者人数简单的相加，而是以工会作为主体的争议。

集体争议或团体争议案件，仲裁委员会可优先立案，优先审理。

任务二　劳动争议解决机制

一、劳动争议处理的机构

根据《劳动法》第 77 条的规定，用人单位与劳动者发生劳动争议，当事人可依法申请调解、仲裁，提起诉讼，也可以协商解决。这样就形成了一个从用人单位内部到地方工会和劳动行政管理部门直至地方法院、从自治到司法解决的多元化的争议解决机制。因此根据我国法律的规定劳动争议的处理机构有用人单位的劳动争议调解委员会、劳动争议仲裁委员会、人民法院三类。

二、劳动争议处理的原则

劳动争议处理的原则，是企业劳动争议调解委员会、劳动争议仲裁委员会、人民法院在处理劳动争议案件时，必须遵循的基本准则。它贯穿于劳动争议处理过程的始终，体现了国家劳动立法关于劳动争议处理的指导思想。《劳动争议调解仲裁法》第 3 条规定，解决劳动争议，应当根据事实，遵循合法、公正、及时、着重调解的原则，依法保护当事人的合法权益。

三、劳动争议处理的方式

用人单位与劳动者之间发生劳动争议，作为争议双方当事人应当采取合法的途径解决彼此之间的争议。根据《劳动争议调解仲裁法》的规定，劳动争议可以采取协商、调解、仲裁、诉讼四种方式解决。

（一）劳动争议的协商

协商是指争议当事人之间自行约定，通过和解，在法律允许的范围内相互让步或一方让步，从而求得矛盾解决的方法。协商实质是一种交易活动，是双方当事人通过讨价还价达成合意从而终结争执的行为。协商属于自助性的私力救济形式，它的应用取决于争议双方当事人解决争议的合作诚意，以及主观上和解的意愿。

劳动者与用人单位之间的争议特别是在履行协议过程中产生的争议，最好的解决方式是协商对话自行解决。协商和解在解决的结果上更能体现当事人的意愿，在程序上最便利、快捷，而且无须支付什么成本。发生劳动争议后，同用人单位协商是绝大多数人会采取的方式。当然，劳动者作为弱势群体，协商是有一定难度的。为此，《劳动争议调解仲裁法》规定，劳动者可以请工会或者第三方共同与用人单位协商，达成和解协议。工会作为劳动者的组织，有代表劳动者同用人单位进行协商的权利和义务。我们应当注意和解协议无程序法上的意义和效力，即不适用强制执行，当事人仍然保有申请调解、仲裁或起诉的权利。

（二）调解

劳动争议调解是指劳动争议当事人向调解组织提出调解申请，陈述事实和理由，在调解组织的帮助下达成调解协议的一种解决劳动争议的方法。调解虽然不是劳动争议处理的必经程序，但却是劳动争议处理制度中的"第一道防线"，对解决劳动争议起着很大的作用，尤其是对于希望仍在原单位工作的职工，通过调解解决劳动争议当属首选步骤。它具有及时、易于查明情况、方便争议当事人参与调解活动等优点，是我国劳动争议处理制度的重要组成部分。

1. 调解的组织。《劳动争议调解仲裁法》第 10 条规定了三种调解组织：企业劳动争议调解委员会；依法设立的基层人民调解组织；在乡镇、街道设立的具有劳动争议调解职能的组织。

企业劳动争议调解委员会由职工代表和企业代表组成。职工代表由工会成员担任或者由全体职工推举产生，企业代表由企业负责人指定。企业劳动争议调解委员会主任由工会成员或者双方推举的人员担任。

2. 调解具体程序。劳动争议调解组织的调解员应当由公道正派、联系群众、热心调解工作，并具有一定法律知识、政策水平和文化水平的成年公民担任。

当事人申请劳动争议调解可以书面申请，也可以口头申请。口头申请的，调解组织应当当场记录申请人基本情况、申请调解的争议事项、理由和时间。在调解过程中，调解员应当充分听取双方当事人对事实和理由的陈述，耐心疏导，帮助其达成协议。经调解达成协议的，应当制作调解协议书。调解协议书由双方当事人签名或者盖章，经调解员签名并加盖调解组织印章后生效，对双方当事人具有约束力，当事人应当履行。自劳动争议调解组织收到调解申请之日起 15 日内未达成调解协议的，当事人可以依法申请仲裁。

3. 调解的法律效果。

（1）调解协议对双方当事人具有约束力，当事人应当履行。

（2）达成调解协议后，一方当事人在协议约定期限内不履行调解协议的，另一方当事人可以依法申请仲裁。

（3）因支付拖欠劳动报酬、工伤医疗费、经济补偿或者赔偿金事项达成调解协议，用人单位在协议约定期限内不履行的，劳动者可以持调解协议书依法向人民法院申请支付令。人民法院应当依法发出支付令。

（三）仲裁

劳动争议仲裁是指以第三者身份出现的劳动争议仲裁委员会，根据劳动争议当事人的申请，依照一定的法律程序，按照劳动法规和政策，对当事人之间的劳动争议，在事实上作出判断，在劳动权利和义务上作出裁决，从而解决劳动争议的一种制度。劳动争议仲裁是处理劳动争议的基本途径。

1. 仲裁机构。劳动争议仲裁机构是指按照有关劳动争议处理的法律规定设立的，采用调解和仲裁方式处理劳动争议的机构。劳动争议仲裁委员会是国家授权，依法独立处理劳动争议案件的专门机构。《劳动争议调解仲裁法》规定仲裁机构为当地劳动部门设立的劳动争议仲裁委员会。

2. 仲裁的管辖。劳动争议仲裁委员会负责管辖本区域内发生的劳动争议。劳动争议由劳动合同履行地或者用人单位所在地的劳动争议仲裁委员会管辖。双方当事人分别向劳动合同履行地和用人单位所在地的劳动争议仲裁委员会申请仲裁的，由劳动合同履行地的劳动争议仲裁委员会管辖。但是，2009 年 1 月 1 日实施的《劳动人事争议仲裁办案规则》则规定，多个仲裁委员会都有管辖权的，由先受理的仲裁委员会管辖。由先受理的仲裁委员会管辖的规定与《劳动争议调解仲裁法》的规定不同。

劳动合同履行地为劳动者实际工作场所地，用人单位所在地为用人单位注册、登记地。用人单位未经注册、登记的，其出资人、开办单位或主管部门所在地为用人单位所在地。

3. 仲裁的当事人。在劳动争议案件中，劳动者和用人单位为劳动争议仲裁案件的双方当事人。劳务派遣单位或者用工单位与劳动者发生劳动争议的，劳务派遣单位和用工单位为共同当事人。与劳动争议案件的处理结果有利害关系的第三人，可以申请参加仲裁活动或者由劳动争议仲裁委员会通知其参加仲裁活动。

4. 仲裁的申请和受理。

（1）仲裁申请时效。仲裁申请的时效为 1 年，自当事人知道或者应当知道其权利被侵害之日起计算。但是对于劳动关系存续期间拖欠劳动报酬发生争议的，劳动者申请仲裁的期限不受 1 年的限制。不过，如果劳动关系终止的，应当在劳动关系终止后 1 年内申请仲裁。

仲裁申请的时效可以中断和中止。中止指时效暂时停止计算，待中止法定事由消除后，继续计算的情况。如某劳动者在 1 月 1 日知道自己的权利被侵害，其仲裁时效开始计算，应当算至次年的 1 月 1 日。但是，在当年 12 月 1 日发生了地震，直至次年 1 月 3 日各项工作才步入正常，在 12 月 1 日到 1 月 3 日期间，该时效由于不可抗力发生了中止，其剩余 1 个月的时效从 1 月 3 日继续计算。中止的法定事由包括不可抗力或其他正当无法申请仲裁的理由。

中断指时效发生中断之后重新计算，以前的时效不再计算，中断必须发生在时效期间内。

法定的中断实效事由包括：当事人一方向对方当事人主张权利，或者向有关部门请求权利救济，或者对方当事人同意履行义务三种情况。

如上述例子，在当年的 10 月 1 日，劳动者向用人单位提出了自己的权利主张，则其仲裁时效从 10 月 1 日重新计算 1 年，到次年的 10 月 1 日。但是，如果该劳动者在次年的 1 月 3 日才向用人单位主张权利，则该劳动者没有在时效期间内提出主张，因此不发生时效中断的效果，该劳动者就没有申请仲裁的时效了。

（2）仲裁申请程序。仲裁申请人应当提交书面的仲裁申请，并依照被申请人的数量提交副本。申请书应载明法定内容，包括：①劳动者的姓名、性别、年龄、职业、工作单位和住所，用人单位的名称、住所和法定代表人或者主要负责人的姓名、职务；②仲裁请求和所根据的事实、理由；③证据和证据来源、证人姓名和住所。

5. 仲裁开庭及裁决的主要程序。

（1）案件受理。劳动争议仲裁委员会收到仲裁申请之日起5日内，认为符合受理条件的，应当受理，并通知申请人；认为不符合受理条件的，应当书面通知申请人不予受理，并说明理由。对劳动争议仲裁委员会不予受理或者逾期未作出决定的，申请人可以就该劳动争议事项向人民法院提起诉讼。劳动争议仲裁委员会受理仲裁申请后，应当在5日内将仲裁申请书副本送达被申请人。被申请人收到仲裁申请书副本后，应当在10日内向劳动争议仲裁委员会提交答辩书。劳动争议仲裁委员会收到答辩书后，应当在5日内将答辩书副本送达申请人。被申请人未提交答辩书的，不影响仲裁程序的进行。

（2）仲裁庭组成。劳动争议仲裁委员会裁决劳动争议案件实行仲裁庭制。仲裁庭由3名仲裁员组成，设首席仲裁员。简单劳动争议案件可以由1名仲裁员独任仲裁。劳动争议仲裁委员会应当在受理仲裁申请之日起5日内将仲裁庭的组成情况书面通知当事人。

（3）回避。仲裁员是本案当事人或者当事人、代理人的近亲属的；与本案有利害关系的；与本案当事人、代理人有其他关系，可能影响公正裁决的；私自会见当事人、代理人，或者接受当事人、代理人的请客送礼的，应当回避，当事人也有权以口头或者书面方式提出回避申请。

（4）开庭。仲裁庭应当在开庭5日前，将开庭日期、地点书面通知双方当事人。当事人有正当理由的，可以在开庭3日前请求延期开庭。是否延期，由劳动争议仲裁委员会决定。

（5）审理期限。仲裁庭裁决劳动争议案件，应当自劳动争议仲裁委员会受理仲裁申请之日起45日内结束。案情复杂需要延期的，经劳动争议仲裁委员会主任批准，可以延期并书面通知当事人，但是延长期限不得超过15日。逾期未作出仲裁裁决的，当事人可以就该劳动争议事项向人民法院提起诉讼。

6. 仲裁裁决的先予执行。仲裁庭对追索劳动报酬、工伤医疗费、经济补偿或者赔偿金的案件，根据当事人的申请，可以裁决先予执行，移送人民法院执行。仲裁庭裁决先予执行的，应当符合下列条件：当事人之间权利义务关系明确；不先予执行将严重影响申请人的生活。劳动者申请先予执行的，可以不提供担保。

7. 仲裁裁决的履行与执行。当事人对发生法律效力的调解书、裁决书，应当依照规定的期限履行。一方当事人逾期不履行的，另一方当事人可以依照民事诉讼法的有关规定向人民法院申请执行。受理申请的人民法院应当依法执行。

8. 劳动争议仲裁的效力。

（1）一裁终局，即仲裁裁决为终局裁决，裁决书自作出之日起发生法律效力。一裁终局制是我国《劳动争议调解仲裁法》的首创，也是对现行劳动争议处理体制进行调整的一大突破。但应当注意我国法律规定的一裁终局是"有条件有限制的一裁终局"，或称"相对的一裁终局"，它是由《劳动争议调解仲裁法》第47、48、49条、最高人民法院《关于审理劳动争议案件适用法律若干问题的解释（三）》第13、14、18条以及《关于审理劳动争议案件适用法律若干问题的解释（四）》第2、3条共同构筑。简而言之，一裁终局仅限于小额和标准明确的两类仲裁案件，如果对该仲裁裁决不服，劳动者和用人单位可采取不同的救济途径：劳动者，可以自收到仲裁裁决书之日起15日内向人民法院提起诉讼，这是一裁终局的例外规定；用人单位，可根据《劳动争议调解仲裁法》第49条规定申请撤销仲裁裁决。

（2）先仲裁后诉讼。《劳动争议调解仲裁法》第50条规定："当事人对本法第47条规定以外的其他劳动争议案件的仲裁裁决不服的，可以自收到仲裁裁决书之日起15日内向人民法院提起诉讼；期满不起诉的，裁决书发生法律效力。"即对一裁终局以外的其他劳动争议，当事人不愿协商、协商不成或者达成和解协议后不履行的，可以向调解组织申请调解；不愿调解、调解不成或者达成调解协议后不履行的，可以向劳动争议仲裁委员会申请仲裁；对仲裁裁决不服的，可以向人民法院提起诉讼。采用"一调一裁两审，仲裁前置"的模式。

9. 劳动争议仲裁的履行与强制执行。《劳动争议调解仲裁法》第51条规定："当事人对发生法律效力的调解书、裁决书，应当依照规定的期限履行。一方当事人逾期不履行的，另一方当事人可以依照民事诉讼法的有关规定向人民法院申请执行。受理申请的人民法院应当依法执行。"应当注意"发生法律效力的调解书"是指《劳动争议调解仲裁法》第42条规定的，仲裁庭在作出裁决前，应当先行调解。调解书由仲裁员签名，加盖劳动争议仲裁委员会印章，送达双方当事人。调解书经双方当事人签收后，发生法律效力。此外，根据民事诉讼法的规定，由法院执行的调解书、裁决书，由被执行人住所地或者被执行的财产所在地法院执行，执行的程序适用《中华人民共和国民事诉讼法》。

10. 劳动争议仲裁的适用与仲裁费用。

（1）劳动争议仲裁的适用。事业单位实行聘用制的工作人员与本单位发生劳动争议的，依照《劳动争议调解仲裁法》执行；法律、行政法规或者国务院另有规定的，依照其规定。

（2）仲裁费用的承担。劳动争议仲裁不收费。劳动争议仲裁委员会的经费由财政予以保障。

（四）劳动争议诉讼

1. 劳动争议诉讼的受案范围。根据《劳动争议调解仲裁法》规定，人民法院应当受理的案件有以下几种类型：

（1）对于劳动争议仲裁委员会收到申请人仲裁申请不予受理或者逾期未作出是否受理决定的，申请人可向人民法院提起诉讼。

（2）一裁终局的案件，劳动者对仲裁裁决不服的，可以自收到仲裁裁决书之日起15日内向人民法院提起诉讼。

（3）用人单位基于仲裁裁决违法的，可以向人民法院起诉。

（4）仲裁裁决被人民法院裁定撤销的，当事人可以自收到裁定书之日起15日内就该劳动争议事项向人民法院提起诉讼。

（5）当事人对《劳动争议调解仲裁法》第47条规定以外的其他劳动争议案件的仲裁裁决不服的，可以自收到仲裁裁决书之日起15日内向人民法院提起诉讼；期满不起诉的，裁决书发生法律效力。

2. 劳动争议案件诉讼管辖。劳动争议诉讼制度首先要解决人民法院受理劳动争议案件的范围和各级人民法院之间审理劳动争议案件的分工和权限问题，即人民法院对劳动争议案件的主管和管辖问题。劳动争议的受案范围也称劳动争议的主管制度，是指确定人民法院与其他机构处理劳动争议的分工和权限，是指人民法院受理劳动争议案件的范围，即人民法院可以受理哪些劳动争议案件。根据最高人民法院《关于审理劳动争议案件适用法律若干问题的解释》规定，劳动争议案件由用人单位所在地或者劳动合同履行地的基层人民法院管辖。劳动合同履行地不明确的，由用人单位所在地的基层人民法院管辖。当事人双方就同一仲裁裁决分别向有管辖权的人民法院起诉的，后受理的人民法院应当将案件移送给先受理的人民法院。

用人单位根据《劳动争议调解仲裁法》第49条规定申请撤销仲裁裁决的案件应向劳动人事争议仲裁委员会所在地的中级人民法院申请。

3. 劳动争议案件的诉讼程序。劳动争议案件的诉讼程序，适用《民事诉讼法》规定的程序，即一审程序、二审程序（终审程序）、执行程序、审判监督程序（再审程序）。

（1）开庭审理前的准备。①应当在开庭3日前通告当事人和其他诉讼参与人；②公开审理的案件，应当公告当事人的姓名、案由和开庭的时间、地点；③开庭前由书记员查明当事人和其他诉讼参与人是否到庭，并宣布法庭纪律；④开庭时由审判长核对当事人，宣布案由；⑤审判长宣布审判员、书记员名单和告知当事人的诉讼权利和义务，并询问当事人是否申请回避。

（2）法庭调查。根据《民事诉讼法》第124条规定，法庭调查按照下列顺序进行：①当事人陈述；②告知证人的权利义务，证人作证，宣读未到庭的证人证言；③出示书证、物证和视听资料；④宣读鉴定结论；⑤宣读勘验笔录。

（3）法庭辩论。根据《民事诉讼法》第127条规定，法庭辩论按照下列顺序进行：①原告及其诉讼代理人发言；②被告及其诉讼代理人答辩；③第三人及其诉讼代理人发言或者答辩；④互相辩论。当事人的辩论可以反复进行。法庭辩论终结，由审判长按照原告、被告、第三人的先后顺序征询各方的最后意见。

（4）法庭调解。根据《民事诉讼法》第128条规定，法庭辩论终结，应当依法作出判决。判决前能够调解的，还可以进行调解；调解不成的，应当及时判决。这就是说，法庭辩论结束后，在有可能进行调解的前提下，应当进行法庭调解；调解未达成协议的，应及时判决。

（5）合议庭评议和审判。合议庭在法庭辩论终结后，合议庭成员暂时退庭，进入评议室讨论对案件的正确处理，依法作出判决或裁定。这一过程，称为合议庭评议。合议庭评议案件，实行少数服从多数的原则。评议应当制作笔录，尽可能详尽地记载评议的过程、内容和结论，由合议庭成员签名。

四、集体劳动争议处理机制

根据《劳动法》第84条以及《劳动合同法》第56条规定，我国集体合同争议处理机制涉及集体协商过程中的争议处理和集体合同履行中的争议处理两方面的内容。

（一）因签订集体合同而发生的劳动争议

因签订集体合同而发生的劳动争议，实际就是国际上通常所说的"利益争议"，是指在签订或变更集体协议过程中当事人双方就如何确定合同条款所发生的争议，其标的是在合同中如何设定尚未确定的劳动者利益。因此，处理这种争议不宜适用仲裁和诉讼的"以事实为依据、以法律为准绳"的基本原则，不能采取裁决、判决的方式，只能采取双方协商和行政协调方式解决。

1. 处理争议应遵循的原则：①自主协商原则，是指在争议发生后，当事人双方均应本着以人为本、建立和谐的劳动关系的精神，以切实解决问题的诚意，积极主动地向对方提出协商要求，另一方应积极响应。双方在互相尊重、兼顾双方利益的基础上进行平等协商。②依法协调原则，地方劳动保障行政部门依法协调原则，指的是在集体协商争议发生后，无论是基于当事人的申请，还是主动的介入，当地的劳动保障行政部门的协调都应坚持依法协调。③坚持三方机制原则，是指在地方各级劳动保障行政部门在对集体协商争议进行协商时，应坚持会同同级工会和企业组织等三方面的人员，来共同协商处理集体协商争议。对集体协商争议的处理实行三方机制是国际惯例，在三方机制中，工会组织和企业组织分别代表了劳动者和用人单位，劳动保障行政部门则代表了政府。在集体协商的双方发生争议时，当地的劳动保障行政部门会同同级工会组织和企业组织等三方面的人员共同对争议进行协商，有利于稳定争议双方的情绪，易于使当事人冷静地分析自己一方所提要求的合理性、合法性，有利于公平公正地解决争议。

2. 行政协调的具体程序。根据《集体合同规定》的规定，行政协调的具体程序如下：

（1）受理协调处理申请。集体协商过程中发生争议，双方当事人不能协商解决的，当事人一方或双方可以书面向劳动保障行政部门提出协调处理申请；未提出申请的，劳动保障行政部门认为必要时也可以进行协调处理。

劳动保障行政部门应当组织同级工会和企业组织等三方面的人员，共同协调处理集体协商争议。

（2）调查了解争议的情况。

（3）研究制定协调处理争议的方案。

（4）对争议进行协调处理。协调处理集体协商争议，应当自受理协调处理申请之日起 30 日内结束协调处理工作。期满未结束的，可以适当延长协调期限，但延长期限不得超过 15 日。

（5）制作《协调处理协议书》。《协调处理协议书》应当载明协调处理申请、争议的事实和协调结果，双方当事人就某些协商事项不能达成一致的，应将继续协商的有关事项予以载明。《协调处理协议书》由集体协商争议协调处理人员和争议双方首席代表签字盖章后生效。争议双方均应遵守生效后的《协调处理协议书》。

（二）因履行集体协议而发生的争议

因履行集体协议而发生的争议，是指在履行集体协议过程中当事人双方就如何将协议条款付诸实现所发生的争议，其标的是实现协议中已经设定并表现为权利义务的劳动者利益。它通常是由于解释协议条款有分歧或违约所导致。

《劳动合同法》第56条第2款规定："因履行集体合同发生争议，经协商解决不成的，工会可以依法申请仲裁、提起诉讼。"即工会可选择或裁或审的两种途径，因履行集体协议发生的争议，是以工会作为主体的、以既存权利义务为标的的争议，在处理程序上适用法律规定的个别劳动争议处理程序，但有其自身特点：

1. 不适用基层调解。因履行集体协议产生的争议，不适用企业基层调解程序，当事人双方不能自行协商解决的，就可以向仲裁机构申请仲裁。

2. 适用我国劳动争议处理程序中关于集体争议仲裁的特别规定。具体包括：

（1）在管辖方面，县级仲裁委员会认为有必要，可以将争议报请上一级仲裁委员会处理。

（2）在受理方面，仲裁委员会应当自收到申诉书之日起 3 日内作出受理或不予受理的决定。受理通知书送达或受理布告公布后，当事人不得有激化矛盾的行为。

（3）在仲裁组织方面，仲裁委员会应当在作出受理决定的同时，组成特别仲裁庭。

（4）在仲裁方式方面，仲裁庭应按照就地、就近的原则进行处理，开庭场所可设在发生争议的企业或其他便于及时办案的地方。仲裁庭应先行调解，或者促成双方召开协商会议，在查明事实的基础上促使当事人自愿达成协议。调解或协商未能达成协议的，应及时裁决，并制作裁决书送达当事人或用布告形式公布。

（5）在仲裁期限方面，仲裁庭处理争议，应当自组成仲裁庭之日起 15 日内结束；案情复杂需要延期的，经报仲裁委员会批准可适当延期，但延长的期限不得超过15 日。

（6）在其他方面，仲裁委员会对受理的争议及其处理结果，应及时向当地政府汇报。

◎【案例分析】

1. 和解；向公司劳动争议调解委员会申请调解；向劳动争议仲裁委员会申请仲裁；向法院起诉。

2. 肖某应当对以下事实承担举证责任：①与甲公司存在劳动合同关系；②其受伤属工伤的事实；③各项损失的事实；④未支付全额工资和奖金的事实。甲公司应当对以下事实承担举证责任：①解除劳动合同的事实；②减少肖某住院期间工资报酬的事实。

3. 肖某依法可以对医疗费，住院期间的工资申请先予执行；肖某应当向二审法院申请；先予执行的裁定应当由 B 区法院执行。

4. 法院可采取以下与金钱有关的执行措施：查询、冻结、划拨被执行人的存款；强制被执行人加倍支付迟延履行债务的利息。法院可对甲公司采取罚款的强制措施；对甲公司的负责人可采取罚款、拘留的强制措施。

5. 甲公司可以二审审判组织的组成不合法为由申请再审；可以向某省高级法院申请再审；执行程序继续进行。

6. 法官赵某向当事人泄露承办人信息；向当事人就法院未决案件提供法律咨询；法官赵某提出法律意见；法官刘某在居住的小区花园私下会见原告肖某的代理人。

法条链接

《劳动人事争议仲裁办案规则》（2009）

第 2 条　本规则适用下列争议的仲裁：

（一）企业、个体经济组织、民办非企业单位等组织与劳动者之间，以及机关、事业单位、社会团体与其建立劳动关系的劳动者之间，因确认劳动关系，订立、履行、变更、解除和终止劳动合同，工作时间、休息休假、社会保险、福利、培训以及劳动保护，劳动报酬、工伤医疗费、经济补偿或者赔偿金等发生的争议；

（二）实施公务员法的机关与聘任制公务员之间、参照公务员法管理的机关（单位）与聘任工作人员之间因履行聘任合同发生的争议；

（三）事业单位与工作人员之间因除名、辞退、辞职、离职等解除人事关系以及履行聘用合同发生的争议；

（四）社会团体与工作人员之间因除名、辞退、辞职、离职等解除人事关系以及履行聘用合同发生的争议；

（五）军队文职人员聘用单位与文职人员之间因履行聘用合同发生的争议；

（六）法律、法规规定由仲裁委员会处理的其他争议。

《劳动争议调解仲裁法》（2008）

第47条　下列劳动争议，除本法另有规定的外，仲裁裁决为终局裁决，裁决书自作出之日起发生法律效力：

（一）追索劳动报酬、工伤医疗费、经济补偿或者赔偿金，不超过当地月最低工资标准12个月金额的争议；

（二）因执行国家的劳动标准在工作时间、休息休假、社会保险等方面发生的争议。

第48条　劳动者对本法第47条规定的仲裁裁决不服的，可以自收到仲裁裁决书之日起15日内向人民法院提起诉讼。

第49条　用人单位有证据证明本法第47条规定的仲裁裁决有下列情形之一，可以自收到仲裁裁决书之日起30日内向劳动争议仲裁委员会所在地的中级人民法院申请撤销裁决：

（一）适用法律、法规确有错误的；

（二）劳动争议仲裁委员会无管辖权的；

（三）违反法定程序的；

（四）裁决所根据的证据是伪造的；

（五）对方当事人隐瞒了足以影响公正裁决的证据的；

（六）仲裁员在仲裁该案时有索贿受贿、徇私舞弊、枉法裁决行为的。

人民法院经组成合议庭审查核实裁决有前款规定情形之一的，应当裁定撤销。

仲裁裁决被人民法院裁定撤销的，当事人可以自收到裁定书之日起15日内就该劳动争议事项向人民法院提起诉讼。

最高人民法院《关于审理劳动争议案件适用法律若干问题的解释（三）》（2010）

第13条　劳动者依据调解仲裁法第47条第1项规定，追索劳动报酬、工伤医疗费、经济补偿或者赔偿金，如果仲裁裁决涉及数项，每项确定的数额均不超过当地月最低工资标准12个月金额的，应当按照终局裁决处理。

第14条　劳动人事争议仲裁委员会作出的同一仲裁裁决同时包含终局裁决事项和非终局裁决事项，当事人不服该仲裁裁决向人民法院提起诉讼的，应当按照非终局裁决处理。

第18条　劳动人事争议仲裁委员会作出终局裁决，劳动者向人民法院申请执行，用人单位向劳动人事争议仲裁委员会所在地的中级人民法院申请撤销的，人民法院应当裁定中止执行。

用人单位撤回撤销终局裁决申请或者其申请被驳回的，人民法院应当裁定恢复执行。仲裁裁决被撤销的，人民法院应当裁定终结执行。

用人单位向人民法院申请撤销仲裁裁决被驳回后，又在执行程序中以相同理由提出不予执行抗辩的，人民法院不予支持。

最高人民法院《关于审理劳动争议案件适用法律若干问题的解释（四）》（2013）

第2条　仲裁裁决的类型以仲裁裁决书确定为准。

仲裁裁决书未载明该裁决为终局裁决或非终局裁决，用人单位不服该仲裁裁决向基层人民法院提起诉讼的，应当按照以下情形分别处理：

（一）经审查认为该仲裁裁决为非终局裁决的，基层人民法院应予受理；

（二）经审查认为该仲裁裁决为终局裁决的，基层人民法院不予受理，但应告知用人单位可以自收到不予受理裁定书之日起30日内向劳动人事争议仲裁委员会所在地的中级人民法院申请撤销该仲裁裁决；已经受理的，裁定驳回起诉。

第3条　中级人民法院审理用人单位申请撤销终局裁决的案件，应当组成合议庭开庭审理。经过阅卷、调查和询问当事人，对没有新的事实、证据或者理由，合议庭认为不需要开庭审理的，可以不开庭审理。

中级人民法院可以组织双方当事人调解。达成调解协议的，可以制作调解书。一方当事人逾期不履行调解协议的，另一方可以申请人民法院强制执行。

《劳动法》（1994）

第84条　因签订集体合同发生争议，当事人协商解决不成的，当地人民政府劳动行政部门可以组织有关各方协调处理。

因履行集体合同发生争议，当事人协商解决不成的，可以向劳动争议仲裁委员会申请仲裁；对仲裁裁决不服的，可以自收到仲裁裁决书之日起15日内向人民法院提起诉。

《劳动合同法》（2012 修正）

第56条　用人单位违反集体合同，侵犯职工劳动权益的，工会可以依法要求用人单位承担责任；因履行集体合同发生争议，经协商解决不成的，工会可以依法申请仲裁、提起诉讼。

✿【思考与练习】

案例：某厂以正常工作安排为由，拒付职工的加班工资。职工不服，推举2名职工代表200名职工向当地劳动争议仲裁委员会申请仲裁。该委员会收到申请书8日后决定受理，并于3个月后作出裁决，裁定该厂依法支付职工的加班工资及经济补偿金。裁决书于裁决当日送交双方当事人后结案。

试分析：

1. 该争议的性质是什么？应适用何种处理程序？

2. 仲裁委员会在处理过程中是否有违法之处？为什么？

⊛【实训】

劳动争议的范围

情景设计

杨某是某城镇集体企业的一名职工，家住厂区内。为了家居安全，自行建起一堵围墙。厂方认为私自建围墙不符合城建规定，多次派人做杨某工作，要求杨某自行拆除围墙，杨某不理。厂方为促使杨某拆除围墙，采取停发工资的措施，并多次言明只要杨某自行拆除围墙后，将补发其全部被停发的工资。为此，杨某向当地劳动争议仲裁委员会申诉，要求发还停发的工资。市劳动争议仲裁委员会认为，此案因私建住宅墙而引发的工资争议，不属于劳动争议，不属于受案范围，建议争议当事人直接向人民法院起诉。

工作任务

1. 劳动争议仲裁委员会不受理该案是否正确，为什么？

2. 该企业和杨林应如何处理这起纠纷？

训练方法

学生分组讨论劳动争议的范围。

考核标准

能准确地掌握劳动争议的范围。

项目十四 劳动监督检查

✎ 知识目标

1. 识记劳动监督检查的含义；

2. 了解劳动监督检查立法的概况；

3. 熟悉劳动监督检查制度和工会劳动监督检查制度的主要内容。

▰ 能力目标

掌握劳动监督检查的概念、意义；劳动监察的特点；劳动监察机构和监察员的职权；劳动监察查处违法行为的程序；工会的监督检查。

内容结构图：

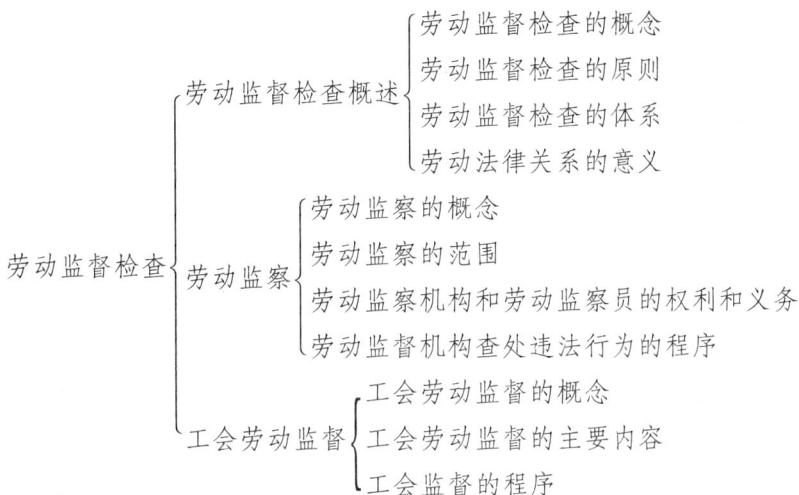

劳动监督检查 {
　劳动监督检查概述 {
　　劳动监督检查的概念
　　劳动监督检查的原则
　　劳动监督检查的体系
　　劳动法律关系的意义
　}
　劳动监察 {
　　劳动监察的概念
　　劳动监察的范围
　　劳动监察机构和劳动监察员的权利和义务
　　劳动监督机构查处违法行为的程序
　}
　工会劳动监督 {
　　工会劳动监督的概念
　　工会劳动监督的主要内容
　　工会监督的程序
　}
}

案例导入

　　某市劳动保障监察大队在常规巡视检查中发现某饭店存在擅自招用外来劳动力、不签订劳动合同等劳动违法行为，向其下达了限期改正指令书。但该饭店以业务太忙为由推托搪塞，在限期内没有采取任何整改措施。为维护法律的严肃性，该市劳动局对其无理阻挠劳动保障监察行为作出罚款决定。该饭店收到处罚决定书后，在规定的期限内既不缴纳罚款，也不申请行政复议或提起行政诉讼。该市劳动局向人民法院申请强制执行。

　　问题：劳动局对某饭店的行政处罚是否合法？

基本原理

任务一　劳动监督检查概述

一、劳动监督检查概念

　　劳动监督检查是指法律规定的行政主体或法律授权的社会组织为保护劳动者的合法权益，对用人单位和劳动服务主体遵守劳动法律法规的情况进行的监督检查，又称劳动监督。

　　理解劳动监督检查的含义，应当明确以下要点：①监督检查的主体为法定机关或法律法规授权的社会组织。其他普通的社会组织、有关单位和个人可以对用人单位的违法行为进行控告，参与监督，但不享有检查权和处罚权。其中，劳动行政部门和工会组织在劳动监督体制中的地位尤为重要。②监督检查的目的是使劳动法律法规得以实施，实现劳动法的宗旨，重点是保护劳动者的合法权益。③监督的对象是用人单位的用人行为和劳动服务主体的服务行为是否合法，是一种守法监督形式。④监督方式是依劳动法规定的方式进行的，包括实行检查、督促、纠偏、处罚等一系列监督活动。其中主要方式有：对用人单位和劳动服务主体遵守劳动法的情况进行检查；对检查中发现的违法行为及时制止和纠正；依法追究违法行为人的法律责任等。

进入 20 世纪，各国普遍设立劳动监督检查机构，进行劳动监察。国际劳工组织于1947 年通过的第 81 号公约《工商业劳动监察公约》和第 85 号公约《非本部领土劳动监察人员公约》，1978 年通过的第 158 号公约《劳动行政管理公约》，1981 年通过的第161 号公约《关于职业安全和健康公约》，都要求公约的成员国设立监察制度，以保证劳动立法的实施。其中，《工商业劳动监察公约》（第 81 号公约）对劳动监察的实施范围、职能、组织和人员组成以及监察员的权力和义务等都作了较完整的规定，这个公约目前已被世界上大多数国家所接受或批准，成为各国国内相关立法的蓝本。现在，在各国劳动基本法中，都有关于劳动监督检查的专门规定，都设立了劳动监督检查的专门机构。各国劳动监督检查大多由两个部分构成，即劳动保障关系监督和劳动安全卫生监察。前者是对劳动合同、集体协议和一般劳动保障标准执行情况的监督；后者是对劳动安全卫生标准执行情况的监察。

劳动监督检查的内容包括：①用人单位制定直接涉及劳动者切身利益的规章制度及其执行的情况；②用人单位与劳动者订立和解除劳动合同的情况；③劳务派遣单位和用人单位遵守劳务派遣有关规定的情况；④用人单位遵守国家关于劳动者工作时间和休息休假规定的情况；⑤用人单位支付劳动合同约定的劳动报酬和执行最低工资标准的情况；⑥用人单位参加各项社会保险和缴纳社会保险费的情况。

二、劳动监督检查的原则

（一）保障劳动者权益原则

就用人单位和劳动者之间的地位而言，劳动者处于相对弱势的地位，因此，劳动保障行政部门有责任和义务对作为弱势群体的劳动者提供法律保障。对于用人单位侵犯劳动者权益的行为，应当进行查处和处罚。

（二）公开公正原则

劳动监督检查执法活动原则上应当向社会公开。公开的内容包括劳动监督检查所依据的法律、法规、规章，未经公布的不得作为监督检查的执法依据。劳动监督检查的职责、内容、举报投诉电话也应该向社会公开，既保障了行政相对人的知情权，也是社会公众监督的重要途径。公正原则要求劳动检查监督必须以事实为根据，以法律为准绳。在执法中要平等地对待任何行政相对人，不搞差别待遇。实施处罚时，必须依法办事，要按照违法的情节、损害的后果等因素，综合确定处罚的数额。

（三）高效、便民原则

在监督检查执法活动中，相关部门应尽可能不影响用人单位的正常生产和经营活动，并及时查处和纠正用人单位的违法行为。严格在规定的时限内完成监督检查事项，提高工作效率，不影响用人单位正常的生产和经营活动，及时处理违法违纪行为。这一原则，贯穿于《劳动保障监察条例》始终。按照这一原则的要求，劳动行政部门应当向社会公布举报投诉的电话、监督检查机构的地址，设立举报投诉信箱，有条件的可以开通网上举报，方便群众举报。

（四）教育与处罚相结合的原则

这一原则首先要求行政机构明确处罚的目的是教育当事人，促使其自觉遵守法律。即处罚是手段，不是目的，但也不能只教育，不处罚。既要对用人单位的违法行为给予必要的处罚和制裁，又要通过教育增强其法律意识，实现监督的双重功效。

三、劳动监督检查的体系

依据我国《劳动法》和有关法规的规定，我国的劳动监督检查体系由行政监督和社会监督两部分组成。其中，行政监督由劳动监察和相关行政监督所组成，社会监督主要有工会监督和群众监督。

（一）劳动行政部门监督

《劳动法》第 85 条规定："县级以上各级人民政府劳动行政部门依法对用人单位遵守劳动法律、法规的情况进行监督检查，对违反劳动法律、法规的行为有权制止，并责令改正。"

在劳动监督检查体系中，劳动行政部门监督是最基本、最重要的监督形式，其他监督形式都是对劳动行政部门监督的配合。主要表现在以下几个方面：

1. 劳动行政部门监督是最全面的劳动监督。其监督范围比其他监督形式都广泛，可以说，不论何种劳动关系，不论劳动关系的哪部分内容和哪个运行环节，也不论用人单位的隶属关系和所在行业（部门），都可依法纳入其监督范围。其他主体的劳动监督大多只在特定范围内对劳动法实施的情况进行监督，或者只限于某项或某几项劳动法律制度，或者局限于某个行业（部门），或者只限于劳动关系的某部分内容或某个环节。

2. 劳动行政部门监督是约束力度最大的劳动监督。劳动行政部门是国家法定专门从事劳动管理的部门，其劳动监督行为是代表本级政府实施的，属于国家劳动监察，其法律效力高于其他劳动监督形式。

根据相关法律法规的规定，国务院现设劳动和社会保障部、国家安全生产监督管理总局、国家煤矿安全监察局三个部局劳动行政机构。劳动和社会保障部主要负责劳动和社会保险、城乡就业、劳动服务、劳动合同、劳动标准、职工工资等方面的政策制定与监督检查；国家安全生产监督管理总局与国家煤矿安全监察局是两块牌子，一个机构，综合管理全国安全生产工作，依法行使国家安全生产监督管理职权和国家煤矿安全监察职权。地方各级县以上政府均设有对应的劳动和社会保障机构和安全生产监督管理机构，劳动与社会保障机构负责对应的辖区内的劳动监督职责，安全生产监督管理机构负责辖区内除煤矿和特种设备外的安全生产监督。国家煤矿安全监察局在19个省（自治区、直辖市）设立直属煤矿安全监察局，负责地方煤矿的安全监察工作。省（自治区、直辖市）煤矿安全监察局可在大中型矿区设立安全监察办事处，作为其派出机构，负责该矿区的安全监察工作。涉及生命安全、危险性较大的锅炉、压力容器（含气瓶，下同）、压力管道、电梯、起重机械、客运索道、大型游乐设施等特种设备的安全监察由质量技术监督部门负责。国家安全生产监督管理局负责监督质量技术监督部门的该项监察工作。

（二）相关行政部门监督

《劳动法》第87条规定："县级以上各级人民政府有关部门在各自职责范围内，对用人单位遵守劳动法律、法规的情况进行监督。"

在劳动监督体系中，劳动行政部门监督是最基本、最重要的监督形式，但也需要其他相关行政部门监督的配合。因为一方面，劳动法与其他法律部门在内容上存在交叉，有的违法行为既违反了劳动法，也同时违反了其他法律部门的有关规定，需要其他行政部门与劳动行政部门配合处理。另一方面，违反劳动法的行政制裁措施中，某些制裁措施只能由劳动行政部门以外的特定行政部门实施。例如，吊销营业执照的权力专属于工商行政部门。所以，为了保障劳动法的全面实施，应当由有关行政部门在各自职责范围内，对劳动法遵守的情况实行监督。

相关行政部门的监督，主要包括企业所在地的行政主管部门、财政部门、税务部门、审计部门、工商行政管理部门、技术监督部门、公安机关、卫生行政管理部门、教育行政管理部门等机关进行的监督检查工作。

（三）工会监督

《劳动法》第88条第1款规定："各级工会依法维护劳动者的合法权益，对用人单位遵守劳动法律、法规的情况进行监督。"

依据《工会法》的规定，工会是职工自愿结合的工人阶级的群众组织，中华全国总工会及其各工会组织代表职工的利益，依法维护职工的合法权益。监督用人单位遵守劳动法，是《劳动法》和《工会法》赋予工会的一项基本职责。

工会监督是一种最重要的社会监督，工会拥有一套全国统一并且几乎遍及各个用人单位的组织体系，且以全体职工为后盾，这是其他任何分散性的社会监督无法与之相比的。所以，行政监督只有在工会监督的密切配合下，才能全面和有效地保证劳动法实施。

（四）群众监督

《劳动法》第 88 条第 2 款规定："任何组织和个人对于违反劳动法律、法规的行为有权检举和控告。"

在劳动监督体系中，群众监督是对劳动行政部门监督、其他行政机关监督和工会监督的必要补充。充分发挥人民群众在这方面的作用，对于督促用人单位严格遵守劳动法律、法规，切实保障劳动者的合法权益具有十分重要的意义。

四、劳动监督检查的意义

劳动监督检查是劳动法律法规规定的用以监督用人单位遵守劳动法的情况和劳动者合法权益是否受到侵犯所采取的措施。其意义表现在以下一些方面。

1. 有利于劳动法律法规的实现，促进劳动立法的完善。法律从制定到实现中间有一段很长的距离，立法机关和行政机关制定出法律法规后，立法的使命就完成了，更重要的就是如何保证法律的内容在社会生活中得到贯彻实现。法律的实现一是要靠公民和社会组织自觉地守法；二是靠有关机关依照法律在公民、法人等因争议提交诉讼和仲裁时，对纠纷进行裁决的法律适用活动；三是有关机关主动对法律的遵守情况进行监督检查，发现违法行为及时进行纠正。劳动监督检查就是属于第三种措施，在劳动法规不能得到公民的自觉遵守，并且当事人不愿把争议提交诉讼或仲裁的情况下，劳动监督就成为保证劳动法实施的主要措施之一。在监督检查过程中，对于发现的问题与立法不足，也可以通过一定途径反馈到立法机关，从而促进立法的完善。

2. 有利于保护劳动者的合法权益。制定本法的主要目的是为了保护劳动者的利益。在劳动法律关系中，劳动者一方是弱者，各方面都无法与用人单位相抗衡。劳动关系建立后，劳动者与用人单位又有隶属关系。用人单位往往利用自己所处的优势违反劳动法的规定，侵犯劳动者的合法权益。而劳动者也往往由于财力、时间、精力以及其他顾虑所限，不敢理直气壮地与用人单位进行斗争。大量的用人单位的违法行为是通过国家机关主动进行检查才被发现，劳动监督部门在发现问题后，要依法制止并纠正，并给予必要的制裁，从而使劳动者的合法权益得到有效保护。

3. 有利于维护劳动力市场秩序和劳动秩序，促进经济发展。在经济发展过程中，有的用人单位一味追求利润和效益，违反劳动法律用工制度，致使用人单位与劳动者之间出现纠纷，影响到劳动力市场秩序和劳动秩序的稳定，对经济发展起到阻碍作用。劳动监督检查就是要最大限度避免和减少违法事件发生，维护劳动力市场秩序和劳动秩序，从而为经济发展提供有力保障。

任务二　劳动监察

一、劳动监察的概念

劳动监察，又称劳动行政部门监督检查，指县级以上各级劳动行政部门依法对用人单位遵守劳动法律、法规的情况进行监督检查，对违反劳动法律、法规的行为予以制止，并责令改正的行政执法活动。

根据《劳动法》的规定，县级以上各级人民政府劳动行政部门可以依法对用人单位遵守劳动法律法规的情况进行监督检查，对违反劳动法律法规的行为，有权制止，可责令改正，可以对违法行为予以处罚。任何单位和劳动者均有权对违反劳动法律的行为向劳动监察机构举报。县和县级以上劳动行政主管部门的劳动监察机构个体负责监察工作。劳动监察工作必须坚持有法必依、执法必严、违法必究，以事实为根据，以法律为准绳的原则，准确及时地纠正和查处各种违反劳动法律、法规的行为。

劳动监察具有以下特点：①法定性。劳动监察直接为法律所规定，监察主体必须严格依法实施监督活动，被监察主体不得以协议或其他任何方式规避检查。②行政性。劳动监察属于行政执法和行政监督的范畴，是行使行政权力的具体行政行为。劳动行政部门发现用人单位有违法行为，有权给予相应的行政处罚。③专门性。由法定的专门机关针对劳动法律、法规的遵守情况实施的专门监督。④唯一性。在劳动监督检查体系中，唯有劳动监察是以国家名义对劳动法律、法规的遵守实行统一和全面的监督检查。

根据劳动合同法和国务院有关规定，劳动监察的主管部门分为三个层次。第一层次：国务院劳动行政部门即劳动与社会保障部负责主管全国的劳动监察工作。第二层次：县级以上地方各级人民政府劳动保障行政部门即各县级以上的劳动与社会保障（厅）局主管本行政区域内的劳动监察工作。第三个层次：县级以上各级人民政府有关部门根据各自职责，支持、协助劳动保障行政部门的劳动监察工作。在具体实施劳动监察过程中，由用人单位用工所在地的县级或者设区的市级劳动保障行政部门具体管辖劳动监察案件，上级劳动保障行政部门根据工作需要，可以调查处理下级劳动保障行政部门管辖的案件。这三个层次的劳动监察主体都是在各自职权范围内，层层负责，依法履行职权。

二、劳动监察的范围

劳动法、劳动合同法、劳动监察条例和其他有关规定都明确规定了劳动监察的职权范围。劳动监察的内容非常广泛，涵盖了劳动保障工作的方方面面，概括起来主要有以下几个方面：①社会劳务中介机构和社会培训机构遵守有关规定的情况；②劳动合同的订立和履行情况；③单位招聘职工的行为；④劳动者的工作时间；⑤企业遵守企业工资总额宏观调控规定的情况；⑥用人单位支付职工工资情况；⑦国有企业经营者的收入情况；⑧用人单位和劳动者缴纳社会保险费情况；⑨社会保险金给付情况；⑩用人单位遵守职工福利规定的情况；⑪用人单位和劳动者遵守职业技能开发规定的情况；⑫社会职业技能考核鉴定机构对劳动者职业考核鉴定及发放证书的情况；⑬承办境外承包工程、对外劳务合作、公民个人出境就业的机构维护境外就业人员合法权益的情况；⑭法律、法规、规章规定的其他事项。

三、劳动监察机构和劳动监察员的权利与义务

（一）劳动监察机构和监察员的职权（权利）

1. 实地检查权。劳动监察员根据工作需要，可依法随时对用人单位进行检查。按照《劳动监察规定》的相关规定，劳动监察员在执行公务时可随时进入用人单位进行现场检查。无需事先通知，任何单位和个人不得拒绝和阻拦。当然，在进行检查时应出示工作证件。

2. 书面调查权。有权要求有关单位和个人在限定的期限内就有关问题作出书面解释和说明，按规定用人单位和个人收到通知书之日起10日内，据实向劳动保障行政机关作出书面答复。

3. 询问权。有权向被监察单位和所有人员包括企业领导和普通劳动者询问情况，被询问者必须如实回答。

4. 查阅、复制资料权。如有必要，有权查阅、复制检查对象单位的有关资料，如职工花名册、职工考勤卡等。

5. 处罚权。劳动监察机构发现用人单位有违反劳动保障法律法规的行为，有权制止并责令改正，提出处理建议，并依法给予相关当事人行政处罚。劳动行政处罚是劳动行政机关依照法律、法规的规定，对用人单位和劳动者违反劳动法律规范的行为进行制裁。由劳动行政机关或法律授权的其他组织对其制裁，而且劳动行政处罚是对用人单位和劳动者实施了违反劳动法律规范的行为后的处罚，其前提必须是具有违法行为存在。劳动行政处罚必须贯彻"以事实为依据，以法律为准绳"的原则，且"一事不再罚"，即对违法人的某一违法行为，只能依法给予一次处罚，不能根据同一法律、法规进行两次或多次处罚。劳动监督监察机构在行使处罚权时，还应告知当事人有申请行政复议和提起行政诉讼的权利。未告知当事人的，自其实际知道诉权或起诉期限时计算。对处罚不服的，可在接到处罚通知之日起15日内，向作出处理的部门的上一级机关申请复议。上级机关应在接到申请之日30日内作出答复。对答复不服的，可在接到答复之日起15日内，向人民法院起诉。劳动行政监督机构对违法行为的处罚措施主要有以下几种：①警告、通报批评。这是一种精神上的谴责和警诫的处罚方式，适用于情节显著轻微，并未造成实际后果的行为人。②责令立即纠正。适用于有严重、

危险事故隐患的单位和其他可以及时纠正的违法行为。③责令停产停业。这是对行为人从事某种行为的权利的剥夺。当行为人违反了劳动法律规范，经批评或在指定的期限内不改正的，劳动行政部门有权责令其停产停业。④罚款。具有经济制裁性质的行政处罚。这种形式在劳动行政处罚中运用广泛。且对企业的罚款从企业自有资金中开支，不得列入生产成本。⑤吊销许可证。这是劳动行政机关对公民、法人或其他组织从事某种行为的权利的剥夺。

（二）劳动监察机构和人员的义务

1. 开展监察工作时，应有两名以上的监察人员参加。
2. 应出示证件，表明身份。
3. 遵守有关法律、法规和规章，秉公执法，不徇私情。
4. 进入生产场所进行实地监察时，应遵守相关的生产纪律和规章制度。
5. 为被检查的单位和个人保守秘密。不得将商业秘密和技术秘密外传。
6. 为检举人和举报人保密。

四、劳动监督机构查处违法行为的程序

（一）登记立案

对发现的违法行为，经过审查，认为有违法事实、需要依法追究的应当登记立案。

（二）调查取证

对已立案的案件，应及时组织调查取证。

（三）处理

在调查取证后，对需要追究法律责任的案件，劳动行政主管部门应作出处理决定。处理决定作出前，劳动行政主管部门应听取当事人意见。

（四）制作处理决定书

处理决定书应加盖劳动行政主管部门印章。

（五）送达

劳动监察机构应在处理决定作出起7日内，将处理决定书送达当事人。

任务三　工会劳动监督

一、工会监督的概念

工会监督是指各级工会组织依法维护劳动者的合法权益，对用人单位遵守劳动法律、法规的情况所进行的监督。工会是职工自愿结合的工人阶级的群众组织，代表广大职工群众的利益。工会对执行劳动法的情况进行监督是依法维护职工合法权益的重要表现。同时，工会是保护劳动者合法权益的法定组织，具有维护劳动者合法权益的职责。

根据中华全国总工会颁发的《工会劳动法律监督试行办法》的有关规定，我国工会劳动法律监督网络主要包括三个部分：①县以上各级工会领导机关设立的劳动法律监督委员会；②基层企事业单位工会或职代会设立的劳动法律监督委员会（监督小组）；③各级工会劳动法律监督员队伍。它们同职工群众广泛的民主监督相结合，自下而上构成了一个完整的工会劳动法律监督组织网络。

工会监督分为普通劳动监督和劳动安全保护监督两种方式。一是普通劳动监督。普通劳动监督是指各级工会对用人单位遵守劳动保护法以外法律法规的情况所进行的监督，其监督的内容主要包括以下几个方面：①用人单位遵守招聘、就业、劳动合同、工作时间、休息时间、休息休假和劳动报酬方面的情况；②用人单位遵守职业培训、职业技能考核等方面的情况；③用人单位遵守劳动保障、福利待遇等方面的情况；④用人单位履行集体合同等方面的情况。二是劳动安全保护监督。劳动安全保护监督是指工会对用人单位遵守劳动保护法的情况所进行的专项监督，其监督的内容主要包括以下几个方面：①劳动作业场所安全的监督；②劳动作业场所卫生的监督；③劳动者劳动保护的监督等。

工会监督具有以下几个方面的特点：

1. 工会监督属于社会监督。劳动行政部门的监督、相关行政部门的监督属于行政监督，而工会监督则属于社会监督。

2. 工会监督是有组织的社会监督。工会的社会监督不是松散的社会监督，而是有组织的社会监督。工会具有全国统一、遍及各个用人单位的网络组织体系，其监督代表全体劳动者的利益。工会监督是一项重要的社会监督。

3. 工会监督的方式是提出建议。行政监督具有行政处罚权和强制执行权，工会监督则不具有这些权力，工会只能针对用人单位违反劳动法律、法规的行为提出意见、建议和要求。

二、工会监督的主要内容

工会对用人单位遵守劳动法律法规的情况进行监督的内容主要包括以下几个方面：

1. 对用人单位执行国家有关订立、履行、变更、解除劳动合同规定的监督。劳动合同是用人单位和劳动者确立劳动关系，明确双方权利、义务所达成的协议。随着劳动合同制度的全面推行，因劳动合同的订立、变更、履行和解除而引起的劳动争议会越来越多。因此，工会劳动法律监督应把它作为一项重要内容给予高度重视，以便更好地维护职工的合法权益。

2. 对用人单位履行集体合同情况的监督。集体合同作为一种调整劳动关系的重要法律制度，涉及职工群体合法权益的方方面面。集体合同订立后，重要的是要切实履行。这就需要加强监督检查。

3. 对用人单位执行国家有关工作时间和休息、休假规定的监督。国家关于工作时间和休息、休假的规定关系到劳动者的身体健康，是十分重要的劳动标准之一。工作时间是由国家法律规定的。全国所有的企事业单位、机关、团体都必须遵守。法定的工作时间长度具有强制性，不能随意延长。当前在我国的一些企业，特别是非国有企业中，加班加点甚至强迫延长工时的情况还十分严重，这应成为各级工会组织在进行劳动法律监督时应给予注意并加大监督力度的一个问题。

4. 对用人单位执行国家有关工资报酬规定的监督。工资是劳动者最基本的生活来源，是劳动者生存权利的基本物质保障，是劳动者权益的重要内容。特别是有些企业拖欠工资、克扣工资的现象十分严重。对此，工会组织应重点从以下几个方面抓好监督工作：一是是否遵循按劳分配原则；二是工资分配方式和工资水平是否合理；三是不得低于国家规定的最低工资标准；四是必须以货币形式按月支付工资；五是不得克扣或者无故拖欠劳动者工资。

5. 对用人单位有关劳动安全卫生及特殊劳动保护情况的监督。劳动安全卫生直接关系到劳动者的身心健康和生命安全，是重要的劳动标准和条件。对此，我国劳动法律、法规有具体详尽的规定，是工会劳动法律监督的重要内容。主要包括：用人单位建立健全安全卫生制度的情况；劳动安全卫生设施必须符合国家规定的标准的情况；关于新建、改建、扩建工程的劳动安全卫生设施必须与主体工程做到"三同时"的规定；关于劳动保护用品发放的规定；关于女职工和未成年工特殊保护的规定等。工会有权参加伤亡事故的调查和向有关部门提出处理意见，有权要求追究直接负责的行政领导人和有关责任人员的责任。

6. 对用人单位执行有关职工社会保险及福利待遇规定的监督。职工社会保险包括养老保险、医疗保险、失业保险、工伤保险和生育保险等，是国家对职工因生老病死而失去劳动能力和失业后保障其基本生活而实行的社会保障制度，关系到职工的生活和生存。工会在这方面的监督，一是用人单位按照法律规定为职工缴纳保险金；二是保险基金管理部门要按时足额给职工发放保险金；三是保险金的管理、使用必须合法，使职工的"保命钱"真正用到职工身上，不被贪污、挪用或搞风险投资。

7. 对劳动争议解决的监督。工会对贯彻执行劳动法过程中所产生的各种争议提供咨询，有权协同有关部门调解争议，参加劳动仲裁和支持劳动诉讼。对企业辞退、处分职工认为不适当的，工会有权提出意见。如果用人单位违反法律、法规和有关合同，工会有权要求重新作出处理。

工会在参与上述监督活动的过程中，依法享有知情权、独立调查权、要求建议权、组织职工撤离危险现场权、参与事故调查并提出处理意见权、帮助和支持起诉权、代表诉权等权利。

三、工会监督的程序

（一）普通劳动监督的程序

普通劳动监督的程序主要包括以下几个方面。

1. 现场检查。监督员对用人单位进行检查时，不应少于 2 人。用人单位应当提供方便，协助监督员了解情况，查阅资料。

2. 如实记录。监督员在现场进行调查时，应当将调查结果如实记录。记录由用人单位有关人员阅读后，由监督员和用人单位有关人员共同签名、盖章；用人单位有关人员拒绝签名、盖章的，应当在记录上注明。

3. 提出整改建议。监督员在调查中发现用人单位有违反劳动法律法规情形的，应当向用人单位指出，并提出整改建议。

4. 及时上报。监督员在调查中发现用人单位严重违反劳动法律法规的，应当向上级工会或者劳动行政部门报告，并要求迅速查处。各级监督员应将工作情况、违法案件处理结果、统计资料向上级监督委员会报告或者向劳动行政部门报告。

（二）劳动保护监督的程序

工会劳动保护监督是专项监督，其监督具有特殊的程序和职责。我国工会劳动保护监督主要包括以下三个层次。

1. 工会领导机关的劳动保护监督。市级以上工会领导机关（即总工会）劳动保护部门配备的劳动保护监督检查员，分别由全国总工会和省级总工会任命。工会领导机关劳动保护部门和监督员的职责主要包括以下几个方面：①宣传党的政策和国家的劳动保护法律法规，会同有关部门研究制定劳动保护法规制度，并监督其实施。②监督检查新建、扩建、改建及重大技术改造相关的劳动保护设施，严格按照"三同时"的规定执行。③监督检查劳动保护措施经费的提取、使用和劳动保护措施计划的执行情况，检查用人单位的劳动保护设施，发现问题，提出口头或者书面的建议，限期解决。④发现违章指挥、强令工人冒险作业，或者在生产过程中发现明显重大隐患和职业危害、危及职工安全和将造成国家财产损失时，有权向用人单位行政部门或者在场指挥人员提出停产解决的建议；如果建议无效，应支持和组织职工拒绝操作，撤离危险现场，职工工资照发。⑤监督检查职工工伤事故报告和处理制度的实施，查明事故原因和责任，总结经验教训，采取防范措施。对于造成伤亡事故和财产损失的责任者，应当要求有关部门查处，必要时有权向司法机关提起诉讼。

2. 基层（车间）工会的劳动保护监督。300 人以上的基层工会和 500 人以上的车间工会，设劳动保护监督检查委员会；不足此数的基层工会和车间工会，设劳动保护监督检查委员。劳动保护监督检查委员会和劳动保护监督检查委员均在同级工会委员会领导下和上级工会劳动保护部门指导下工作。劳动保护监督检查委员会成员通过民主协商产生，经同级工会委员会批准。劳动保护监督检查委员应当由具有较高安全卫生技术知识、热心劳动保护工作的职工担任。

劳动保护监督检查委员会和委员的职责主要有以下几个方面：①向职工宣传劳动保护法律法规，宣传用人单位的安全卫生管理制度，进行遵章守法教育和劳动保护科学知识教育。②监督检查劳动保护措施、计划和经费的落实情况，搜集、整理用人单位有关劳动保护的意见、问题和要求，提交职工代表大会讨论。③监督检查扩建、改建和技术改造工程项目的劳动保护设施，严格遵守"三同时"的规定。④经常检查劳动保护设施的状况，发现问题，立即报告，并督促有关部门及时解决。⑤督促和协助用人单位行政部门在推行经济责任制的同时，落实安全生产责任制，要求把实行安全生产责任制的情况作为评比、计分和计酬的重要条件。⑥督促用人单位行政部门按照国家规定发放劳动保护用品。⑦监督用人单位行政部门遵守国家关于工作时间和休息时间的规定，制止损害职工安全和健康的加班、加点。⑧会同女工工作委员会做好女职工的劳动保护工作，监督和协助用人单位行政管理部门遵守女职工保护的规定，切实保护女职工的合法权益。⑨参加职工工伤事故和职业伤害的调查处理，协助查明事故原因，总结经验教训；有权代表伤亡职工家属对事故的主要责任人提出控告，依法维护伤亡职工家属的合法权益。⑩发现违章指挥、强令工人冒险作业，或者在生产过程中发现明显重大隐患和职业危害、危及职工安全和将造成国家财产损失时，有权向用人单位行政部门或者在场指挥人员提出停产解决的建议；如果建议无效，应支持和组织职工拒绝操作，撤离危险现场。

3. 工作小组的劳动保护监督。工会小组劳动保护检查员，从技术水平高、热心劳动保护工作、勇于坚持原则的职工中民主选举产生，在工会小组长的领导下开展工作，其职责主要有以下几个方面：①组织本组职工学习劳动保护法律法规、用人单位的安全卫生管理制度和安全卫生技术知识；②协助班小组长对本组职工进行安全生产教育；③经常检查各种生产设施的安全装置和防尘防毒状况，发现问题及时向班组长报告；④协助班小组长和有关部门检查有毒有害、易燃易爆等危险品的运输、保管和使用，发现问题督促解决；⑤发生伤亡或中毒事故，立即报告，参加抢救，协助班组长分析原因，采取措施；⑥督促班组长及时领取、发放劳动防护用品，并指导工人正确使用；⑦协助班组长做好女工的"四期"保护。

劳动保护检查员在工作中，有权制止任何人违章指挥、冒险作业，并将情况向领导和有关部门报告，发现生产设备、作业环境危及安全的紧急情况，有权停止作业，并组织工人立即撤离危险岗位，及时向领导报告；因进行正常的监督活动受到打击报复时，有权向上级报告，要求严肃处理。

⊙【案例分析】

劳动保障监察是劳动保障行政部门依法对用人单位遵守劳动和社会保障法律法

规的情况进行监督检查，对违法行为进行制止并给予处罚的劳动保障行政执法行为。《劳动法》第 85 条规定："县级以上各级人民政府劳动行政部门依法对用人单位遵守劳动法律、法规的情况进行监督检查，对违反劳动法律、法规的行为有权制止，并责令改正。"据此，劳动保障行政部门向存在劳动保障违法行为的用人单位下达限期改正指令书是其行使法律赋予的劳动保障监察权的一种基本方式，用人单位必须严格按照限期改正指令书的期限和内容进行整改，无正当理由逾期不进行整改就是无理阻挠劳动保障行政部门行使劳动保障监察权。《劳动法》第 101 条规定："用人单位无理阻挠劳动行政部门、有关部门及其工作人员行使监督检查权，打击报复举报人员的，由劳动行政部门或者有关部门处以罚款……"因此本案中劳动局对某饭店的行政处罚是完全合法的。

法条链接

《中华人民共和国劳动法》（1994）

第 85 条　县级以上各级人民政府劳动行政部门依法对用人单位遵守劳动法律、法规的情况进行监督检查，对违反劳动法律、法规的行为有权制止，并责令改正。

✿【思考与练习】

劳动监察大队在进行劳动监察的过程中，是否有权查阅被检查公司员工的档案、名册、缴纳社保情况及工资表等相关资料？

✿【实训】

劳动监察"出手"，劳动者维权更迅速

情景设计

刘平是一名进城务工人员，在丽景公司工作快十年了，一直从事电工工作。由于劳动合同法的出台，丽景公司为减少无固定期限劳动合同的数量，降低企业用工成本，便与一家电力设备公司签订了服务协议，由该公司提供电力设备并提供维护服务。因此，要求刘平与公司办理劳动合同解除手续，并答应给刘平 5000 元钱作为补偿。刘平不愿意与公司解除劳动合同，多次与公司协商，却都没有得到满意的答复，便向劳动争议仲裁委员会申请了仲裁，要求丽景公司支付经济补偿金并为他补缴社会保险。但是，劳动争议仲裁委员会的仲裁员了解了刘平的情况以后，告诉他，经济补偿金的事可以仲裁，但社会保险补缴的事劳动争议仲裁委员会管不了，并同时告诉刘平，可以找劳动监察部门解决该问题。刘平便到当地劳动和社会保障局举报。劳动监察部门受理该案后，派出监察员为刘平讨回了公道。令刘平感到意外的是，劳动监察部门处理社会保险补缴一事的速度，比劳动仲裁委员会处理经济补偿金的速度还快。

工作任务

劳动监察部门能否及时纠正劳动违法行为？

训练方法

学生分组讨论劳动行政部门在劳动监督检查中的作用。

考核标准

能准确地掌握国务院劳动行政部门、县级以上地方人民政府劳动行政部门负责全国和本地方的劳动合同制度实施的监督管理。劳动行政部门专门行使劳动合同制度的监督权。

项目十五　法律责任

✏️ **知识目标**

1. 掌握违反劳动法责任的概念、分类和特征；

2. 了解各类违反劳动法责任的特征，从而对我国劳动执法的现状和趋势有一个基本的认识。

▪️ **能力目标**

1. 掌握违反劳动法责任的形式；

2. 掌握行政责任、行政处分的概念；

3. 掌握劳动法中对民事责任的规定的特殊性。

📖 **内容结构图**

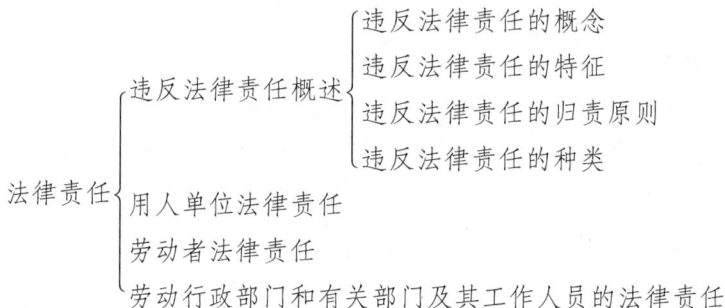

案例导入

职工刘某与某市大江轴承厂签订了为期 5 年的劳动合同。在合同履行期间，某合资企业与刘某接洽，许诺刘以高薪。为此，刘某以收入过低为由，口头提出解除合同，轴承厂未予答复。过了一周，刘某就不来上班，轴承厂曾打电话通知他上班，但一直没有答复。在此期间，刘某与合资企业签订了为期 3 年的劳动合同。刘某原单位在得知具体情况后曾与合资企业联系，希望刘某回原单位上班，未果。为此，轴承厂向当地劳动争议仲裁委员会提出申诉。

问题：1. 刘浩与轴承厂的劳动合同是否已解除？为什么？

2. 合资企业在本案中是否应承担责任？为什么？

● 基本原理

任务一 违反劳动法责任概述

一、违反劳动法责任的概念

劳动法律责任是指劳动法律关系主体（劳动者、用人单位和劳动行政主管部门）违反劳动法律法规所应承担的法律后果。应当注意，"违反劳动法律法规"包括违反国家法律、法规、规章、规范性文件所做的强制性规定，以及劳动法律关系主体违反劳动合同和劳动纪律所规定的任意性规范。

二、违反劳动法责任的特征

（一）违反劳动法的法律责任是以劳动法规定的法律义务的存在为前提

法律责任是为确保法律义务的履行而设置的措施，没有法律义务的存在，也不会产生法律责任的问题，我国有的学者将法律责任称为第二性义务，以强调第一性义务的存在。例如，用人单位制定的一些违反法律规定的规章制度，由于这些规则的违法性，不能转化为劳动者必须遵守的法律义务，对劳动者而言，违反这些规则，也不存在追究法律责任的问题。再如，按法律规定，解除劳动合同，用人单位应当支付经济补偿金；节假日加班要支付300%的工资，要注意支付经济补偿和支付加班费是一项法律义务，而不是法律责任。

（二）法律责任只是在义务人不履行法律义务时，并且法律又有明文规定时才能依法追究

法律责任是由于违反法定义务而引起的，也就是说因为违背第一性义务而招致的第二性义务。仍以支付经济补偿金和节假日加班工资为例，作为第一性义务，如果当事人实际履行，则由于义务消失，就不会发生第二性义务，也就不发生追究法律责任的问题。义务与责任两者是前因后果关系，即义务是责任产生的原因，责任是义务违反的后果。

（三）法律责任具有国家强制力，有时通过诉权实现，有时不通过诉权而直接实现

法律责任是在义务人不履行义务时，由国家强制义务人履行，体现了一种公权力的介入。与义务概念相对应的是权利，与责任概念相对应的是权力。就劳动领域而言，义务权利往往表现为劳动合同当事人之间的关系，当劳动义务是因合同约定而产生时，

可因权利人弃权而不必履行；而责任权力往往表现为劳动关系当事人与执法机关的关系，责任不能因权力行使的专门国家机关弃权而免除，这种弃权行为本身构成失职。因此，义务产生拘束力，责任产生强制力。

违反劳动法的法律责任与民事责任的区别是：有时需与诉权联系在一起的，通过诉权将社会权利转化为国家公权力；有时则不需要通过诉权这一中介，便可转化为公权力。在劳动合同法律关系中，如果义务人不履行义务，权利人可通过仲裁或民事诉讼，使义务转化为责任，以使义务强制履行。在劳动基准法律关系中，用人单位不履行法律规定的义务，劳动部门可以直接以公权力介入；劳动者作为利益人虽只是义务人，但也可以通过举报，促使公权力介入。强制履行表面看来，仍然是履行原义务，实际上并不相同，这时由于国家强制力发挥作用，已经成为国家应承担的一项责任。

三、违反劳动法责任的归责原则

违反劳动法责任的归责原则主要有过错责任原则和无过错责任原则两种。过错责任原则是以行为人主观上的过错为承担法律责任的基本要件的认定责任的原则。所谓无过错责任原则，指的是没有过错造成他人损害的，依据劳动法的规定应由与造成损害原因直接相关的人（用人单位）承担法律责任的原则。

无过错责任原则的适用有严格的法律限制，是过错责任原则的例外。在我国，根据最高人民法院《关于雇工合同应当严格执行劳动法问题的批复》（［88］民第1号），无过错责任原则只适用于用人单位对工伤和职业病的民事赔偿中。

四、违反劳动法责任的种类

根据《劳动法》第十二章的规定，对违反劳动法的法律责任概括起来主要有以下的种类：

（一）行政责任

行政责任，是指劳动关系主体，主要是用人单位和劳动行政部门实施了劳动法律法规所禁止的行为，引起行政上必须承担的法律后果，依法应当给予的行政制裁。对违反劳动法的行为人追究行政责任是由劳动关系具有一定的行政隶属性的特征所决定的。行政责任的形式分为行政处分、行政处罚和治安管理处罚三种。

1. 行政处罚。行政处罚是指由劳动行政部门、公安行政部门和工商行政部门等国家行政管理部门依法对有关单位及其责任人员、劳动者实施的行政制裁。

其主要形式有：警告、通报批评、责令改正、责令停止、查封、吊销许可证、吊销营业执照、拘留、罚款、停产整顿等。

2. 行政处分。行政处分也称纪律处分，是指对用人单位行政管理人员及其所属的工作人员、国家行政管理工作人员违反劳动法律、法规、规章，情节轻微，不够追究刑事责任而给予的一种行政制裁。

其主要形式有：警告、记过、记大过、降级、降职、撤职、留用察看、开除以及除名、强制辞退、罚款、扣发工资、停发工资、扣发奖金、停发奖金等。

3. 治安管理处罚。行使治安管理处罚权的国家公安机关依据《治安管理处罚法》的规定，给予用人单位的一种特殊的行政处罚。

其主要形式有：警告、罚款、行政拘留、吊销公安机关发放的许可证。

（二）民事责任

民事责任，是指用人单位或劳动者因违反劳动法律、法规，侵犯了对方的民事权利而应承担的停止侵害和进行补偿的法律责任。

承担民事责任的主要形式有：赔偿损失、经济补偿、补发工资、补缴保险费、强制继续履行合同、停止侵权行为、提供安全卫生条件等。

（三）刑事责任

刑事责任，是行为人违反劳动法律规定，造成严重后果，触犯我国刑法、构成犯罪所应承担的法律责任的责任形式，是劳动法法律责任形式中处罚最严厉的一种。

违反《劳动法》的犯罪行为主要有：

1. 用人单位违反劳动安全卫生、禁止使用童工、保护劳动者民主权利和人身自由、维护劳动监察秩序等方面的法律规定，且情节严重的行为；

2. 劳动者违反劳动纪律或劳动安全卫生规程，且造成严重后果的行为；

3. 有关公务人员在劳动行政管理中，严重渎职或者挪用社会保险基金，且情节严重的行为。

针对"恶意欠薪"行为，《刑法修正案（八）》作出规定：以转移财产、逃匿等方法逃避支付劳动者的劳动报酬或者有能力支付而不支付劳动者的劳动报酬，数额较大，经政府有关部门责令支付仍不支付的，处3年以下有期徒刑或者拘役，并处或者单处罚金；造成严重后果的，处3年以上7年以下有期徒刑，并处罚金。

任务二　用人单位的法律责任

在社会主义市场经济体制下，劳动关系的当事人中，职工与用人单位相比较，相对地处于弱者的地位，也就是说劳动者的合法权益更易于受到侵犯，用人单位出现违反劳动法的行为的比重要大得多。为了防范用人单位侵犯劳动者的合法权益，相关法律对用人单位违反劳动法的法律责任规定得比较详细。具体规定如下：

一、用人单位制定的劳动规章制度违反法律、法规规定的法律责任

劳动法所规定的劳动标准是保护劳动者合法权益的最低要求，同时也是用人单位管理劳动工作的基本准则，每一个用人单位都可以按照劳动法的规定制定本单位的规

章制度，但不能低于国家规定的标准。《劳动法》第 89 条以及《劳动合同法》第 80 条规定，用人单位制定的劳动规章制度违反法律、法规的，由劳动行政部门给予警告、责令改正；对劳动者造成损害的，应当承担赔偿责任。在贯彻执行劳动法的过程中，用人单位必须主动自觉地修改不符合《劳动法》要求的规章制度，否则应按照《劳动法》的上述规定给予惩处。

二、用人单位违反工作时间法规的法律责任

劳动者享有休息权是宪法赋予的神圣权利。针对一些用人单位任意延长工作时间、随意加班加点的行为，《劳动法》第 90 条规定："用人单位违反本法规定，延长劳动者工作时间的，由劳动行政部门给予警告，责令改正，并可以处以罚款。"这一规定可以有力地纠正用人单位任意侵犯劳动者休息权的现象的发生，对保障职工享有休息权具有重要意义。

三、用人单位侵害劳动者有关工资报酬合法权益的法律责任

劳动者付出了一定的劳动，当然应获得相应的劳动报酬，但是有些用人单位，特别是有些私营企业与外商独资企业时常发生克扣或者无故拖欠工资、拒不支付劳动者延长工时的工资、低于当地最低工资标准支付工资，解除劳动合同后，不依照法律规定给予劳动者经济补偿等现象，针对这种剥削劳动者的非法行为，《劳动法》第 91 条规定"由劳动行政部门责令支付劳动者的工资报酬、经济补偿，并可以责令支付赔偿金"。

四、用人单位违反劳动安全卫生法律规范的法律责任

为了保证劳动安全生产，避免和减少事故的发生及职业病的出现，《劳动法》第 92 条规定："用人单位的劳动安全设施和劳动卫生条件不符合国家规定或者未向劳动者提供必要的劳动防护用品和劳动保护措施的，由劳动行政部门责令改正，可以处以罚款；情节严重的，提请县级以上人民政府决定责令停产整顿，对事故隐患不采取措施，致使发生重大事故，造成劳动者生命和财产损失的，对责任人员比照刑法第 187 条的规定追究刑事责任。"第 93 条还规定："用人单位强令劳动者违章作业，发生重大伤亡事故，造成严重后果的，对责任人员依法追究刑事责任。"由此可见，违反劳动法的行为，在某些情况下可以依法追究其刑事责任，国家通过最严厉的制裁手段以保障劳动法的贯彻实施。

五、用人单位侵犯妇女和未成年人合法权益的法律责任

国家禁止招用未满 16 周岁的未成年人参加劳动，违者应按《劳动法》第 94 条的规定，"由劳动行政部门责令改正，处以罚款；情节严重的，由工商行政管理部门吊销

营业执照"。用人单位违反了劳动法的规定，侵害了女职工和未成年工的合法权益，"由劳动部门责令改正，处以罚款；对女职工或者未成年工造成损害的，应当承担赔偿责任"。《劳动法》第 95 条的这一规定，正表达了国家保护未成年人和妇女合法权益的鲜明立场和态度。此外，国务院 2012 年颁布的《女职工劳动保护特别规定》对此作了更为详细的规定。

六、用人单位违反劳动合同法的法律责任

劳动合同是建立劳动关系的基础，《劳动法》对违反劳动合同的行为规定了一系列追究法律责任的规定。首先，《劳动法》第 97 条规定："由于用人单位的原因订立的无效合同，对劳动者造成损害的，应承担赔偿责任。"其次，《劳动法》第 98 规定："用人单位违反本法规定的条件解除劳动合同或者故意拖延不订立劳动合同的，由劳动行政部门责令改正；对劳动者造成损害的，应当承担赔偿责任。"最后，《劳动法》第 99 条规定："用人单位招用尚未解除劳动合同的劳动者，对原用人单位造成经济损失的，该用人单位应当依法承担连带赔偿责任。"上述 3 条规定对维护劳动合同纪律具有重要的作用，在现实生活中很富有实际意义。在劳动合同制度中存在着较多的类似违法的现象，追究上述违反劳动法的现象对健全劳动合同制度意义很大。此外，《劳动合同法》第 80~89 条对用人单位违反劳动合同法作了更为详细的规定。

七、用人单位采用非法手段强迫劳动者劳动等方面的法律责任

为了维护劳动者合法的权益，对用人单位"以暴力、威胁或者非法限制人身自由的手段强迫劳动的；侮辱、体罚、殴打、非法搜查和拘禁劳动者的"，"由公安机关对责任人员处以 15 日以下拘留、罚款或者警告；构成犯罪的，对责任人员依法追究刑事责任"。《劳动法》第 96 条这一规定，可以有效地制止用人单位非法强迫劳动者劳动的违法行为的出现。

八、用人单位违反《劳动法》，无理阻挠行政监督的法律责任

为了保证劳动法的贯彻实施，《劳动法》第 101 条规定："用人单位无理阻挠劳动行政部门、有关部门及其工作人员行使监督检查权，打击报复举报人员的，由劳动行政部门或者有关部门处以罚款；构成犯罪的，对责任人员依法追究刑事责任。"这一规定为劳动行政部门及有关部门实施监督检查提供了法律保障。

除了上述各点以外，《劳动法》在第 100 条还规定了用人单位违反社会保险法规的法律责任。所有上述各项规定都体现了保护职工合法权益的精神，为劳动法树立了法律威严。此外，劳务派遣单位以及个人承包经营者违反《劳动合同法》所承担连带赔偿责任以及对不具备合法经营资格的用人单位的违法犯罪行为，依法追究法律责任；劳动者已经付出劳动的，该单位或者其出资人应当依照本法有关规定向劳动者支付劳

动报酬、经济补偿、赔偿金；给劳动者造成损害的，应当承担赔偿责任。

任务三　劳动者的法律责任

《劳动法》除了详细地规定了用人单位违反劳动法的法律责任以外，还规定劳动者和劳动行政部门及其工作人员违反劳动法的法律责任。劳动者作为劳动法律关系的当事人之一，其行为当然应受到《劳动法》的约束，《劳动法》第102条规定："劳动者违反本法规定的条件解除劳动合同或者违反劳动合同中约定的保密事项，对用人单位造成经济损失的，应当依法承担赔偿责任。"该条规定劳动者赔偿责任的构成要件包括三点：一是有违法行为或者违约行为，即存在劳动者违反本法规定解除劳动合同，或者违反劳动合同中约定的保密事项或者竞业限制的行为。二是损害事实，即劳动者的违法或者违约行为给用人单位造成损失。三是损害事实与违法或者违约行为之间的因果关系，即劳动者违反本法规定解除劳动合同，或者违反劳动合同中约定的保密事项或者竞业限制的行为和用人单位的损失之间具有因果关系。三者缺一不可。

劳动者的违法行为主要包括以下两种：

一、劳动者违反《劳动合同法》规定解除劳动合同的行为

《劳动合同法》第37条、第38条是关于劳动者解除劳动合同的规定。其中第37条规定："劳动者提前30日以书面形式通知用人单位，可以解除劳动合同。劳动者在试用期内提前3日通知用人单位，可以解除劳动合同。"这一规定对劳动者在试用期外解除劳动合同作出了两方面的要求，一是劳动者应当提前30日通知用人单位解除劳动合同；二是劳动者应当采取书面形式告知用人单位解除劳动合同。劳动者违反《劳动合同法》规定解除劳动合同，对用人单位造成损失的，劳动者应予以赔偿。用人单位的损失包括：①用人单位招录其所支付的费用；②用人单位为其支付的培训费用，双方另有约定的按约定办理；③劳动合同约定的其他赔偿费用。

二、劳动者违反劳动合同中约定的保密事项或者竞业限制的行为

劳动合同是用人单位和劳动者对双方权利义务的约定，因此，充分尊重用人单位和劳动者双方的意思自治。《劳动合同法》第23条规定："用人单位与劳动者可以在劳动合同中约定保守用人单位商业秘密和与知识产权相关的保密事项。"对负有保守用人单位商业秘密义务的劳动者，用人单位可以在劳动合同或者保密协议中与劳动者约定竞业限制条款，与用人单位的高级管理人员，高级技术人员和其他知悉用人单位商业秘密的人员，就竞业限制的范围、地域、期限作出约定。在解除或者终止劳动合同后，用人单位按照约定竞业限制期限内按月给予劳动者经济补偿，而该劳动者不得到与本单位生产或者经营同类产品、业务的有竞争关系的其他用人单位，或者自己开业生产或者经营与本单位有竞争关系的同类产品、业务。劳动者违反竞业限制约定的，应当

按照约定向用人单位支付违约金。劳动者违反劳动合同中约定的保密义务或者竞业限制，对用人单位造成损失的，还应当对用人单位的实际损失承担赔偿责任。

任务四　劳动行政部门和有关部门及其工作人员的法律责任

劳动行政部门及其工作人员对监督检查劳动法的贯彻实施负有重要的使命，为了严肃政纪和法纪，《劳动法》第 103 条规定"劳动行政部门或者有关部门的工作人员滥用职权、玩忽职守、徇私舞弊、构成犯罪的"应"依法追究刑事责任；不构成犯罪的，给予行政处分"。为了维护社会保险基金的正常管理，《劳动法》还在 104 条中规定："国家工作人员和社会保险基金经办机构的工作人员挪用社会保险基金，构成犯罪，依法追究刑事责任。"

在劳动法律法规中，对其他有关劳动服务主体在就业培训、职业培训、劳动安全卫生服务等方面违反劳动法的行为，也规定了相应的法律责任。

◎【案例分析】

1. 刘某与轴承厂的劳动合同未解除。因为不符合法定条件，刘某只以口头形式提出解除合同，不符合《劳动合同法》第 37 条规定，劳动者提前 30 日以书面形式通知用人单位，可以解除劳动合同。劳动者在试用期内提前 3 日通知用人单位，可以解除劳动合同。同时，轴承厂对其要求未作答复，因而协商解除劳动合同的条件不成立。

2. 根据《劳动合同法》第 90 以及 91 条的规定，刘某与合资企业应承担连带责任。因为合资企业明知刘某与轴承厂的劳动合同未到期，仍与刘某签订为期 3 年的劳动合同，并拒绝轴承厂要求刘某回厂工作的请求。

法条链接

《中华人民共和国劳动合同法》（2012 修正）

第 80 条　用人单位直接涉及劳动者切身利益的规章制度违反法律、法规规定的，由劳动行政部门责令改正，给予警告；给劳动者造成损害的，应当承担赔偿责任。

第 81 条　用人单位提供的劳动合同文本未载明本法规定的劳动合同必备条款或者用人单位未将劳动合同文本交付劳动者的，由劳动行政部门责令改正；给劳动者造成损害的，应当承担赔偿责任。

第 82 条　用人单位自用工之日起超过 1 个月不满 1 年未与劳动者订立书面劳动合同的，应当向劳动者每月支付 2 倍的工资。

用人单位违反本法规定不与劳动者订立无固定期限劳动合同的，自应当订立无固定期限劳动合同之日起向劳动者每月支付 2 倍的工资。

第 83 条　用人单位违反本法规定与劳动者约定试用期的，由劳动行政部门责令改正；违法约定的试用期已经履行的，由用人单位以劳动者试用期满月工资为标准，按已经履行的超过法定试用期的期间向劳动者支付赔偿金。

第84条　用人单位违反本法规定，扣押劳动者居民身份证等证件的，由劳动行政部门责令限期退还劳动者本人，并依照有关法律规定给予处罚。

用人单位违反本法规定，以担保或者其他名义向劳动者收取财物的，由劳动行政部门责令限期退还劳动者本人，并以每人500元以上2000元以下的标准处以罚款；给劳动者造成损害的，应当承担赔偿责任。

劳动者依法解除或者终止劳动合同，用人单位扣押劳动者档案或者其他物品的，依照前款规定处罚。

第85条　用人单位有下列情形之一的，由劳动行政部门责令限期支付劳动报酬、加班费或者经济补偿；劳动报酬低于当地最低工资标准的，应当支付其差额部分；逾期不支付的，责令用人单位按应付金额50%以上100%以下的标准向劳动者加付赔偿金：

（一）未按照劳动合同的约定或者国家规定及时足额支付劳动者劳动报酬的；

（二）低于当地最低工资标准支付劳动者工资的；

（三）安排加班不支付加班费的；

（四）解除或者终止劳动合同，未依照本法规定向劳动者支付经济补偿的。

第86条　劳动合同依照本法第26条规定被确认无效，给对方造成损害的，有过错的一方应当承担赔偿责任。

第87条　用人单位违反本法规定解除或者终止劳动合同的，应当依照本法第47条规定的经济补偿标准的2倍向劳动者支付赔偿金。

第88条　用人单位有下列情形之一的，依法给予行政处罚；构成犯罪的，依法追究刑事责任；给劳动者造成损害的，应当承担赔偿责任：

（一）以暴力、威胁或者非法限制人身自由的手段强迫劳动的；

（二）违章指挥或者强令冒险作业危及劳动者人身安全的；

（三）侮辱、体罚、殴打、非法搜查或者拘禁劳动者的；

（四）劳动条件恶劣、环境污染严重，给劳动者身心健康造成严重损害的。

第89条　用人单位违反本法规定未向劳动者出具解除或者终止劳动合同的书面证明，由劳动行政部门责令改正；给劳动者造成损害的，应当承担赔偿责任。

◎【思考与练习】

什么是法律责任？承担违反劳动法责任的方式有哪几种？2. 违反劳动合同的责任与违反劳动基准法的责任有何不同？

◎【实训】

应聘者是否隐瞒情况，欺骗单位？

情景设计

某单位2012年10月招聘职工，要求中专以上学历，并要求应聘者如实填写个人情况表，如有隐瞒，一经发现立即辞退，解除劳动合同。赵某中专未毕业，但托人提前领取了某中专的毕业证；王某是大专毕业。她俩同时被录用。该单位与她们签订了劳动合同，期限 4 年，试用期半年。两人在试用期工作都很认真。2013 年 2 月，单位发现赵某的中专毕业证是伪造的，要解除与赵某的劳动合同。赵某称自己已怀孕，并持有医院证明。单位并不理会，解除了与赵某的劳动合同。同月，王某经常出现呕吐、恶心、全身不适等症状，经医院诊断为妊娠反应。王某持医院开具的休息证明到单位请假。单位认为王某在招聘时没有如实填写个人情况表，隐瞒了自己怀孕的事实，欺骗单位，也解除了与王某的劳动合同。

工作任务

分析单位是否有权解除与赵某、王某的劳动合同？若单位无权解除合同则应承担什么责任？

训练方法

学生分组讨论或者分角色扮演咨询者与被咨询者。

考核标准

能准确地理解劳动者在试用期被证明不符合录用条件的，用人单位可以解除劳动合同。

参考文献

1. 关怀主编:《劳动法》,中国人民大学出版社2001年版。

2. 李景森、贾俊玲主编:《劳动法学》,北京大学出版社2001年版。

3. 贾俊玲主编:《劳动法学》,中央广播电视大学出版社2003年版。

4. 姜红玲主编:《新编劳动人事法规教程》,电子工业出版社2005年版。

5. 王昌硕主编:《劳动和社会保障法学》,中国劳动社会保障出版社2005年版。

6. 关怀主编:《劳动法》,法律出版社1996年版。

7. 法律出版社法规中心编:《劳动法关联法规精选》,法律出版社2004年版。

8. 苏倩编著:《如何处理劳动争议》,北京大学出版社2004年版。

9. 关怀、林嘉主编:《劳动法》,中国人民大学出版社2006年版。

10. 王全兴主编:《劳动法》,高等教育出版社2004年版。

11. 李景森、贾俊玲主编:《劳动法学》,北京大学出版社1995年版。

12. 董保华:《劳动法原理》,上海社会科学院出版社1998年版。

13. 董保华:《劳动关系调整的法律机制》,上海交通大学出版社2000年版。

14. 董保华:《社会法原论》,中国政法大学出版社2001年版。

15. 林嘉:《社会保障法的理念、实践与创新》,中国人民大学出版社2002年版。

16. 郑功成:《全球化下的劳工与社会保障》,中国劳动社会保障出版社2002年版。

17. 林燕玲:《国际劳工标准》,中国工人出版社2002年版。

18. 董保华:《社会保障的法学观》,北京大学出版社2005年版。

19. 韩君玲:《劳动与社会保障法》,商务印书馆2005年版。

20. 〔美〕罗伯特·A.高尔曼:《劳动法基本教程——劳工联合与集体谈判》,马静等译,中国政法大学出版社2003年版。

21. 郭婕、刘俊、杨森编著:《劳动法学》,中国政法大学出版社1999年版。

22. 〔美〕道格拉斯·L.莱斯利:《劳动法概要》,张强等译,中国社会科学出版社1997年版。

23. 黄越钦:《劳动法新论》,中国政法大学出版社2003年版。

24. 马怀特等编著:《WTO与中国劳动法律制度的冲突与规避》,中国城市出版社

2002 年版。

25. 王益英主编：《外国劳动法和社会保障法》，中国人民大学出版社 2001 年版。

26. 周宝妹：《劳动法要论》，群众出版社 2007 年版。

27. 马原主编：《劳动法条文精释》，人民法院出版社 2002 年版。

28. 史探径：《劳动法》，经济科学出版社 1990 年版。

29. ［美］罗伯特·A. 高尔曼：《劳动法基本教程》，马静等译，中国政法大学出版社 2003 年版。

30. 刘旭：《国际劳工标准概述》，中国劳动社会保障出版社 2003 年版。

31. 庞标：《劳动律师以案说法 2》，中国法制出版社 2008 年版。

32. 常凯、乔健主编：《WTO：劳工权益保障》，中国工人出版社 2007 年版。

33. 王家宠主编：《国际劳动公约概要》，中国劳动出版社 1991 年版。

34. 刘有锦编译：《国际劳工法概要》，劳动人事出版社 1985 年版。

35. 董保华编著：《"劳工神圣"的卫士劳动法》，上海人民出版社 1997 年版。

36. 李景森、王昌硕主编：《劳动法学》，中国人民大学出版社 1996 年版。

37. 许建宇：《劳动法新论》，杭州大学出版社 1996 年版。

38. 郭捷等编著：《劳动法学》，中国政法大学出版社 1997 年版。

39. 常凯主编：《劳动关系、劳动者、劳权》，中国劳动出版社 1995 年版。

40. 黄越钦：《劳动法新论》，中国政法大学出版社 2003 年版。

41. 常凯：《中华人民共和国劳动合同法释义》，中国劳动社会保障出版社 2007 年版。

42. 黎建飞：《劳动合同法理解与适用丛书——劳动合同法案例判解》，中国法制出版社 2007 年版。

43. 叶静漪：《劳动合同法理解与适用丛书——劳动合同法十二讲》，中国法制出版社 2007 年版。

44. 王全兴：《劳动合同法条文精解》，中国法制出版社 2007 年版。

45. 金福海主编：《劳动法案例教程》，北京大学出版社 2006 年版。

46. 林嘉主编：《劳动合同法条文评注与适用》，中国人民大学出版社 2007 年版。

47. 信春鹰主编：《中华人民共和国劳动合同法释义》，法律出版社 2007 年版。

48. 全国人大常委会法制工作委员会行政法室：《中华人民共和国劳动合同法解读》，中国法制出版社 2007 年版。

49. 李建、闫宝卿、邱小平：《劳动合同法问答》，法律出版社 2007 年版。

50. 夏积智：《国外劳动合同制度》，人民出版社 1993 年版。

51. 董保华：《劳动合同研究》，中国劳动社会保障出版社 2005 年版。

52. 董保华：《劳动合同法的软着陆：人力资源管理的影响与应对》，中国法制出版社 2007 年版。

53. 程延园：《劳动合同新规则之 HR 应对——解析〈劳动合同法〉对人力资源管理的挑战》，中国法制出版社 2007 年版。

54. 董保华：《劳动力派遣》，中国劳动社会保障出版社 2007 年版。

55. 李迎春：《劳动合同 HR 指引：条款拟定与风险提示》，法律出版社 2008 年版。

56. 翟继满：《劳动合同法再入门：人力资源管理挑战·误区·对策》，中国法制出版社 2008 年版。

57. 冯涛：《劳动合同法研究》，中国检察出版社 2008 年版。

58. 郑尚元：《劳动合同法的制度与理念》，中国政法大学出版社 2008 年版。

59. 郑功成：《中华人民共和国劳动合同法释义与案例分析》，人民出版社 2007 年版。

60. 黎建飞主编：《劳动法案例分析》，中国人民大学出版社 2008 年版。

61. 全国人大常委会法制工作委员会编：《中华人民共和国劳动争议调解仲裁法释义》，法律出版社 2008 年版。

62. 颜运秋等：《劳动合同争议处理程序——协商·调解·仲裁·诉讼》，法律出版社 2007 年版。

63. 李援主编：《〈中华人民共和国劳动争议调解仲裁法〉解读与适用》，人民出版社 2008 年版。

64. 程延园主编：《劳动争议调解仲裁法理解与应用》，中国劳动社会保障出版社 2008 年版。

65. 张世诚：《中华人民共和国劳动争议调解仲裁法解读》，中国法制出版社 2008 年版。

66. 信春鹰：《中华人民共和国劳动争议调解仲裁法释义》，法律出版社 2008 年版。

67. 何文杰：《劳动争议仲裁与诉讼》，法律出版社 2008 年版。

68. 郭婕：《劳动争议典型案例解析》，中国工人出版社 2007 年版。

69. 王林清：《劳动法典型案例评析》，中国民主法制出版社 2008 年版。

70. 吕国强主编：《劳动争议案例精选》，上海人民出版社 2002 年版。

71. 石美遐、范战江主编：《新编劳动争议仲裁案例》，法律出版社 2000 年版。

72. 劳动和社会保障部劳动科学研究所编：《外国劳动和社会保障法选》，中国劳动出版社 1999 年版。

73. 林燕玲：《国际劳工标准》，中国工人出版社 2002 年版。

74. 任扶善：《世界劳动立法》，中国劳动出版社 1991 年版。

75. 贾俊玲主编：《21 世纪亚太地区劳动法与社会保障发展趋势》，中国劳动社会保障出版社 2000 年版。

76. 蒋勇主编：《典型劳动争议案件评析》，法律出版社 2000 年版。

77. 郭卫华、李富成主编：《打工者权益法律保护》，西苑出版社 2001 年版。

78. 余世平、刘新主编：《劳动法实务与案例评析》，中国工商出版社 2002 年版。

79. 江泓、王华：《劳动争议仲裁实务与案例评析》，人民法院出版社 2002 年版。

80. 卢炯星、洪志坚主编：《劳动法案例精解》，厦门大学出版社 2004 年版。

81. 王艳梅、王银芳：《劳动者权益保障百例解析》，机械工业出版社 2004 年版。

82. 赵大恒：《劳动者维权新路标》，中国经济出版社 2005 年版。

83. 梁东：《劳动法案例》，贵州教育出版社 2008 年版。